山东省社科规划重点研究项目（07BJZ21）

泰山学院学术著作出版基金资助出版

经济管理学术文库·经济类

区域产业结构优化动态性评价方法与应用

Dynamic Evaluation Methods and Applications of
Regional Industrial Structure Optimization

张立柱／著

经济管理出版社
ECONOMY & MANAGEMENT PUBLISHING HOUSE

图书在版编目（CIP）数据

区域产业结构优化动态性评价方法与应用/张立柱著．—北京：经济管理出版社，2022.1
ISBN 978 - 7 - 5096 - 8299 - 9

Ⅰ.①区… Ⅱ.①张… Ⅲ.①区域产业结构—产业结构优化—研究—中国 Ⅳ.①F127

中国版本图书馆 CIP 数据核字（2022）第 012389 号

组稿编辑：张巧梅
责任编辑：张巧梅
责任印制：黄章平
责任校对：董杉珊

出版发行：经济管理出版社
　　　　　（北京市海淀区北蜂窝 8 号中雅大厦 A 座 11 层 100038）
网　　址：www. E - mp. com. cn
电　　话：(010) 51915602
印　　刷：北京晨旭印刷厂
经　　销：新华书店
开　　本：720mm × 1000mm/16
印　　张：14
字　　数：277 千字
版　　次：2022 年 3 月第 1 版　　2022 年 3 月第 1 次印刷
书　　号：ISBN 978 - 7 - 5096 - 8299 - 9
定　　价：88. 00 元

序　言

　　产业结构优化是前沿性的理论与实践课题，也是我国工业化进程中的热点课题。经济发展到一定阶段，必然伴随着产业结构的调整和优化，这不仅是对发展经济学理论的正确阐释，更被发达国家经济起飞阶段和当代发展中国家工业化进程中产业结构变动的历史进程所证实。经济发展的实践证明，区域产业结构优化对推动区域经济、社会、环境协调发展具有重要的作用。理论和实践已经证明，区域产业结构优化是动态的、相对的过程，没有一个绝对的、普遍的衡量区域产业结构优化水平高低的标准，区域产业结构优化的原则是协调发展和最高效益原则。区域产业结构优化的目标是满足社会需要，使国民经济整体效益最大化。

　　"十四五"规划纲要指出，"发展是解决我国一切问题的基础和关键，发展必须坚持新发展理念，在质量效益明显提升的基础上实现经济持续健康发展，增长潜力充分发挥……国内市场更加强大，经济结构更加优化，创新能力显著提升……产业基础高级化、产业链现代化水平明显提高，农业基础更加稳固，城乡区域发展协调性明显增强……现代化经济体系建设取得重大进展"。可以看出，区域产业结构调整和优化仍将是我国今后一段时期经济工作的重要任务，也是产业经济理论领域极具研究价值的重大课题。

　　现存区域产业结构是区域经济分工的结果，表明了国民经济区域间的产业分布与构成状况，如沿海地区与内地的结构、发达地区与落后地区的结构、行政区划之间的结构等。区域产业结构优化是指生产要素在不同区域之间的合理配置，从而使各区域能充分发挥区位优势，相互配合、相互补充、协调发展。那么，区域产业结构优化的内涵是什么？如何将现代经济理论与系统评价方法结合，建立区域产业结构优化程度的评价理论和综合测度方法？这些问题成为学术界和经济决策部门亟待解决的热点和难点课题。

　　张立柱教授的专著《区域产业结构优化动态性评价方法与应用》将经济增长理论、产业竞争理论、产业经济学理论、发展经济学理论与现代系统分析方法融合在一起，建立了系统的区域产业结构优化评价理论体系和方法。该书不仅丰富了区域产业结构优化理论，而且使区域产业结构优化研究提升到定量分析的水平上。该书的主要贡献体现在以下几个方面：

第一，对区域产业结构优化概念的各种观点进行了梳理，并赋予区域产业结构合理化、高级化、高效化新的内涵，认为区域产业结构优化意味着区域产业结构的合理化、高级化和高效化。区域产业结构高效化以区域产业结构合理化、高级化为前提和基础，区域产业结构高效化是区域产业结构优化的最高形态。本书对区域产业结构优化的相关基础理论进行了系统化的归纳，丰富和发展了区域产业结构优化评价理论。

第二，区域产业结构合理化是产业结构优化理论研究的重要内容之一。本书在综述了国内学者关于区域产业结构合理化相关研究成果的基础上，界定了区域产业结构合理化的基本含义，并探讨了区域产业结构合理化的判断标准。在此基础上，构建了区域产业结构合理化评价指标体系，并给出基于粗糙集的区域产业结构合理化测度方法。

第三，区域产业结构高级化是产业结构优化理论研究的另一重要内容。本书在综述了国内学者关于区域产业结构高级化相关研究成果的基础上，界定了区域产业结构高级化的基本含义，给出了区域产业结构高级化的主要特征，并探讨了区域产业结构高级化的作用机理。在此基础上，构建了区域产业结构高级化评价指标体系，并给出用人工神经网络测度区域产业结构高级化程度的方法。

第四，区域产业结构高效化是近年来独立出的产业结构优化理论研究的又一重要内容。该书在综述了国内学者关于区域产业结构高效化相关研究成果的基础上，界定了区域产业结构高效化的基本含义，给出了区域产业结构高效化的主要特征，并探讨了区域产业结构高效化的作用机理。在此基础上，分别构建了第一、第二、第三产业结构高效化评价指标体系，并给出用数据包络分析法测度区域产业结构高效化程度的方法。

此外，该书还探讨了以下四个方面的问题：一是对区域产业结构有序变动的要素基础进行了有益的探讨；二是揭示了区域产业结构合理化、高级化、高效化呈现非一致起点的三螺旋上升结构；三是根据区域产业结构优化的目标，划分了七种产业结构类型；四是给出了区域产业结构优化模型，并指出了实现不同产业结构优化目标的路径选择。

在构建了评价方法的基础上，该书也注重评价方法的应用，将区域产业结构优化测度模型应用于青岛市产业结构合理化、产业结构高级化和产业结构高效化的测度；系统分析了区域经济发展过程中存在的不协调现象，以及影响区域产业结构的主要因素，提出了青岛市"十四五"期间乃至更长时间内，产业结构优化的目标、战略重点及措施，为地方政府制定产业结构政策、进行战略产业选择提供理论和现实依据。

　　总之，本书系统拓展、丰富了区域产业结构优化动态性评价方法的相关研究。无论是从理论价值还是从实践价值来看，该书对于新发展阶段背景下，我国区域产业结构转型升级，实现经济的高质量发展都将产生积极的影响。对于从事区域经济、产业经济研究，尤其产业结构研究领域的专家学者及政策制定者来说，也具有一定的参考价值和借鉴意义，值得一读。

　　　　　　　　　　　　　　　　　　　　　　　臧旭恒

　　　　　　　　　　　　　　　　　　　2021 年 8 月于山东大学

前　言

　　产业结构优化研究是世界性、前沿性的理论与实践课题，也是我国工业化进程中的热点课题。经济理论与经济发展的实践表明，区域产业结构优化对推动区域经济、社会与环境的协调发展、促进经济增长具有重要的作用。笔者认为，产业结构合理化、高级化和高效化共同构成产业结构优化的核心内容，三者相互渗透、相互作用。产业结构合理化、高级化和高效化是一个动态演进的过程，没有一个绝对的、普遍性的衡量产业结构水平高低的标准。产业结构优化的最终目的是国民经济整体效益最大化。

　　本书采用定性和定量相结合的方法，将经济增长理论、产业竞争理论、现代产业经济学理论、发展经济学理论与现代系统分析方法融合在一起，系统地建立了区域产业结构优化评价理论体系和方法，研究成果不但丰富了产业结构优化理论体系，而且使区域产业结构优化研究提高到定量分析的水平上。

　　本书包含以下四部分内容：第一部分为基础理论（第1~2章），主要是对国内外相关问题的研究现状及存在的问题进行了归纳和评述；对区域产业结构优化的相关概念进行了界定；对相关理论和常用分析方法进行了系统梳理。第二部分为核心问题（第3~6章），主要包括以下四个方面的工作。一是重新界定了产业结构合理化的基本内涵，探讨了产业结构合理化的判断标准，以及构建了区域产业结构合理化评价指标体系，并给出基于粗糙集的产业结构合理化测度方法。二是界定了产业结构高级化的基本内涵，给出了产业结构高级化的主要特征，并探讨了产业结构高级化的作用机理；在此基础上，构建了产业结构高级化评价指标体系，并给出基于人工神经网络的产业结构高级化测度方法。三是界定了产业结构高效化的基本内涵，给出了产业结构高效化的主要特征，并探讨了产业结构高效化的作用机理。另外，分别构建了第一、二、三产业结构高效化评价指标体系，并给出了用数据包络分析法测度产业结构高效化程度的方法。四是构建了产业结构优化互动关系模型，研究表明：产业结构合理化、高级化、高效化为非一致起点的三螺旋上升结构，并给出了产业结构优化的选择路径。第三部分为模型的应用（第7章），对现阶段青岛市产业结构合理化、高级化的程度及与第一、二、三产业结构高效化程度进行了测度；分析了影响区域产业结构演进的主要原因，提出了青岛市"十四五"期间乃至更长时间内，产业结构优化的目标、战略重点及措施，为制定青岛市经济社会发展政策和产业结构优化调整政策提供理论依据，以实现区域经济社会协调发展、可持续发展。第四部分为总结与展望（第8章），探讨了全球新一轮科技革命对产业结构优化的影响，尤其是大数据、人工智能等对未来产业结构"三化"与动态性评价及应用的影响。

本书对于从事区域经济、产业经济研究，尤其是对从事产业结构研究领域的专家学者及政府政策制定者，具有较高的参考价值和借鉴意义。

张立柱

2021 年 10 月 18 日于山东泰安

目　录

1　绪论 ……………………………………………………………… 1

　　1.1　问题的提出 …………………………………………………… 1

　　1.2　国内外研究现状 …………………………………………… 13

　　1.3　研究思路与方法 …………………………………………… 22

　　1.4　研究框架和内容 …………………………………………… 23

　　1.5　本章小结 …………………………………………………… 25

2　产业结构优化的相关概念及理论 ……………………………… 26

　　2.1　区域产业结构优化的相关概念 …………………………… 26

　　2.2　产业结构优化的基础理论 ………………………………… 30

　　2.3　区域产业结构分析方法 …………………………………… 44

　　2.4　本章小结 …………………………………………………… 52

3　产业结构合理化及其测度 ……………………………………… 53

　　3.1　产业结构合理化的内涵 …………………………………… 53

　　3.2　产业结构合理化标准 ……………………………………… 56

　　3.3　产业结构合理化指标体系的构建 ………………………… 61

　　3.4　产业结构合理化测度方法 ………………………………… 68

　　3.5　本章小结 …………………………………………………… 77

4　产业结构高级化及其测度 ……………………………………… 78

　　4.1　产业结构高级化的含义及特征 …………………………… 78

　　4.2　产业结构高级化的作用机理 ……………………………… 85

　　4.3　产业结构高级化评价指标体系 …………………………… 91

4.4 产业结构高级化测度方法 …………………………………… 95

4.5 本章小结 ………………………………………………… 104

5 产业结构高效化及其测度 …………………………………… 105

5.1 产业结构高效化的内涵和主要特征 …………………… 105

5.2 产业结构高效化测度方法 ……………………………… 119

5.3 产业结构高效化指标体系的构建 ……………………… 125

5.4 本章小结 ………………………………………………… 133

6 产业结构优化互动关系与路径选择 ……………………… 134

6.1 产业结构优化互动关系 ………………………………… 134

6.2 产业结构优化模型的构建 ……………………………… 143

6.3 产业结构优化的路径选择 ……………………………… 151

6.4 本章小结 ………………………………………………… 153

7 青岛市产业结构评价及优化策略 ………………………… 154

7.1 青岛市产业结构现状 …………………………………… 154

7.2 青岛市产业结构合理化测度 …………………………… 162

7.3 青岛市产业结构高级化测度 …………………………… 170

7.4 青岛市产业结构高效化测度 …………………………… 175

7.5 青岛市产业结构优化目标及策略 ……………………… 187

7.6 本章小结 ………………………………………………… 196

8 总结与展望 ………………………………………………… 197

8.1 主要研究成果及结论 …………………………………… 197

8.2 新科技革命对产业结构优化的展望 …………………… 198

8.3 对后续研究工作的展望 ………………………………… 200

参考文献 ……………………………………………………… 201

后 记 ………………………………………………………… 210

1 绪论

产业结构优化是指通过产业调整，使各产业实现协调发展，并使社会不断增长需求的过程更合理化、高级化和高效化。主要依据产业技术经济关联的客观比例关系，遵循再生产过程比例性需求，促进国民经济各产业间的协调发展，使各产业发展与整个国民经济发展相适应。产业结构优化理论是在早期的产业结构理论基础上，对产业结构调整理论的继续和深入。与产业结构调整理论不同，产业结构优化理论是进一步将经济学分析方法中的优化思想引入到产业结构问题中，即首先确立判断产业结构优化的系列准则，然后依据这些准则对已有产业结构进行优化。本章将阐述四个方面的问题：一是选题的理论背景和研究的现实依据；二是国内外的研究现状及存在的问题；三是研究路线及方法；四是研究框架及研究内容。

1.1 问题的提出

1.1.1 选题的理论背景

产业结构优化研究是世界性、前沿性的理论与实践课题，也是我国工业化进程中的热点课题。经济增长发展到一定阶段时，必然会伴随着产业结构的调整和优化，这不仅是对发展经济学理论的正确阐释，还是被美国、德国、日本等发达国家以及"亚洲四小龙"经济起飞阶段产业结构变动的历史进程所证实。产业结构是衡量一个国家、一个地区经济发展水平的重要标志。中华人民共和国成立70多年以来，在中国共产党的英明领导下，我国走过了发达国家上百年的工业化历程，实现了由贫穷落后的农业国向门类齐全、体系完整的工业国的伟大转变，产业结构发生了举世瞩目的变化。特别是党的十八大以来，我国产业结构逐步从工业主导转向服务业引领，从以劳动密集型、资源加工型、重化工型为主转向资金、技术、知识密集型，产业发展动能从要素驱动转向效率驱动和创新驱动，产业高质量发展的基础不断夯实。总结中华人民共和国成立70多年来我国产业结构变迁路径，探寻产业结构演变规律，对推动我国产业转型升级，打好产业基础高级化、产业链现代化攻坚战，支撑现代化经济体系建设和经济高质量发展具有重大意义。

中国作为一个后起的发展中国家，正处在体制转轨和经济快速增长时期，结构性矛盾始终是一个基本的制约因素。在短缺经济时代基本结束、买方市场稳定形成的新形势下，产业结构、企业结构、产品结构、市场结构、消费结构等方面的问题更突出地表现出来，对宏观经济持续、快速的增长存在较大的制约作用，这一点可从大量的经济现象中观察到。"十二五"规划纲要指出："依靠科技创新推动产业升级。面向国内国际两个市场，发挥科技创新对产业结构优化升级的驱动作用，加快国家创新体系建设，强化企业在技术创新中的主体地位，引导资金、人才、技术等创新资源向企业聚集，推进产学研战略联盟，提升产业核心竞争力，推动三次产业在更高水平上协同发展"，"十三五"规划纲要进一步指出："经济长期向好的基本面没有改变，发展前景依然广阔，但提质增效、转型升级的要求更加紧迫。经济发展进入新常态，向形态更高级、分工更优化、结构更合理阶段演化的趋势更加明显。""十四五"规划纲要进一步强调："发展是解决我国一切问题的基础和关键，发展必须坚持新发展理念，在质量效益明显提升的基础上实现经济持续健康发展，增长潜力充分发挥……国内市场更加强大，经济结构更加优化，创新能力显著提升……产业基础高级化、产业链现代化水平明显提高，农业基础更加稳固，城乡区域发展协调性明显增强……现代化经济体系建设取得重大进展"。由此来看，产业结构调整和优化仍将是我国今后一个时期经济工作的重要任务，也是产业经济理论界极具研究价值的重大课题。

关于产业结构与经济增长之间关系的研究，历来受到世界各国经济学家的重视。早在1940年，英国经济学家科林·克拉克（Colin Clark）通过对各国统计资料的研究，发现了产业结构优化升级的演变规律，即当一个国家的经济发展水平较低时，从产值或劳动力投入总量来看，第一产业所占比例最大，第三产业所占比例最小；随着经济的发展和人均收入水平的不断提高，第二产业所占的比重逐步上升并成为比重最大的产业部门；在此基础上经济再进一步发展，第三产业将逐步取代第二产业成为占比重最大的产业部门。美国经济学家瓦西里·里昂惕夫（Wassily W. Leontief, 1906~1999）在其"快车道"模型中指出："最优强度轨道"就是能够使经济系统持续快速增长的产业结构（Leontief W., 1953；刘思峰, 1994；张金水, 2000）。我国学者对产业结构在经济增长中的作用也做过大量研究，中国著名技术经济学家及数量经济学家李京文院士曾经指出："产业结构在整个经济结构中居于主导地位，它的变动对经济增长有着决定性的影响。"荣宏庆（2002）认为"现代经济增长方式本质上是结构主导型增长方式，即以产业结构变动为核心的经济增长"。刘伟（1995）通过对发展中国家与发达国家的经济发展初期进行比较，提出工业化未完成的发展中国家，经济增长的主要动力在于工业制造业；刘伟和李绍荣在对中国经济进行实证分析的基础上，提出中国经济的增长主要是靠制度改革由第三产业拉动的，同时又指出，第三产业的发展必须以第一产业和第二产业的发展为前提。由此来看，产业结构同经济增长有着密切的关系。产业结构是一种资源转换器，是经济资源配置的结果，并在很大程度上决定了经济资源的使用效率。合理的、高级的、高效的产业结构能够促进经济增长；反之，与经济发展水平不相适应的产业结构必然会阻碍和影响经济增长。

经济增长必然引起产业结构的变化，这一点已被世界各国经济学家所证实。归纳起来主要有以下三种动因：一是消费需求结构的变化。经济增长意味着 GDP的提高，也就意味着国民收入的提高，人们的消费从满足基本需求向高层次需求转化。消费需求结构的变化必然要求供给结构发生相应的变化，从而进一步引起产业结构发生相应的变化。二是技术创新引起产业结构的变化。产业结构升级的过程就是伴随着技术进步和生产社会化程度的提高，不断提高产业结构作为资源转换器效能和效益的过程。因此，技术创新也就成为产业结构升级的直接动因。三是贸易进出口结构的变化。发达国家和发展中国家对外贸易最根本的区别就是不等价交换。从发达国家进口的商品往往是高附加值、科技含量比较高的高级产品，其价格往往高于价值。而发展中国家出口的商品大多是低附加值、科技含量较低的初级产品，其价格往往低于价值。随着世界经济一体化进程的加快，许多发达国家和部分发展中国家为了增强综合国力和国际竞争力，为了在国际分工和竞争中取得有利地位，都对产业结构进行了调整。上述三种动因形成了解释产业结构转变过程的三种假说：①需求说：以恩格尔定律（Engel's Law）所作的概括为基础；②技术说：涉及加工产品时原料的替代以及生产率增长的速度差异的影响；③贸易说：以随着资本和劳动技能的积累而产生的比较优势的变化为基础。

1.1.2　研究的现实依据

一个国家或地区的经济增长过程在一定程度上就是产业结构由低级到高级、由简单到复杂不断优化的过程。中华人民共和国成立 70 多年来，伴随着产业规模不断壮大、产业体系不断完善、产业门类不断丰富，我国产业结构也逐步调整优化，其演变历程大体可分为以下四个阶段：

1.1.2.1 1949～1978 年：以重工业为主的产业结构

中华人民共和国成立后，针对以前遗留下来仅有的一点支离破碎的现代工业，尤其是重工业极为稀缺的现状，为尽快建立起独立完整的工业体系，迅速摆脱积贫积弱的落后面貌，我国选择了优先发展重工业的工业化道路。从"一五"计划时期到"四五"计划时期，我国发挥社会主义制度集中力量办大事的优势，通过抑制消费和以农补工、以轻补重等方式，集中优势资源完成了以 156 个重大项目、三线建设为代表的一批重大工程，在短短的二十几年内建立了四十多个工业门类，形成了独立的比较完整的工业体系，使我国从一个落后的农业国较快地步入了工业化国家行列。这些成就都得益于快速建立起来的工业体系，我国经济实现了较快发展，产业结构发生显著变化。这一时期我国产业结构及劳动力变化情况如表 1 - 1 所示。

表 1 - 1　1952～1978 年我国三次产业结构及劳动力结构的变动

年份	三次产业产值分别占国内生产总值的比重（%）			三次产业劳动力占全部劳动力的比重（%）		
	A	I	S	A	I	S
1952	50.5	20.9	28.6	83.5	7.4	9.1
1953	45.9	23.4	30.8	83.1	8.0	9.0
1957	40.3	29.7	30.1	81.2	9.0	9.8
1962	39.4	31.3	29.3	82.1	7.9	9.9
1965	37.9	35.1	27.0	81.6	8.4	10.0
1970	35.2	40.5	24.3	80.8	10.2	9.0
1975	32.2	45.7	21.9	77.2	13.5	9.3
1978	28.2	48.2	23.7	70.5	17.3	12.2

资料来源：陈仲常. 产业经济理论与实证分析［M］. 重庆：重庆大学出版社，2005.

从 1949 年到 1978 年，工农业总产值平均年增长 8.2%，第一、二、三产业占国民经济的比重由 68%：13%：19% 调整为 28.2%：48.2%：23.7%，工业超过农业成为国民经济的主导产业。从 1952 年到 1978 年，三次产业劳动力的比重从 83.5%：7.4%：9.1% 变化到 70.5%：17.3%：12.2%。表明从新中国成立初期到中共十一届三中全会农业比重逐年下降，第二产业发展迅猛，第三产业处于停滞状态。劳动力比率变化相对稳定。第一产业劳动力比率呈下降趋势，第二产业劳动力比率呈缓慢上升趋势，第三产业劳动力比率起伏不定，总体来看呈上升趋势。这一时期的特点：第一产业不能满足社会需求，主要农产品限量供应，进一步发展到工业品也要凭票供应,轻工业品供应不足,商业网点少。这种在轻工业没有充分发展起来的情况下,过早发展重工业的战略,导致重工业在经济中的占比远高于发达国家同期水平,背离了全球产业结构演变的一般规律。

1.1.2.2 1979~2000年:以轻工业为主的产业结构"纠偏"阶段

1978年12月,举世瞩目的党的十一届三中全会拉开了中国改革开放的大幕,确定了以经济建设为中心的大政方针,对外开放、对内搞活成为最鲜明的两个主题。随着经济建设的全面展开,对失衡的产业结构进行"纠偏"成为这个时期经济发展的重点任务。一是调整积累和消费的关系。针对过去强调积累、抑制消费带来的消费不足问题,以解决温饱为重点,着力提高城乡居民收入,增强消费对经济增长的拉动,导致这个时期的产业结构具有鲜明的消费主导特征。1979年到2000年,消费对经济增长的贡献一直保持在60%以上。二是调整工农关系。针对以农补工带来的农业发展滞后问题,实行了农业联产承包责任制,提高了农产品收购价格,大力解放了农业生产力,乡镇企业异军突起,农业农村经济快速发展并释放了大量农村剩余劳动力,有力支持了非农产业发展,推动产业结构优化升级。1979~2000年,第一、二、三产业占国民经济的比重由31.2%:47.4%:21.4%,调整到16.4%:50.2%:33.4%,由"二一三"型结构转变为"二三一"型。三是调整工业内部重轻关系。针对工业内部结构"偏重"问题,实行了以"五优先"为主要内容的轻工业倾斜发展战略,轻工业增长速度明显加快,长期存在的轻工业落后于重工业的态势得到改善。1979~2000年我国产业结构及劳动力变化情况如表1-2所示。

表1-2 1979~2000年我国三次产业结构及劳动力结构的变动

年份	三次产业产值分别占国内生产总值的比重(%)			三次产业劳动力占全部劳动力的比重(%)		
	A	I	S	A	I	S
1979	31.2	47.4	21.4	69.8	17.6	12.6
1981	31.8	46.4	21.8	68.3	18.3	13.4
1983	33.0	44.6	22.4	67.1	18.7	14.2
1985	28.4	43.1	28.5	62.4	20.8	16.8
1987	26.8	43.9	29.3	60.0	22.2	17.8
1989	25.0	43.0	32.0	60.0	21.7	18.3
1991	24.5	42.1	33.4	59.7	21.4	18.9
1993	19.9	47.4	32.3	56.4	22.4	21.2

年份	三次产业产值分别占国内生产总值的比重（%）			三次产业劳动力占全部劳动力的比重（%）		
	A	I	S	A	I	S
1995	20.5	46.8	30.7	52.2	23.0	24.8
1996	20.4	49.5	30.1	50.5	23.5	26.0
1998	18.6	49.3	32.1	49.8	23.5	26.0
2000	16.4	50.2	33.4	50.0	22.5	27.5

资料来源：国家统计局. 中国统计年鉴 [M]. 北京：中国统计出版社，2001.

三次产业劳动力的比重从 69.8%：17.6%：12.6% 转变为 50.0%：22.5%：27.5%。第一产业劳动力比率明显呈下降趋势，第二产业劳动力比率呈缓慢上升趋势，第三产业劳动力比率呈明显上升趋势。1979 年到 2000 年，轻工业产值占全部工业的比重由 42.7% 上升到 2000 年的 50.3%，提高了 7.6 个百分点。这个时期的产业结构呈现明显的优化升级特征，轻重工业结构失衡状况得到矫正，轻工业内部从食品、纺织等满足温饱型消费品工业为主向家电、汽车等耐用消费品工业转变，重工业从采掘工业、原料工业为主向加工程度较高的重制造工业转变。

1.1.2.3 2001～2012 年：重化工业重回主导地位的产业结构

中共十一届三中全会后至 20 世纪 90 年代末，我国通过产业结构"纠偏"，扭转了轻重工业比例失调关系，但并不意味着我国重工业发展任务已经完成。因此，进入 21 世纪，在轻工业得到一定程度发展后，我国产业结构演变又回归到正常轨道上来，即再补重化工业发展不足的课，如表 1－3 所示。

2001 年到 2010 年，我国重工业占工业总产值的比重由 51.3% 提高到 71.4%，十年间提高了 20 多个百分点。在占比持续提高的同时，重化工业内部结构也得到优化升级，表现为以原材料工业、电子信息制造业、汽车工业为代表的装备制造业发展明显加快的态势。2003～2009 年，原材料工业产值占工业总产值的比重由 25.2% 提高到 31.2%，机械设备制造业比重由 14.6% 提高到 14.8%。五大因素推动这个阶段重化工业快速发展。①1998 年国务院《关于进一步深化城镇住房制度改革加快住房建设的通知》（国发〔1998〕23 号）全面铺开的城镇住房制度市场化改革，推动房地产市场进入黄金发展期，拉动钢铁、铝材、水泥等原材料工业迅猛发展。②应对亚洲金融危机的经济扩张政策，刺激了与基建相关的机械、原材料等工业快速发展。③2001 年 12 月 11 日中国加入 WTO 加速了我国经济全球化的进程，中国产业融入全球供应链，使制约我国产业发展的技术、人才、资金、市场等问题得以缓解，包括重化工业在内的产业得到快速发展。④2003 年 10 月 14 日党的十六届三中全会通过的《中共中央关于完善社会主义市场经济体制若干问题的决定》，消除制约各类所有制经济发展的体制性障碍，为产业特别是民营经济发展注入了活力。⑤城镇居民生活水平提高推动消费结构升级，使市场消费热点由过去的以吃穿用为主切换到以通信、出行和居住为主，拉动电子信息、汽车等产业快速发展。以上因素的综合作用，使我国 2010 年制造业增加值占比位居世界第一，造就了我国全球第一制造业大国的地位。

表 1 - 3　2001～2012 年我国三次产业结构及劳动力结构的变动

年份	三次产业产值分别占国内生产总值的比重（%）			三次产业劳动力占全部劳动力的比重（%）		
	A	I	S	A	I	S
2001	15. 2	51. 1	33. 6	50. 0	22. 3	27. 7
2003	14. 8	52. 9	32. 3	49. 1	21. 6	29. 3
2005	12. 5	47. 3	40. 2	44. 8	23. 8	31. 4
2007	11. 7	49. 2	39. 1	40. 8	26. 8	32. 4
2009	10. 6	46. 8	42. 6	38. 1	27. 8	34. 1
2011	10. 1	46. 8	43. 1	34. 8	29. 5	35. 7
2012	10. 1	45. 3	44. 6	33. 6	30. 3	36. 1

资料来源：根据 2001～2012 年国家统计局每年发布的国民经济和社会发展统计公报计算得到。

1.1.2.4　2013 年至今，第三产业领跑的产业结构

2013 年前后，我国经济进入新常态，"三期叠加"（增长速度换挡期，是由经济发展的客观规律所决定的；结构调整阵痛期，是加快经济发展方式转变的主动选择；前期刺激政策消化期，是化解多年来积累的深层次矛盾的必经阶段）特征明显，产业发展条件和环境发生了深刻变化。根据新形势、新变化，中央提出了创新、协调、绿色、开放、共享新发展理念，以供给侧结构性改革为主线，加快推动新旧动能转换，着力构建现代化经济体系，促进经济高质量发展。在新发展理念的指导和供给侧结构性改革的作用下，我国产业结构升级取得明显进展，创新驱动、服务引领、制造升级的产业结构正在形成，如表 1 - 4 所示。

表 1-4   2013~2020 年我国三次产业结构及劳动力结构的变动

年份	三次产业产值分别占国内生产总值的比重（%）			三次产业劳动力占全部劳动力的比重（%）		
	A	I	S	A	I	S
2013	9.3	44.0	46.7	31.4	30.1	38.5
2014	9.1	43.1	47.8	29.5	29.9	40.6
2015	8.8	40.9	50.2	28.3	29.3	42.4
2016	8.1	39.6	52.4	27.7	28.8	43.5
2017	7.5	39.9	52.7	27.0	28.1	44.9
2018	7.0	39.7	53.3	26.1	27.6	46.3
2019	7.1	38.6	54.3	25.1	27.5	47.4
2020	7.7	37.8	54.5	22.4	28.8	48.8

资料来源：根据 2001~2012 年国家统计局每年发布的国民经济和社会发展统计公报计算得到。

一是从三次产业结构看，第三产业成为各产业增速的领跑者，比重在 2013 年首次超过第二产业成为国民经济最大产业部门，2015 年占比达到 50.2%，2013~2020 年我国三次产业结构由 9.3%：44.0%：46.7% 调整为 7.7%：37.8%：54.5%，呈继续优化升级态势。二是从工业内部结构看，传统工业特别是以能源原材料为主的高耗能行业和采矿业比重下降，装备制造业和高技术制造业比重上升。2016 年，六大高耗能行业和采矿业增加值占规模以上工业比重分别为 28.1% 和 7.2%，比 2012 年下降了 1.5 个百分点和 6.7 个百分点。三是产业新旧动能转换加快，顺应消费升级的新产业、新产品和新业态保持高速增长。近年来，我国工业机器人、光电子器件、新能源汽车、运动型多用途乘用车（SUV）等新兴产业均保持高速增长。

表 1-5 和表 1-6 分别列出了 1999 年、2019 年我国与其他国家的产业结构状况。

表中数据显示，发达国家与新兴工业化国家结构较接近，产业结构水平较高，经济发展水平较高，技术较为先进，生活水平较高。发达国家与新兴工业化国家主要依赖第三产业，依靠科技发展、信息快速传递与市场集中，快速创造了大量财富。而发展中国家和转型国家基本都走过了一个从农业向工业转变的扩张阶段，主要发展方式是通过工业革命，创造出完整的工业链和巨大的市场，吸引和创造大量原始资本，培育完整健康的市场，缓解就业压力。我国的产业结构由 1999 年的 18%：49%：33% 调整为 2019 年的 7.1%：38.6%：54.3%，这表明我国 GDP 结构有了较大改观，工业化水平有了一定的提高，但与发达国家相比，我国仍处于一个转型升级、调速换挡阶段，三次产业结构水平同发达国家、新兴工业化国家相比还有很大差距。

表1-5 各国产业结构比较（1999年）

经济发展程度	国家	三次产业产值分别占国内生产总值的比重（%）			三次产业劳动力占全部劳动力的比重（%）			人均GDP（美元）
		A	I	S	A	I	S	
发达国家	美国	2	27	71	7.5	30.7	61.8	33846
	日本	2	38	60	5.2	31.7	63.1	34459
新兴工业化国家	韩国	6	43	51	11.7	27.2	61.1	8682
	新加坡	0	35	65	0.3	28.8	70.9	21814
发展中国家和转型国家	印度	28	27	45	49.8	18.2	21.8	446
	巴西	8	36	56	26.4	22.7	50.9	3697
	俄罗斯	9	42	49	18.3	30.5	51.2	1245
	中国	18	49	33	49.8	23.5	26.7	782

资料来源：陈仲常.产业经济理论与实证分析 [M].重庆：重庆大学出版社，2005.

表1-6 各国产业结构比较（2019年）

经济发展程度	国家	三次产业产值分别占国内生产总值的比重（%）			三次产业劳动力占全部劳动力的比重（%）			人均GDP（美元）
		A	I	S	A	I	S	
发达国家	美国	0.8	18.6	80.6	2.1	72.6	25.3	64865
	日本	5.1	24.8	70.1	4.6	22.6	72.8	40802
新兴工业化国家	韩国	1.9	27.2	70.9	5.2	16.6	78.2	32341
	新加坡	1.1	25.2	73.7	1.3	24.7	74.0	64229
发展中国家和转型国家	印度	15.6	26.3	58.1	65.0	6.4	28.6	2175
	巴西	4.4	19.8	75.8	24.6	6.4	68.9	9288
	俄罗斯	3.4	42.6	54.0	19.6	31.4	49.0	11040
	中国	7.1	38.6	54.3	25.1	27.5	47.4	9915

资料来源：根据国际货币基金组织（IMF，2019）、国家统计局数据整理。

改革开放的四十年，既是我国产业规模体量不断壮大、产业体系不断完善的四十年，也是产业结构不断优化升级的四十年，其产业发展成效显著、亮点纷呈，可大体归纳为以下五个主要方面：

（1）产业规模体量不断壮大。农业、工业、服务业三大产业规模持续扩张，制造业表现亮眼。农业综合生产能力大幅提高，粮食产量连续7年稳定在6亿吨以上，2020年粮食产量达66949万吨。肉蛋菜果水产等主要菜篮子产品产量多年稳居世界第一，做到了把饭碗牢牢端在自己手里。工业体系不断完善、门类齐全，钢铁、汽车、手机等220多种工业品产量居世界第一，2020年制造业增加值达到265944亿元，同比增长2.3%。同时，服务业快速增长，较好地满足了人民日益增长的消费需求。

（2）产业结构逐步优化升级。改革开放以来，我国产业结构呈现由"二一三"向"二三一"再向"三二一"演变的趋势，2020年三次产业结构为7.7%：37.8%：54.5%，第三产业占据国民经济的半壁江山。特别是党的十八大以来，我国发展条件和比较优势发生了重大变化，新技术、新产业、新业态不断涌现，数字经济、平台经济、智能经济等新经济快速发展，产业结构加快从以劳动密集型消费品工业和原材料型重化工业为主，向以资本、技术密集型制造业和满足生产生活需要的现代服务业为主转型。

（3）产业技术水平快速提升。改革开放以来，我国通过引进国外先进技术、加大对科技和人力资本的投入等措施，较快地提升了产业技术水平和创新能力，逐步缩小了与发达国家的差距。目前，我国在载人航天、探月工程、超级计算、北斗导航、量子通信等高技术领域取得重大突破，在高铁、5G移动通信、核电、特高压输变电等领域与发达国家处于并跑甚至领跑地位。

（4）产业集聚发展成效显著。改革开放以来，我国先后设立经济技术开发区、高新技术产业园区、海关保税区等一批产业园区，集聚发展相关产业。截至2018年底，我国已建成国家级开发区552家，其中高新技术产业开发区156家、国家级经济技术开发区219家，海关特殊监管区135家，边境/跨境经济合作区19家，其他类型23家。加上各省区市建立的各类产业园区，有效推动了我国产业集聚发展，形成了一批在国内外有影响力的产业集群，"园区经济"和"块状经济"规模不断壮大、占比稳步提高，成为拉动国家和区域经济新的增长点。

（5）产业国际合作持续深化。改革开放以来，我国产业对外开放合作不断拓宽，特别是2001年加入WTO以后，产业深度融入国际分工体系，在众多工业制成品领域成为全球供应链不可或缺的重要环节，外资成为我国产业发展的主要推动力量，纺织、服装、玩具、电子信息产品等具有劳动密集比较优势的出口导向型行业获得快速增长。

尽管经过四十年的结构调整，我国的产业结构得到了优化，但与发达国家、新兴国家相比还存在以下几个方面的问题与不足：

（1）产业结构不合理。虽然经过经济结构的转型及调整，我国的产业结构不断优化，但从就业结构的国际比较看，同样表明中国第一、二产业比重偏大，而第三产业比重偏小，第三产业就业比重过低。分产业看，三次产业内部结构在农业方面也存在一些不容忽视的问题：一是农业基础设施仍比较落后，存在农业生产率低、农业占用劳动力大等问题；二是我国农业产业化和规模化经营还处于起步阶段；三是产业选择上趋同，大宗农产品区域布局不合理；四是农业社会化服务体系不健全，农业投入的风险较大。

（2）工业方面吸纳劳动者就业的能力有所下降，高增长行业的地位不够突出。一是生产结构不够合理，表现为低水平下的结构性、地区性生产过剩，又表现为企业生产的高消耗、高成本。二是产业组织结构不够合理。目前中国各类产业的一个普遍现象是分散程度较高，集中度较低。整个产业的发展基本上是在低技术水平上的扩张，大多没有达到产业技术结构升级换代的层次，技术进步的过程缓慢，科技进步在经济增长中的作用远远低于发达国家，其结果是，不仅使新兴产业难以成长，更不利于老产业的更新改造。三是产业技术结构不够合理。技术和质量的提高过分依赖引进，自主开发能力弱，在激烈的国际竞争中显得不太适应。四是高技术产业、高附加值产业、技术密集型的加工工业产品没有形成支柱产业，高新技术产品的生产能力严重不足，环保产业等新兴产业相对落后。

（3）第三产业发展滞后。一是从第三产业内部结构看，中国仍以传统的商业、服务业为主，一些基础性第三产业（如邮电、通信）和新兴第三产业（如金融保险、信息、咨询、科技等）仍然发育不足。二是第三产业增长方式粗放，效益偏低。三是市场化程度低，技术创新能力不够，GDP 使用结构：投资与消费比例失衡。

（4）产品结构、产业技术结构不合理。我国当前产品结构的主要矛盾是：一个行业内的产品甚至同一种类的产品，长期积压与短缺并存，无论是经济过热、社会需求过旺时期或是经济降温、市场疲软时期都同样存在。造成产品结构不合理的深层次原因是产业的技术结构水平低下。

（5）产业结构趋同化严重。在传统计划经济体制下，各地方政府为了追求地方利益，长期追求工业自成体系，各地区竞相发展某些相同的行业，造成重复投资、重复引进、重复生产，最终导致各地区之间产业结构严重趋同。譬如，长江经济带是我国一条重要的经济带，横贯我国东中西、连接南北方的经济走廊，覆盖上海、江苏、浙江、安徽、江西、湖北、湖南、重庆、四川、云南、贵州11 个省市，面积约 205.23 万平方千米。根据 2018 年的数据统计，长江经济带总人口为 6 亿左右，占全国的 42.9%。长江经济带地区生产总值约 40.3 万亿元，占全国的 44.1%，因其具有独特优势和巨大发展潜力，已发展成为我国综合实力最强、战略支撑作用最大的区域之一。但是目前呈现出产业结构趋同化。据有关资料显示，江苏、上海、浙江组成的下游区域，结构相似系数均值高达 0.86，其中江苏和上海的结构相似系数更是高达 0.91。而包含安徽、湖南、湖北、江西的中游地带，产业结构相似系数均值也达到 0.84，其中以湖北和湖南两省的结构系数均值 0.90 最高。上游地带，四川和重庆的结构系数较高，均值达到 0.83。但四川、重庆和贵州之间的结构系数较低，产业结构相似性弱。同时长江经济带上游、中游、下游区域之间的结构相似系数较低，其中重庆与江苏、上海的结构相似较高，均达到了 0.85 以上。

（6）生产要素不能有效流动。生产要素的流动是产业结构调整与优化不可缺少的条件，只有生产要素的自由流动，产业结构的高度化成长才是可能的。在我国，直到目前还很难说是生产要素，尤其是劳动力资源可以实现自由流动，这必然导致产业结构转换能力的低下。产业间关联度低，生产系统难以有序运行，基础产业不能为整个产业的发展提供充分的物质基础保证，主导产业发挥不了带动其他产业发展的主导作用，先进技术难以在产业间迅速转移以提高产业整体技术水平，这些都是我国产业结构存在的问题。

发达国家市场经济是经济发展自发成熟的产物，其产业结构优化是市场运行的结果。在这种成熟的市场模型中，产业结构的调整和优化是经济内部的自均衡、自调节过程。这种模型的发展经历了以下两个阶段：一是自由资本主义阶段。这一阶段主要是通过市场价格这只无形的手引导资源自由流动，实现资源优化配置，结构优化是市场自发运行的结果。二是垄断阶段。由于市场失灵，资源流动受阻，产业结构内部缺乏自动平衡和协调能力，因此，这一阶段政府往往是用一些间接参数，如汇率、利率、税率、货币量等调控经济，而且主要侧重需求方面的总量调节。总之，发达国家成熟的市场模型没有系统的产业理论和政策。发展中国家由于经济发展水平低，市场经济基础薄弱，价格信号不灵敏而不能完全反映供求变化，资源流动机制不畅，加之企业家缺位，政府不得不扮演了产业调整者的角色，因此，其产业结构成长模型表现为一种不完全市场模型。我国处于经济转型时期，市场发育严重不良，靠企业自身不能解决，而必须发挥政府在产业之间配置资源的能动作用。自"九五"开始，我国产业结构调整的重点已由结构的合理化逐步转变为结构的优化，且进入了产业结构调整的新时期。"十五"计划指出："经济结构调整的主要预期目标是：产业结构优化升级，国际竞争力增强。""十一五"规划进一步指出："立足优化产业结构推动发展，把调整经济结构作为主线，促使经济增长由主要依靠工业带动和数量扩张带动向三次产业协同带动和结构优化升级带动转变。""十二五"规划强调："依靠科技创新推动产业升级。面向国内国际两个市场，发挥科技创新对产业结构优化升级的驱动作用。""十三五"规划强调"经济长期向好的基本面没有改变……经济发展进入新常态，向形态更高级、分工更优化、结构更合理阶段演化的趋势更加明显。"
"十四五"规划纲要强调："发展必须坚持新发展理念，在质量效益明显提升的
基础上实现经济持续健康发展……经济结构更加优化，创新能力显著提升，产业
基础高级化、产业链现代化水平明显提高……，现代化经济体系建设取得重大进
展。"因此，在这样的背景下，选择产业结构优化的定量评价方法作为研究课题，
无疑对丰富产业结构优化评价理论具有十分重要的理论意义和现实针对性、指导
性。中国的持续发展有赖于产业结构的不断优化，产业结构的不断优化又将为中
国的持续发展注入新的活力。

1.2　国内外研究现状

1.2.1　国外产业结构优化研究

国外学者对产业结构的研究侧重于宏观层面，在样本选择上多以发达国家的
历史数据为主，通过国别（或地区）间的比较研究，考察产业结构变动的一般
标准模式和共同演化趋势。如：B. Morris（2001）利用里昂惕夫投入产出方法，
计算了英国不同地区间的产业关联水平，分析了产业波及效应与地区经济增长的
关系；M. Yeneder（2003）通过构建回归分析计量经济学模型，计算了工业结构
的动态演进对 28 个 OECD 国家经济增长的贡献；Batty（2001）构造了区域产业
均衡度和产业集中度公式，对特定区域产业结构进行研究；G. Kiminori 和
K. Fumio（2001）以区位熵、相对专业化指数、相对多元化指数等静态指标研究
了日本若干区域的产业分布情况；M. Fabio（2002）利用份额偏离分析方法，解
释了以专业化为基础的区域产业聚集变动趋势等。除此之外，国外学者主要开展
了以下几个方面的研究：

1.2.1.1　主导产业选择基准研究

在现代产业经济理论史上，有许多经济学家提出了界定和选择主导产业的基
准，其中有代表性的包括如下：

（1）罗斯托基准：美国经济学家罗斯托（W. W. Rostow）教授对主导产业的
研究做出了开创性贡献，在他的《主导部门和起飞》（1998）一书中，提出了产
业扩散效应理论和主导产业的选择基准，即"罗斯托基准"。他认为，应该选择
具有较强扩散效应（前瞻、回顾、旁侧）的产业作为主导产业，将主导产业的
产业优势辐射传递到产业关联链上的各产业中，以带动整个产业结构的升级，促

进区域经济的全面发展。他认为，主导产业的建立要有足够的资本积累和投资，这就要求一国的净投资率（即投资在国民生产净值中的比重）从 5% 左右提高到10%，要做到这一点，必须鼓励和增加储蓄，减少消费，防止消费早熟，必要时应引进外资，要有充足的市场需求来吸收主导部门的产出；要有技术创新和制度创新，拥有大批具有创新意识的企业家，为主导部门的发展提供组织、管理和人力等条件。

（2）赫希曼基准：赫希曼基准又称关联效应标准，是由美国经济学家阿尔伯特·赫希曼（Albert Otto Hirschman）在《经济发展战略》（1958）一书中提出来的。关联度是指客观世界中各因素之间的相关程度。具体是指某一产业的经济活动能够通过产业之间相互关联的活动效应影响其他产业的经济活动。其实质是根据产业关联度——产业之间相互联系和彼此依赖程度的大小——来选择重点需要扶持的产业。关联效应较高的产业能够对其他产业和部门产生很强的前向关联、后向关联和旁侧关联，并依次通过扩散影响和梯度转移形成波及效应而促进区域经济的发展。区域内主导产业只有与其他产业具有广泛密切的技术经济联系，才有可能通过聚集经济与乘数效应的作用带动区域内相关产业的发展，进而带动整个区域经济的发展。产业关联效应作为区域主导产业的一个重要标准，实际应用过程中应当选择那些产业延伸链较长，且带动效应大的产业作为主导产业。

一些经济学家利用世界各国的投入产出表，计算了各国的前向关联系数和后向关联系数。研究结果表明，处于制造中间产品的产业前向的关联效果都比较大，而处于制造最终产品的产业后向关联大，前向关联小。赫希曼曾指出，由于在投入产出表中把机械和运输设备工业等看作是最终产品，忽视了它作为重要的投入品提高购买这些产品的产业的供应能力，使计算出来的前向关联系数比实际情况要低得多。因此，如果考虑这一点，机械和运输产业的前向、后向关联系数都是极高的。也就是说，从关联度基准来看，可供选择重点发展的产业还是钢铁等金属工业、化学工业和机械工业。他还认为，作为政府优先扶植发展的产业和主导产业应能推动诱发其他产业的发展。

（3）筱原两基准：最著名的是日本经济学家筱原三代平在 20 世纪 50 年代中期提出的主导产业选择的两条基准："收入弹性基准"和"生产率上升基准"，产业界称之为"筱原两基准"。在数学中，弹性系数是指两个变量变化率的极限之比：$(\mathrm{d}y/y)/(\mathrm{d}x/x)$。如果弹性系数大于 1，则意味着富于弹性，若小于 1 则意味着缺乏弹性。所谓收入弹性是指在价格不变的前提下，产业的产品（或某一商品）需求的增加率与人均国民收入的增加率之比。通过考察不同产业部门产品的收入弹性系数，可以发现，生产高收入弹性产品的产业在产业结构中占有更大份额。一般而言，农产品的收入弹性不断低于工业品；轻工业产品的收入弹性又不断低于重工业产品。同时，在某一时点上，不同工业部门的产品在收入弹性上的差异，可以显示在这一时点上工业结构变化的趋势和方向；在不同的时点上，各工业部门之间收入弹性的变化，可以显示工业化的阶段性和工业结构质的变化。生产率上升基准：造成部门间生产率上升不均的原因是多方面的，除了垄断造成的垄断价格因素外，生产率上升较快的产业（即技术进步速度较快的产业）大致和该产业生产费用（成本）的较快下降是一致的。在这种情况下，这一产业就可能在相对国民收入中占有越来越大的优势，资源就向这个产业移动。因此，具有较高生产率上升率的工业部门就将在工业结构中占有更大的比重。一般来说，工业比农业、重工业比轻工业、组装加工业比原材料工业在生产率上升率方面逐渐形成越来越大的优势，而这正是工业化、工业结构重工业化和高加工度化的一个重要依据。1961 年联合国对若干工业发达国家的统计分析表明，在被调查的所有国家中重工业的生产率上升率都比轻工业高。但需要指出的是，生产率上升率较高的工业部门未必都在重工业，轻工业所属各行业又未必都是生产率上升率较低的部门。

20 世纪 60 年代中期有学者提出"国际比较需求增长率标准"和"比较技术进步率标准"。后来又有学者对"筱原两基准"提出质疑，他们认为，虽然"筱原两基准"从供给与需求两个方面对主导产业的选择加以界定，内容上存在着互补关系，是一个统一体，但仅有这两个基准还是不充分的，不能反映出主导产业的全部特征，还应包括"创造就业机会基准""防止过度密集基准""丰富劳动的内容基准"和"关联效果基准"等。"筱原两基准"虽然在实践中存在着部分失效，却也不失其普遍性，不失为最具说服力的关于主导产业选择的基准理论。

1.2.1.2 产业结构合理化基准

该法是将一国或地区的产业结构与世界上其他国家产业结构进行比较，以确定本国产业结构的合理化程度。目前较常用的参照系有：钱纳里的"产业结构标准模式"、库兹涅茨的"标准结构"、"钱纳里－塞尔昆模型"等。"标准结构"法是根据不同国家的发展经验和大量统计数据的回归分析而得出，因此在条件大体相同、时间相近的情况下，具有一定的借鉴意义。但该法仅从产值结构、就业结构等截面视角对产业结构合理化水平进行比较，分析表面化，并未深入到产业结构的内核层面，难以体现对产业结构资源转换器功能的考察。另外，该法要求选择适当的参照系，但不同地区不同时期在经济发展水平、资源禀赋、科技进步等方面均显示出差异性，参照国在以前某个特定时期的产业结构虽具有一定的参考价值，但以此为基础进行比较的现实意义正在削弱。有学者甚至认为以"标准结构"为参照系，"至多只能给我们提供一种判断产业结构是否合理的粗略线索，而不能成为判断的根据"。

1.2.1.3 产业结构高级化研究

该理论主要是指在产业技术等创新的基础上，发挥主导产业的作用，不断提高产业结构素质（要素质量、要素结合效益、产业间联系方式），为经济快速增长、协调发展和创造出更多的附加值提供必要条件。而对产业结构高级化的考察是以单个产业部门的变动为基础的，通过对单个产业部门结构的变动来考察整个产业结构高级化运动的规律。库兹涅茨从产业增长速度的变动入手，通过对美国1880~1948年制造业38个行业进行统计分析得出：产业结构的变动是通过产业间优势地位的更迭实现的，优势产业的转换是与产业结构高级化紧密相连的。因此，从长期的经济增长过程来看，产业结构高级化运动并不是指某些产业比重的升降，而主要是指产业的技术集约程度提高，并且这种变动是通过与科技进步相联系的，能引入新的生产函数以及对其他产业增长有着直接和间接影响的主导产业的转换来实现的。各国为了实现产业结构高级化，由于条件和机遇的差异，采取了种种不同的做法，并归纳起来，基本有按照需求平稳顺序进行和不按照产业发展的自然顺序，采取超前配置产业或者几个发展阶段同时进行两种，前者的代表主要是英国、法国，日本和韩国以后一种为主。

1.2.1.4 与产业结构问题相关的贸易理论

产业结构不仅受到各种国内因素的影响，还受到许多国际因素的制约，这一点随着经济全球化趋势、各国经济相互关联依赖度的加强就更是如此。总的来说，国际分工、国际市场、国际贸易、国际金融、国际投资以及国际产业间转移等都会影响国内的产业结构。在此主要基于国际分工、国际贸易理论对与产业结构相关的贸易理论进行简要介绍，因为一个国家参与国际分工、国际贸易的资源禀赋和生产条件、生产能力不同也是导致产业结构差异的重要因素。

（1）绝对成本与相对成本理论。绝对成本是由亚当·斯密提出的。他在谈到区域间生产相同的产品所花费的绝对成本差异时指出，如果一地区生产某一产品比另一地区具有绝对优势（效益高），通过生产各自占绝对优势的产品，并以部分优势产品换取各自处于劣势的部分产品，两地均能获利。也即每一地区都有其绝对有利的、适合生产某些商品的特定生产条件，从而导致生产绝对成本低。后来，英国资产阶级古典经济学者大卫·李嘉图进一步发展了斯密的理论，认为区域分工不仅要考虑生产单位所消耗的绝对量，还要考虑其所消耗的相对量。即使两地区生产的产品都处于绝对劣势，但仍存在区域分工和贸易的基础。利用成本差别，双方都集中力量生产其优势最大或劣势最小的产品，节约资源，用本地现有的劳动和资本创造出更多的价值，从而使双方都能获得比较利益，这就是相对成本理论。

（2）要素禀赋理论（Factor Endowment Theory）。要素禀赋理论最早是由瑞典经济学家赫克歇尔（Heckseher）和俄林（Ohlin）提出，经萨缪尔森（Paul Samuelson）等人加以完善。

生产要素是指生产活动必须具备的主要因素或在生产中必须投入的或使用的主要手段，通常指土地、劳动和资本三要素。要素禀赋是指一个国家所拥有的生产资源状况，国家之间要素禀赋的差异并不是指生产要素的绝对量在两个国家不同，而是指各种生产要素的相对量在两个国家不同。计量一个国家的要素丰裕度（Factor Abundance）可用两种方法：一种方法是物理量定义法（Physical Definition），它是一种相对的数量关系，仅仅从生产要素供给角度而言；另一种方法是价格定义法（Price Definition），这种方法受要素市场供给的影响。要素丰裕度是指一国的生产要素禀赋中某种要素的供给比例大于别国同种要素的供给比例，其相对价格低于别国同种要素的价格。要素丰裕度或要素稀缺程度是一个相对概念，它与一个国家实际拥有的生产要素绝对量有很大区别。衡量要素丰裕的程度主要有两种方法：一是以生产要素的总供给量来衡量；二是以生产要素的相对价格来衡量。总量法只考虑要素的供给，相对法考虑了要素的供给和需求，相比来说相对价格法较为科学。一般来说，如果某一要素投入比例大，可称该产品为该要素密集程度高，并根据产品生产过程中投入比例最高的要素种类不同，将产品分为若干种类型。例如：生产纺织产品投入劳动比例最大，则称之为劳动密集型产品；生产电子产品，资本投入比例最大，则称之为资本密集型产品。

赫克歇尔和俄林以新古典主义经济学作为区域分工与国际贸易的基础，分析了比较利益产生的原因，即生产要素禀赋的相对差异决定了区域分工与贸易。表现在以下五个方面：①土地及矿产资源的差异；②资本的差异，表现为拥有资本的原始积累和储备，能够较为容易地获取国外的贷款；③劳动力和数量的差异，表现为拥有大量的劳动力，劳动者能够胜任本职工作，具有操作较为先进的机器设备的技能；④技术水平的高低，是指拥有同行业中最先进的设备和较强的生产能力；技术操作人员具有较丰富的从事某些产品的生产经验，且充满创新精神，能不断地开发出新产品；⑤经营管理水平的差异，表现为通过采取一定的管理机制和组织原则，形成一个有利于工业高效运行的外部环境和内部机制，使经济规模的作用得到充分发挥。

（3）技术差距理论（Technical Difference Theory）。技术差距理论的代表人物主要是 E. 哈根，该理论以科学发明和技术创新的推广过程中创新国与模仿国之间的技术发展平衡来解释国际贸易的产生和发展。传统的比较优势理论认为两国之间开展贸易的基础在于两国比较优势的差异。技术差距论认为各国技术创新、研发投入之间的差异同样是导致国际贸易的重要原因。而且，要素禀赋往往是由一国的自然条件、资源丰裕这些先天条件决定的，在短时间内贸易国难以改变其要素禀赋；与此不同的是，技术差异、技术优势一般依赖于一国的国家创新体系、研发投入及科研人员数量、结构，这些因素都是可以后天培育的，而且由于国际技术扩散、技术模仿等效应的存在使得技术优势在一定时期内可以发生转换。

（4）产品生命周期理论（Product Lifecycle Theory）。美国经济学家弗农的生命周期理论是从产品生命周期的角度来解释技术要素同分工和贸易之间的关系。该理论是由技术差距理论演变而来的，它主要说明按照国际比较利益原则，产品随其生命周期的演变而转移到具有比较利益的国家去生产。该理论可以用来揭示部分工业品的国际贸易格局以及世界新产业转移和结构调整的某些趋势，如将某些"夕阳"产品从发达国家转向发展中国家的"空心化"趋势。产业区域结构的协调性原理将产业发展放在国际贸易的角度来考虑，说明了产业区域结构协调产生的各种原因，使我们在进行产业结构优化与主导产业选择时不仅要考虑到成本因素，而且要考虑在世界经济发展过程中所存在的技术差距及产品生命周期等，以便我们更合理地顺应潮流、因势利导、创造机会，在主导产业的选择过程中更加关注技术和成本的因素。

1.2.2　国内产业结构优化研究

我国学者自 20 世纪 80 年代中后期开始引进西方产业经济学以来，已经走过了三十多年的历程。产业经济学作为现代经济学中用于分析现实经济问题的应用经济理论，一直有着蓬勃旺盛的生机，呈现出硕果累累的喜人景象。从搜集到的资料来看，理论与应用研究成果占了其中的较大部分，但方法研究则显得有些薄弱。随着产业经济学自身的发展，这种局面有望得到改善。归纳起来，我国学者在产业结构优化及定量化方法研究方面主要取得以下几个方面的研究成果：

1.2.2.1　关于产业结构优化内涵研究

如前文所述，我国学术界比较早探究产业结构优化内涵的是上海社会科学院经济研究所副所长、博士生导师周振华（1992），他认为，产业结构优化包含产业结构的高度化和合理化两个主要内容。产业结构的高度化是指产业结构从较低水准向高度水准的发展过程，它可以用第二、三产业的比重、资金与技术、知识密集型产业的比重以及中间产品与最终产品产业的比重来测度。产业结构的合理化是指提高产业之间有机联系的聚合质量，即产业之间相互作用所产生的一种不同于各产业能力之和的整体能力，它可以用产业之间的关系均衡程度和产业之间的关联作用程度来表示。复旦大学经济学首席教授苏东水（2000）认为，产业结构优化是指推动产业结构合理化和高度化发展的过程。李红梅（2000）认为，产业结构的优化主要意味着产业结构的升级、技术和资本密集程度的提高。广东工业大学张立厚教授（2000）认为，产业结构优化是指在国民经济整体效益最优化的目标下，根据资源条件、经济发展水平、科学技术能力、人口环境素质以及国际国内经济关系等因素，实现生产要素的合理配置，并使各产业协调发展，以适应社会不断增长的需求和可持续发展战略的要求。产业结构优化的核心是产业结构合理化与产业素质高度化的有机结合，以产业结构合理化促进产业素质高度化，以产业素质高度化带动产业结构合理化。焦继文、李冻菊（2004）认为产业结构优化包括产业结构的合理化和高级化两个方面，同时认为，在经济发展中，经济结构变革将呈现阶段性和跳跃性。在每一个发展阶段，产业结构的合理度和高级度是呈高度正相关的，随着产业结构合理化程度的不断提高，伴随的是产业结构将向高级化方向发展，而这种状态达到某一临界点时，产业结构的高级度将有一个跳跃。2002年我国学者黄继忠提出产业结构高效化理论。产业结构高效化与产业结构高度化、合理化共同构成了产业结构优化的完整内容，并界定了产业结构高效化的内涵，即产业结构高效化是指在假设技术经济条件不变的条件下，低效率产业比重不断下降和高效率产业比重不断上升的过程。同时，还论证了产业结构高效化存在的客观依据，设计了度量高效化的标准和方法，分析并模拟计算了高效化效果。

可以看出，大多数学者认为产业结构的优化主要是指产业结构的合理化和高度化，笔者认为：一个国家或地区范围的产业结构优化意味着产业结构的合理化、高级化和高效化的过程。产业结构合理化是指三次产业及其产业内部的比例同一定的经济发展阶段相适应；各产业及产业之间发展速度相互协调；各产业部门的联系、变动及流向符合经济发展的一般规律；各产业的发展切合本国或地区实际情况，适应现在及未来长远发展的需要。产业机构合理化是动态的、变动的过程。产业结构高级化体现在产业的高技术化、高集群化、高附加值、高市场占有率等特征上，第三产业尤其是高科技含量的产业在国民经济中的比重大幅提升，各产业之间比例更加协调。内容主要包括：产值结构高级化、资产结构高级化、技术结构高级化和劳动力结构高级化。产业结构高效化不仅能反映经济增长的数量，还能反映其质量，也能科学衡量一个国家或地区真实的经济发展和社会进步状况，更能够实现经济增长、社会进步和生态环境的协调发展。产业结构高效化以产业结构合理化、高级化为前提和基础，产业结构高效化是产业结构优化的最高形态。

1.2.2.2 影响产业结构优化的因素与机制研究

关于这方面，我国学者也有着不同的观点。杨治（1999）借鉴西方产业结构及其组织理论，认为一定的产业结构状况是同一定的发展阶段相联系的，经济总量的增长依赖于结构的变动，特别依赖于高速增长的新兴产业。宋锦剑（2000）

认为影响产业结构变化的因素很多，其中最主要的是需求结构、资源供给结构、科技进步程度、国际经济一体化程度、一国的经济发展战略及政策等。陈静、叶文振（2003）认为影响产业结构的调整与优化因素很多，需求结构、劳动力素质、外资规模、政府产业政策和劳动生产率等是最重要的影响因素。江小涓（2003）认为收入水平与产业结构之间存在关联性。王述英（1999）认为对产业结构变动起决定作用的有以下三个因素：收入需求结构变动、技术进步与劳动生产率相对变化、国际贸易。还有一些学者从就业结构、创新能力、外商投资等不同角度分析了影响和决定产业结构变动的因素。

由此可见，影响产业结构优化的因素众多。从整体来看，有经济发展水平、要素禀赋状况、政府政策及经济周期等。从个体来看，有收入水平、需求结构、技术进步、劳动生产率、国际贸易、资源配置结构及外商直接投资等经济因素。同时，我们也应看到，还需要一个既能综合以上各种理论的观点，又能接受实证检验的理论解释框架。

1.2.2.3 主导产业选择基准研究

我国学者基于日本经济学家的观点，结合中国国情提出了不同的主导产业选择基准和方法。关爱萍、王瑜（2002）指出区域主导产业判定和选择的六项基准：持续发展基准、市场基准或需求基准、效率基准、技术进步基准、产业关联基准和竞争优势基准。王岳平（2001）在其论著《中国工业结构调整与升级：理论、实证和政策》中提出了"高需求收入弹性原则""高生产率上升原则""高关联度原则""高技术扩散与带动原则"和"动态比较优势原则"。该文依据上述各原则，通过定量与定性相结合，对中国制造业各部门进行了分析，并对分析结果分别进行排序打分，然后计算综合得分，其排序结果即为主导部门选择结果的最终排序，但其计算方法过于繁琐且主观性较强。刘再兴等（1997）提出"双向基准综合法"，该方法从市场需求与供给能力两个方面综合进行主导产业选择、文中共选择了9个指标，采用综合指数法和加权平均法计算各产业综合指数以进行主导产业选择。其缺陷是指标过多，未考虑指标之间可能存在自相关等问题。

1.2.2.4 区域产业结构优化评价方法研究

区域产业结构的分析与评价是区域产业结构优化的前提和基础。目前，国内外产业结构分析和评价研究主要集中在理论描述上。一是在借鉴经济发展阶段理论、产业结构演进和经济发展水平相关分析的基础上，根据区域经济发展水平、人均收入水平等，对区域产业结构的发展做出阶段性或层次性的定位。二是在对各国产业结构演进分析的基础上，构建"标准产业结构"，其他地区的发展情况同标准产业结构进行比较，来衡量区域产业结构水平状况。三是从区域产业结构变化的历史过程入手，针对区域产业发展中存在的主要问题，分析产业结构不合理的原因，最终提出政策性建议。

南京大学崔功豪（1999）从区域的相对性着手，结合区域经济总规模、经济增长活力、区域自我发展能力、工业化结构比重数、技术水平指数、城市化水平等定量指标的计算，将我国各地区的经济发展水平划分为经济成熟区、经济成长区和经济不发达区三个"发展阶段"，还将定量计算引入区域经济发展阶段相对性的判定，开创了区域经济研究的新思路。朱传耿、沈山、仇方道（2001）在《区域经济学》中，在明确区域产业分类的前提下，提出了区域产业结构的演进过程，即"工业化前期的产业结构轻工业化阶段—工业化初期的产业结构重工业化阶段—轻工业化中期的产业结构高加工度化阶段—工业化后期的产业技术密集阶段—后工业社会的产业边界模糊化"。同时，进一步提出了区域产业结构的成长规律，分析了主导产业的区域成长、协作配套产业的区域成长、服务性基础产业的区域成长以及产业部门成长的区域差异。潘强恩、马传竞（1998）在《经济结构与经济增长》一书中，在分析经济结构、产业结构转换对经济增长促进作用的基础上，从我国产业结构变化的历史进程出发，从我国产业结构中存在的主要问题入手，仔细、深入地探讨了我国产业结构不合理现象的成因，进而提出了我国产业结构调整的选择、目标与内容，并形成了调整、优化产业结构的机制与对策。宋锦剑（2000）认为，产业结构的优化升级是永恒性统计规律，并从统计的角度对产业结构的演进和调整作了全面的探讨，构建了产业结构优化升级的测度指标群，分别是产业结构高度化程度的指标体系；产业地区结构状况指标体系；产业组织结构监测指标体系；行业寿命周期状态指标体系，并对指标体系中的各指标给出具体的测度方法。潘文卿（2002）以中国经济社会可持续发展为背景，提出一个经济增长与产业结构调整的优化模型，并以此为基础，对中国在21世纪前20年的中长期发展中，经济增长、就业变化、污染控制以及产业结构的转换与调整的"互动"关系进行了模拟与展望。

1.2.3 存在的问题

从目前搜集到的资料来看，国内外学者在产业结构优化定量化评价方面尽管已取得一批重要成果，但还存在以下两个方面的问题：

（1）国内学者关于产业结构优化问题的研究颇多，研究涉及的内容也较广泛，主要集中在对产业结构优化内涵的理解、影响产业结构优化因素和机制、主导产业选择基准几个方面上。这些研究大多是理论上的逻辑推理，偏重于定性分析，较少涉及量化分析和检验，相当部分缺乏实证支持，最后还使产业结构优化的对策分析流于空泛，且表现出较低的针对性和说服力。

（2）在产业结构优化定量化评价方法研究方面。目前存在的主要问题：一是由于对产业结构优化内涵的理解不同，测度方法的选取上虽有所不同，但实质上仍然是对产业结构高级化的测度问题。有的学者尽管将产业结构优化理解为产业结构合理化、产业结构高级化的过程，但测度指标单一，或是将第一、二、三产业的比例关系同"标准结构"相比较，或是将就业结构与"标准结构"相比较来测度一个国家或地区产业结构合理化、高级化的程度，带有较大的片面性。二是由于影响产业结构优化的因素众多，尽管国内有的学者根据国内外的相关研究成果，建立了产业结构优化评价指标体系，但未考虑指标之间可能存在的自相关、指标的时效性、地域性等问题，因此不能真实反映我国经济社会发展阶段面临的特殊问题，有的指标体系指标过多、计算过于繁琐，且给收集数据带来很大难度，也降低了研究的可操作性。三是关于产业结构优化定量化评价研究体系尚未建立。作者尝试构建区域产业结构优化定量化评价方法研究体系，主要包括：产业结构优化相关理论基础、产业结构合理化及其测度、产业结构高级化及其测度、产业结构高效化及其测度、产业结构优化互动关系与路径选择及产业结构优化实证分析等内容。

1.3　研究思路与方法

1.3.1　基本思路

针对以上存在的问题，在借鉴前人研究成果的基础上，本书尝试构建区域产业结构优化定量化评价方法理论体系，并将产业结构优化的核心内容定位于产业结构的合理化、高级化和高效化。在综述国内外学者对产业结构优化以及产业结构与经济增长理论研究成果的基础上，指出在产业结构优化评价研究方面存在的不足。

本书主要目的在于，构建一套完整的区域产业结构优化定量化评价指标体系和方法。首先对产业结构优化的含义进行界定，然后对产业结构的合理化、高级化、高效化问题分别进行测度。内容包括指标体系的构建原则；指标体系的框架结构；各指标的含义及定量测度方法等。作为实证研究，运用上述理论对某市产业发展环境、产业现状进行分析，对该市的产业结构进行定量化评价，并提出该市产业结构优化战略。本书的研究不仅可以丰富和发展产业结构优化方法论方面的理论，而且对促进区域产业结构优化、升级具有现实的指导意义。

1.3.2 研究方法

任何理论研究的创新关键在于研究方法上的创新。产业结构优化是前沿性、实践性比较强的课题，课题研究中要用到大量的统计数据，因此，数据的搜集要遵循数据准全原则。

产业结构的调整和优化是复杂的社会经济问题，要对这一课题进行深入的研究，没有合理的抽象和数学模型的建立是不可想象的。本书研究方法将采用定性和定量相结合的方法，将经济增长理论、产业竞争力理论、现代产业经济学理论、发展经济学理论与现代统计分析方法相结合，运用产业系统的自组织理论、粗糙集（Rough Set）理论、人工神经网络（Artificial Neural Networks）、数据包络分析（Data Envelopment Analysis）等理论，构建区域产业结构优化定量化评价的指标体系和方法。

同时，产业结构优化与调整是动态演进的过程，因此，指标体系的建立还要采用静态与动态相结合的方法进行研究。

1.4 研究框架和内容

1.4.1 研究框架

本书共包含四个部分：基础研究、理论研究、应用研究、结论与展望。基础研究部分给出了选题的理论背景和研究的现实依据、研究思路、研究方法以及产业结构优化的相关概念理论。理论研究部分是本书的核心，主要探讨产业结构合理化相关概念、标准及其测度方法；产业结构高级化概念、特征、指标体系及其测度方法；产业结构高效化的含义、特征、指标体系及其测度方法；产业结构优化互动关系、产业结构优化的目标及路径选择。应用研究部分选择了较有代表性的副省级城市——青岛市作为应用案例验证，并提出了青岛市"十四五"期间乃至未来更长一段时期内，产业结构优化的目标、战略重点及措施。本书的研究框架如图 1-1 所示。

1.4.2 研究内容

本书共分八章：

第 1 章为绪论。给出选题的理论背景和研究的现实依据；主要综述了国内外学者对产业结构优化以及产业结构与经济增长理论的研究成果，指出在产业结构优化评价研究方面存在的不足；给出了本书的研究思路、研究方法，本书的框架结构及研究内容。

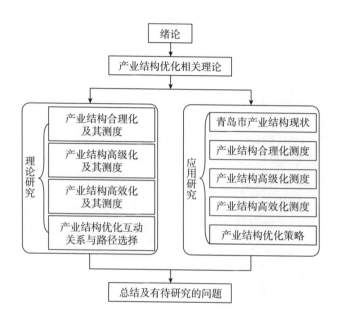

图1-1 本书的研究框架

第2章为产业结构优化的相关概念及理论。主要讨论三个方面的问题：一是对区域产业结构优化的相关概念进行了界定，包括区域的概念、产业与产业系统的概念、产业结构与产业结构优化的概念。二是产业结构优化的基础理论，包括瓦尔拉斯的一般均衡理论、里昂惕夫投入产出理论、产业关联理论和产业结构转换的"大道定理"。三是区域产业结构的常用分析方法，偏离份额法和结构效益法，为以后各章的研究奠定理论基础。

第3章为产业结构合理化及其测度。主要阐述产业结构合理化的标准；产业结构合理化指标体系的构建原则；指标体系的框架结构、指标的含义；最后给出基于粗糙集的产业结构合理化测度方法。

第4章为产业结构高级化及其测度。主要阐述产业结构高级化的特征；产业结构高级化指标体系的构建原则、指标体系的框架结构、指标的含义；最后给出基于人工神经网络的产业结构高级化测度方法。

第5章为产业结构高效化及其测度。主要阐述产业结构高效化的特征；产业结构高效化指标体系的构建原则；分别给出第一、二、三产业结构高效化评价指标体系；并用数据包络分析法测度产业结构高效化程度。

第6章为产业结构优化互动关系与路径选择。揭示了产业结构的合理化、高级化、高效化，呈现非一致起点的三螺旋上升结构；根据产业结构优化的目标，给出了七种产业结构类型、产业结构优化模型，并指出了实现不同产业结构优化目标的路径选择。

第7章为青岛市产业结构评价及优化策略。分析了影响区域产业结构演进的主要原因，提出了青岛市"十四五"期间乃至更长一段时期内，产业结构优化的目标、战略重点及措施，为制定青岛市经济社会发展政策和产业结构优化调整政策提供理论依据。

第8章为总结与展望。归纳了本书的主要研究成果与结论，并提出需要进一步研究的问题，展望了新技术革命对产业结构优化的影响。

1.5 本章小结

本章主要从以下四个方面进行论述：

（1）提出了选题的理论背景和研究的现实依据。由于"产业结构在整个经济结构中居于主导地位，它的变动对经济增长有着决定性的影响"，选择产业结构优化理论中的产业结构优化方法作为研究课题，无疑对丰富产业结构优化评价理论具有十分重要的理论意义和现实针对性、指导性。

（2）对国内外的相关问题的研究现状及存在的问题进行了归纳和评述。

（3）研究路线及方法。本书内容涉及多种定量化方法，如粗糙集（Rough Set）理论、人工神经网络（Artificial Neural Networks）、数据包络分析（Data Envelopment Analysis）等理论，任何理论研究上的创新关键在于研究方法上的创新。

（4）给出本书的研究框架和研究内容，明确指出产业结构优化理论主要包括产业结构合理化、产业结构高级化和产业结构高效化理论，并将产业结构合理化、高级化和高效化的测度问题作为课题的核心问题进行研究。

2 产业结构优化的相关概念及理论

产业结构优化理论主要包括产业结构合理化、产业结构高级化和产业结构高效化理论。本章主要讨论三个方面的问题：一是区域产业结构优化的相关概念的界定，包括区域的概念与特征、产业与产业系统的概念、产业结构与产业结构优化的概念；二是区域产业结构优化的基础理论，主要包括一般均衡理论、投入产出理论、产业关联理论和产业结构转换的"大道定理"；三是区域产业结构的常用分析方法，为以后各章的研究奠定理论基础。

2.1 区域产业结构优化的相关概念

2.1.1 区域的概念及其特征

"区域"（Region）是一个广泛使用的概念。从经济学的研究视角看，区域指经济区域，分为三个层次：国内的经济区域；超越国家界限由几个国家构成的世界经济区域；几个国家部分地区共同构成的跨国经济区域。目前，国内区域产业结构研究所涉及的均是国内区域，即介于国家和城市之间的，由一个或多个核心城市、若干个相关城镇及其周边辐射地区（包括乡村和城乡接合部）组成的，在空间上密切联系、在功能上有机分工、相互依存，并且具有一体化发展趋势的空间经济复合体，是区域经济学的研究对象。也就是说，区域是不同于省、市、县等行政区划的经济学概念，具有组织区内经济活动和区外经济联系的相对独立的发展能力。本书所说的区域通常是指地表连续的经济地带，但有时也指行政区域或自然地理区域。与区域相近的词还有"地区"（Area）、"地域"（Territory），其实质是一致的。区域是社会生产地域分工的表现形式，它和社会生产地域分工一样是客观存在的。在区域的形成和发展过程中，根据不同的区域划分原则可以划分为均质区域、节点区域和计划区域三个系列。

2.1.1.1　均质区域（Homogeneous Region）

均质区域是指区内各种变量一致性最大且区际分异最大的地表连续地段。这里提及的各种变量可指特定地区的自然资源条件、地形和气候，也可指特定地区的社会经济因素。

2.1.1.2　节点区域（Nodal Region）

节点区域又称极化区域，是指一群质异但功能上关系极为密切的地区。区内不同部分通过围绕区域增长极（Growth Pole，这一概念最早由法国经济学家弗朗索瓦·普劳克斯提出，他认为增长并非同时出现在所有地方，它以不同的强度首先出现于一些增长点或增长极上，然后通过不同的渠道向外扩散，并对整个经济产生不同的最终影响）的相互关联而相互依存。所谓极化是指计划区域内增长的极宛如磁铁般对经济活动的吸引过程。这种区域内部相互联系或共同利益得以实现的基础是功能一体化，而不是均质性。

2.1.1.3　计划区域（Planning Region）

计划区域一般是指实际存在的管理区域，它是为了一定的管理目标而创造的，是政府计划、实施政策的地区。

区域作为介于国家和城市之间的一个中间性概念，与国家相比具有：开放性、非均衡性、经济上的不可分性、权能上的局限性以及二元性特征。

2.1.2　产业与产业系统

产业是产业经济学的研究对象。它是介于西方微观经济学研究对象的企业和西方宏观经济学研究对象的国民经济之间的"集合概念"。产业一词在经济研究文献中广泛使用，其内涵也相当丰富。英语中的产业一词是"Industry"，它不仅是指工业，而且指国民经济的各行各业，大至部门，小到行业，从生产流通、服务以至文化、教育等的各行各业，都可以称之为产业。产业的另一种观点是，构成产业的基本单元可以是生产性的（提供产品），也可以是服务性的（提供劳务），但从事的必须是营利性的经济活动。

综上所述，产业的基本含义：一是构成产业的基本单位是企业；二是企业从事营利性的经济活动；三是国民经济的组成部分，是国民经济投入产出链条上的一环。

作者认为，产业的产生与发展是一种系统运动，对产业的研究必须用系统论的思想。系统是由相互联系、相互作用的要素组成的具有一定功能的有机整体。因此，产业系统就是由具有相同或相近属性的企业组成的能够提供某种产品或某种服务的有机整体。

从集合论角度，作者把产业系统定义为：

$$产业系统 = \left\{ \begin{array}{l} 企业_i,（企业_iR_1\ 企业_j），（企业_iR_2\ 企业_jR_3\ 企业_k），\cdots\mid 企业_i, \\ 企业_j，企业_k，\cdots具有相同或相近属性，R_i\ 表示企业间某种关系。\end{array} \right\}$$

其中：i，j，$k = 1$，2，$\cdots$，n。

企业是产业系统的基本元素，是构成产业的具有一定功能的无须再分的基本单元。产业与企业互为条件、相互依存，二者是整体与部分的关系。

2.1.3 产业结构与产业结构优化

"产业结构"概念从经济学发展史上来看，可以说是一个很新的概念。20 世纪 60 年代，这个概念的意义和用法还都是相当混乱的，它既可被解释为某个产业内部的企业关系，也可解释为各个产业之间的关系结构。产业组织理论的创始人美国经济学家贝恩（J. S. Bain）在 1966 年出版的著作《产业结构的国际比较》中，就将产业结构解释为产业内的企业关系。早在 20 世纪 50 年代中期，日本在制定经济发展战略的讨论中，产业结构这一概念就被用来概括产业之间的关系结构了。到 20 世纪 70 年代初，日本研究这方面的经济学家极力做了一些澄清。一般地说，产业结构是专指产业间关系结构这一点大体已被公认。因此，产业结构定义为，一个国家或地区国民经济系统中各个产业之间的比例关系和联系方式。

关于产业结构优化的理解，目前尚存在许多争议。复旦大学苏东水教授（2000）认为，产业结构优化是指推动产业结构合理化和高度化发展的过程。李红梅（2000）认为：产业结构的优化主要意味着产业结构的升级、技术和资本密集程度的提高。广东工业大学张立厚教授（2000）认为，产业结构优化是指在国民经济整体效益最优化的目标下，根据资源条件、经济发展水平、科学技术能力、人口环境素质以及国际国内经济关系等因素，实现生产要素的合理配置，使各产业协调发展，以适应社会不断增长的需求和可持续发展战略的要求。产业结构优化的核心是产业结构合理化与产业素质高度化的有机结合，以产业结构合理化促进产业素质高度化，以产业素质高度化带动产业结构合理化。事实上，学术界比较早地探究产业结构优化内涵的是周振华（1992），他认为产业结构优化包含产业结构的高度化和合理化两个主要内容。产业结构的高度化是指产业结构从较低水准向高度水准的发展过程，它可以用第二、三产业的比重、资金与技术、知识密集型产业的比重以及中间产品与最终产品产业的比重来测度。产业结构的合理化是指提高产业之间有机联系的聚合质量，即产业之间相互作用所产生的一种不同于各产业能力之和的整体能力，它可以用产业之间的关系均衡程度和产业之间的关联作用程度来表示。

由此可以看出，大多数人认为产业结构的优化意味着产业结构的合理化和高度化，它主要体现在产业的高附加值化、高技术化、高集约化和高加工度化方面，即第三产业，尤其是高科技含量的产业在国民经济中的比重上升，各产业之间按比例协调发展。其中产业结构的合理化主要依据产业关联技术间的客观比例关系来调整不协调的产业结构，促进国民经济各产业间的协调发展；而产业结构的高度化则主要遵循产业结构的演化规律，通过创新来加速产业结构向高度化演进。

作者认为，一个国家或一个地区范围内的产业结构优化意味着产业结构的合理化、高级化和高效化的过程。

2.1.3.1　产业结构合理化的基本含义

（1）三次产业以及产业内部的比例要相互适应。它既是经济增长和发展的结果，又是经济进一步增长和发展的条件。

（2）各产业及产业之间增长与发展速度要相互协调，产业结构合理化要反映部门之间投入产出关系的变动。

（3）各产业部门的联系、变动和流向符合经济发展的一般规律。

（4）各产业的发展切合本国或本地区实际，适应本国或本地区现在与未来长远发展的需要，其合理化是动态的、变化的。

2.1.3.2　产业结构高级化的含义

（1）产业结构高级化是在技术进步作用下，产业结构系统由低级形态到高级形态的动态演化过程。

（2）产业结构高级化一方面是指产业的高附加值化、高技术化和高加工度化，即在产业中普遍运用高新技术，增加产品的附加值，加工深度高；另一方面是产业高集约化，即产业组织合理化，有较高的规模经济效益。

（3）产业结构高级化的内容主要包括：产值结构高级化、资产结构高级化、技术结构高级化、劳动力结构高级化。

（4）产业结构高级化的过程表现为：①产业结构的重化工业化；②产业结构的高加工度化；③产业结构的"软化"；④产业结构的高信息化。

2.1.3.3　产业结构高效化的含义

产业结构高效化主要体现在第一、二、三产业效率的提高，其含义：从第一产业看，区域农作物比较优势明显；种植业结构向优质、高效型转化；农业自然资源能获得连续供给。从第二产业看，低效产业不断降低、高效产业占主导地位；产业呈集约化发展；产业关联度较高；生态产出效率高。从第三产业看，第三产业产出比重持续上升；劳动生产率稳定增长；出口迅速增长和出口结构得到优化，传统服务业比重下降、新兴服务业比重上升。

产业结构的合理化、高级化和高效化相互渗透、相互作用，而产业结构的高效化以高级化、合理化为基础。没有产业结构的合理化无从谈高级化，没有高级化也就更谈不上高效化。反过来，产业结构高效化能促使产业结构向更高级化发展，同时，使产业结构更趋于合理。因此，产业结构优化是一个循序渐进的过程，其最终目标是实现经济、社会、环境协调发展，实现合理化、高级化和高效化的统一。这样的产业结构将富有最强劲的国际竞争力，最优的资源配置、最佳的部门投入产出效益、最强的社会财富创造力，实现国民经济和谐、持续、健康地发展。

2.2 产业结构优化的基础理论

2.2.1 一般均衡理论

法国经济学家、洛桑学派的里昂·瓦尔拉斯（Leon Walras，1834～1910）于1873 年完成了《纯粹政治经济学纲要》的写作，分别于 1874 年和 1877 年分两卷出版，提出了整个经济的均衡学说，即一般均衡理论。一般均衡理论认为各种商品的价格相互影响、相互联系，任何一种商品的需求和供给不仅是该种商品价格本身的函数，同时也是所有其他商品价格的函数。边际效用分析应从两种商品的交换比例关系扩大到全部商品范围，任何一种商品价格的确定须与其他商品的价格相联系。当市场上一切商品的价格使所有商品的需求量和供应量相等时，这种竞争的市场处于均衡状态。瓦尔拉斯曾用庞大的联立方程组来证明这一理论。

设经济系统中有 n 种商品或生产要素，它们的市场价格分别是 P_1，P_2，$\cdots$，P_n，则某一商品或生产要素的市场需求可表示为：

$$Q_{Di} = D_i(P_1, P_2, \cdots, P_n), \quad i = 1, 2, \cdots, n \tag{2.1}$$

类似地，每种商品或生产要素的市场供给可表示为：

$$Q_{Si} = S_i(P_1, P_2, \cdots, P_n), \quad i = 1, 2, \cdots, n \tag{2.2}$$

假如所有的商品或生产要素市场同时处于均衡，则称经济处于一般均衡状态。此时应有：

$$Q_{Di} = Q_{Si}, \quad i = 1, 2, \cdots, n \tag{2.3}$$

将满足上式使经济处于平衡状态时的价格 P_1，P_2，$\cdots$，P_n 称为一般均衡价格。

瓦尔拉斯的一般均衡理论是研究经济结构的一种重要理论和方法，它说明了一国经济中各个生产部门间的关系和每个部门生产要素的竞争需求，同时还考察了产品和要素的总供给和总需求的关系。这对后来的经济学家研究国民经济结构的运行和产业结构的演变有很大的启发。但是由于一般均衡理论建立在严格的假设条件之上，因此不少经济学家认为一般均衡理论缺乏现实基础和应用价值。甚至有的经济学家认为一般均衡的存在性定理"只不过为一个数学问题提供了一个较完美的数学解"。后来，美国经济学家瓦西里·里昂惕夫（Wassily Leontief）的投入产出模型对一般均衡理论进行了简化，使其变成一个可以计量的体系。首先，用部门代替了企业和个人，从而减少了联立方程的个数；其次，瓦尔拉斯模型中生产要素之间存在可替代性，里昂惕夫模型中生产要素之间有固定的系数从而不具有可替代性；最后，投入产出模型消除了一般均衡理论中认为价格对经济主体在最佳化时必然产生影响的思想。

2.2.2　投入产出理论

　　美国经济学家瓦西里·里昂惕夫 1906 年生于圣彼得堡，1928 年在柏林大学获得哲学博士学位。1931 年前往美国成为美国经济研究所的工作人员，仅几个月之后，他便接受哈佛大学的任命，在哈佛度过了 44 个春秋。在此期间，他发明了投入—产出分析法，这种方法的发明与应用使他赢得了世界性声誉。他曾获得多种荣誉，1970 年当选为美国经济协会会长，1973 年获得诺贝尔经济学奖。

　　里昂惕夫在前人关于经济活动相互依存性的研究基础上，于 1933 年左右开始研究投入—产出分析法。他利用美国国情普查的资料编制了 1919 ~ 1929 年的部门间投入—产出平衡表，从宏观上研究了美国经济结构中的数量关系和经济均衡问题，并于 1936 年发表了《美国经济系统中投入和产出的数量关系》一文，标志着投入—产出分析法的诞生。投入—产出分析法作为一种数量经济学分析方法，在理论上汲取了一般均衡理论关于经济活动相互依存性的观点，在方法上吸收了瓦尔拉斯运用代数联立方程体系来描述这种相互依循关系的方法。

　　投入—产出分析法在发明之初并未引起经济界和产业界人士的重视，"二战"期间这一理论才得到经济学界的关注。当时，美国由于战争原因对钢铁的需求量剧增，钢铁行业的繁荣带动了相关行业的进一步发展。这一现象表明：一个部门的生产会影响其他相关部门的发展，假如各生产部门不能相互协调，势必影响各部门生产的实现，投入产出理论为解释这一现象提供了方法论。继美国之后，英国、日本，加拿大、丹麦、荷兰等国也先后编制出投入产出表。1968 年，联合国将投入产出表作为普及推广国民经济计算体系的一个重要组成部分。

"二战"以后，由于运筹学、控制论、计量经济学和计算机科学的发展，为现代投入产出分析提供了新的科学手段，一些学者设计出许多动态投入产出模型。譬如，戴维·哈京斯于 1948 年提出用微分方程组表示的动态投入产出模型；里昂惕夫在哈京斯等的研究基础之上，分别于 1953 年和 1970 年提出了"动态求逆"模型。由于投入产出模型是假定模型中的系数不发生变化，但实际情况又并非如此，于是一些学者经过潜心研究，提出了更新系数和预测系数的方法。如德国学者 Peter Kalmbach 和奥地利学者约瑟夫·熊彼特提出了将原有技术和使用新技术加权得出现有技术系数的模型，并用同样的方法对资本系数矩阵进行了修订。由于大多数方法是经验性的或是复杂的数学公式推导，目前尚缺乏经济分析的依据。

投入产出理论起初并没有最优化的思想，最优化是定量化的方法之一，它可依据需要，确定系统最优目标而得到最大效益。20 世纪 40 年代运筹学逐渐发展成为一门新兴的应用学科，"二战"以后使运筹学得以迅速发展，主要是在两个方面：其一是运筹学的方法论，形成了运筹学的许多分支，如线性规划、非线性规划、动态规划、多目标规划、存储论、排队论、决策论等；其二是由于计算机科学的迅猛发展，推进了运筹学的发展、普及和运用，使得运筹学的方法论成功地、及时地解决大量经济管理中的决策问题，成为广大管理工作者进行最优决策和有效管理的常用工具之一。1947 年美国数学家丹捷格（G. B. Dantzig）提出求解线性规划问题的有效方法——单纯形法，使得大量的求解多变量线性规划问题成为可能。线性规划方法的引入使得投入产出分析可用于最优产业结构的确定，极大地拓展了投入产出分析的应用范围。目前投入产出分析主要应用于两个方面：区域经济分析和国际经济分析。

2.2.3　产业关联理论

产业关联理论与其说是一种理论，不如说是产业结构关联分析的定量化工具。它利用里昂惕夫的投入产出表来揭示社会再生产过程中的各种比例关系，其理论基础仍然是瓦尔拉斯所创立的一般均衡理论。

产业关联是由产业间的供求关系而形成的产业间的经济技术联系。产业间的关联实质上是产业间的投入与产出关系，主要表现为产业间的产品和服务关联、产业间就业关联、产业间技术关联、产业间价格关联和产业间投资关联。根据国民经济各产业部门在产业链中的位置不同，产业关联主要有三种表现形式，即前向关联、后向关联和环向关联。产业关联的直接效应和程度可以用产业关联系数来衡量。产业关联分析是借助投入产出表对产业之间在生产、分配、交换上发生的联系进行分析研究，从而掌握一个国家或地区国民经济各产业部门的比例关系与特征，进而为经济预测、制定经济计划、制定产业政策提供依据。

投入产出表也称为里昂惕夫表或产业关联表，它是依矩阵的形式记录和反映一个经济系统在一定时期内各部门之间发生的产品及服务流量和交换关系的工具。

2.2.3.1　投入产出分析的前提条件

在编制和利用投入产出表进行产业分析时也设定了一些前提条件，包括以下几点：

（1）产业活动的独立性，即各产业的经济活动是相互独立的，各产业独立经济活动的效果总和等于同时进行活动的总效果（可列可加性）；

（2）产业产出的单一性，指任何产业的产出都是单一的；

（3）规模报酬的不变性，指任一产业投入的变化和产出的变化相一致；

（4）技术的相对稳定性，技术的相对稳定性是分析产业关系是导出直接消耗系数的前提；

（5）价格体系的公正性，公正性能客观反映产业供求关系的变化，能准确揭示产业的投入产出关系和发展状况。

上述假设中，独立性和单一性保证了各产业的无关性，为数学建模提供了基础条件；规模报酬的不变性确保各产业在一定时期内投入产出的线性关系；技术的相对稳定性和价格体系的公正性保证了价值型投入产出表计算各种系数的可行性。

2.2.3.2　投入产出表的类型与形式

按照计量单位的不同，投入产出表分为实物型和价值型两种。实物型投入产出表是以各种产品为对象，以不同的实物计量单位（如吨、担、米等）编制出来的。价值型投入产出表是根据价值计量单位编制出来的。由于价值型投入产出表不仅能反映各部门产品的实物运作过程，而且能够精确地描述各部门的价值流动过程，因而比实物型投入产出表有更广泛的应用范围。价值型投入产出表是以货币作为计量单位，可以按行或按列来建立数学模型。

（1）实物型投入产出表。

表2-1给出了实物型投入产出表的一般形式：

表2-1　实物型投入产出表

投入＼产出	中间产品					最终产品	总产品
	产品1	产品2	…	产品 n	合计		
产品1	x_{11}	x_{12}	…	x_{1n}	$\sum x_{1j}$	Y_1	X_1
产品2	x_{21}	x_{22}	…	x_{2n}	$\sum x_{2j}$	Y_2	X_2
…	…	…	…	…	…	…	…
产品 n	x_{n1}	x_{n2}	…	x_{nn}	$\sum x_{nj}$	Y_n	X_n
劳动力	L_1	L_2	…	L_n	L		L

其中：Y_i 表示第 i 种产品用作最终产品的数量；X_i 表示第 i 种产品总产量；L_j 表示第 j 个生产部门的劳动力需求量；L 表示各生产部门所需劳动力总和。

表 2−1 中的各行反映了各类产品和劳动力的分配使用情况，包括中间产品和最终产品的使用分配情况；表中的各列反映了各类产品在生产过程中所消耗的各种产品和劳动力数量。实物型投入产出表中的平衡关系主要有：

1）中间产品＋最终产品＝总产品。即：

$$\sum_{j=1}^{n} x_{ij} + Y_i = X_i, \ (i=1, \ 2, \ \cdots, \ n) \tag{2.4}$$

2）生产各种产品所需劳动力之和＝劳动力总量。即：

$$\sum_{j=1}^{n} L_j = L \tag{2.5}$$

上述两个平衡关系式构成下列方程组：

$$\begin{cases} \sum_{j=1}^{n} L_j = L, \ (i=1, \ 2, \ \cdots, \ n) \\ \sum_{j=1}^{n} x_{ij} + Y_i = X_i, \ (i=1, \ 2, \ \cdots, \ n) \end{cases} \tag{2.6}$$

（2）价值型投入产出表。

表 2−2 给出了价值型投入产出表的一般形式。

从表 2−2 中可以看出，价值型投入产出表由三部分组成，即中间需求部分、最终需求部分和附加价值部分。中间需求部分反映一个国家或地区在一定时期内各产业间相互提供中间产品的交换关系。表中的各行反映出各产业在满足自身需求基础上满足其他产业的中间需求情况，表中的各列反映出各产业除消耗本产业的产品外还消耗其他产业产品的情况。最终需求部分的各行反映各产业的产品成为最终需求的情况，各列反映各个最终需求是由哪些产业产品构成的。附加值部分的各行反映最终产值中的附加值有哪些产业来提供，或者说明附加值在各个产业的分布情况，各列反映各产业的附加值由哪些内容构成。

价值型投入产出表中的平衡关系式主要有：

1）产业的中间需求＋产业的最终需求＝产业的总需求。即：

$$\begin{cases} x_{11} + x_{12} + \cdots x_{1n} + Y_1 = X_1 \\ x_{21} + x_{22} + \cdots + x_{2n} + Y_2 = X_2 \\ \cdots \quad\quad \cdots \quad\quad \cdots \quad\quad \cdots \\ x_{n1} + x_{n2} + \cdots + x_{nn} + Y_n = X_n \end{cases} \tag{2.7}$$

表 2-2　价值型投入产出表

		中间需求					最终需求				总需求
投入	产出	产业 1	产业 2	…	产业 n	合计	消费	投资	净出口	合计	
中间投入	产业 1	x_{11}	x_{12}	…	x_{1n}	$\sum x_{1j}$	C_1	I_1	NX_1	Y_1	X_1
	产业 2	x_{21}	x_{22}	…	x_{2n}	$\sum x_{2j}$	C_2	I_2	NX_2	Y_2	X_2
	…	…	…	…	…	…	…	…	…	…	…
	产业 n	x_{n1}	x_{n2}	…	x_{nn}	$\sum x_{nj}$	C_n	I_n	NX_n	Y_n	X_n
	合计	$\sum x_{i1}$	$\sum x_{i2}$	…	$\sum x_{in}$	$\sum x_{ij}$	$\sum C_i$	$\sum I_i$	$\sum NX_i$	$\sum Y_i$	$\sum X_i$
附加价值	折旧	D_1	D_2	…	D_n	$\sum D_j$					
	劳动报酬	L_1	L_2	…	L_n	$\sum L_j$					
	社会纯收入	M_1	M_2	…	M_n	$\sum M_j$					
	合计	A_1	A_2	…	A_n	$\sum A_j$					
总投入		X_1	X_2	…	X_n	$\sum X_j$					

简记为:

$$\sum_{j=1}^{n} x_{ij} + Y_i = X_i,\ (i = 1,\ 2,\ \cdots,\ n) \tag{2.8}$$

2) 各产业的中间需求总量 + 各产业的最终需求总量 = 社会总需求。即:

$$\sum_{i=1}^{n} \sum_{j=1}^{n} x_{ij} + \sum_{i=1}^{n} Y_i = \sum_{i=1}^{n} X_i \tag{2.9}$$

3) 产业的中间投入 + 产业的毛附加值 = 产业的总投入 (供给)。即:

$$\begin{cases} x_{11} + x_{21} + \cdots + x_{n1} + A_1 = X_1 \\ x_{12} + x_{22} + \cdots + x_{n2} + A_2 = X_2 \\ \cdots \quad\quad \cdots \quad\quad \cdots \quad\quad \cdots \\ x_{1n} + x_{2n} + \cdots + x_{nn} + A_n = X_n \end{cases} \tag{2.10}$$

简记为:

$$\sum_{i=1}^{n} x_{ij} + A_j = X_j,\ (j = 1,\ 2,\ \cdots,\ n) \tag{2.11}$$

4) 各产业的中间总量 + 各产业的附加值总量 = 社会总供给。

$$\sum_{j=1}^{n} \sum_{i=1}^{n} x_{ij} + \sum_{j=1}^{n} A_j = \sum_{j=1}^{n} X_j \tag{2.12}$$

5) 各产业的总产出 = 各产业的总投入。即:

$$\sum_{j=1}^{n} x_{ij} + Y_i = \sum_{i=1}^{n} x_{ij} + A_j \qquad (2.13)$$

6）各产业的中间需求总量 = 各产业的中间投入总量。即：

$$\sum_{i=1}^{n} \sum_{j=1}^{n} x_{ij} = \sum_{j=1}^{n} \sum_{i=1}^{n} x_{ij} \qquad (2.14)$$

7）各产业的最终需求总量 = 各产业的毛附加值总量。即：

$$\sum_{i=1}^{n} Y_i = \sum_{j=1}^{n} A_j \qquad (2.15)$$

8）社会总需求 = 社会总供给。即：

$$\sum_{i=1}^{n} \sum_{j=1}^{n} x_{ij} + \sum_{i=1}^{n} Y_i = \sum_{j=1}^{n} \sum_{i=1}^{n} x_{ij} + \sum_{j=1}^{n} A_j$$

或

$$\sum_{i=1}^{n} X_i = \sum_{j=1}^{n} X_j \qquad (2.16)$$

2.2.3.3 投入产出系数

投入产出系数是反映产业间经济联系的关键所在，也是分析产业发展的重要指标。

（1）直接消耗系数。

直接消耗系数又称为技术消耗或投入系数，它是指生产 j 部门（或产业）单位产品所直接消耗的 i 部门产品或服务的数量。其计算公式为：

$$a_{ij} = x_{ij}/X_j \text{ 或 } x_{ij} = a_{ij}X_j \qquad (2.17)$$

式中：x_{ij} 表示投入到 j 部门的 i 部门产品或服务的数量；X_j 表示 j 部门的总投入。可见，j 部门的投入系数实际上反映了第 j 部门的生产技术水平，单位产品的投入系数越高，物资消耗越大，说明生产技术水平越低。

将 $x_{ij} = a_{ij}X_j$ 代入 $\sum_{j=1}^{n} x_{ij} + Y_i = X_i$ 中，可得：

$$\begin{cases} a_{11}X_1 + a_{12}X_2 + \cdots + a_{1n}X_n + Y_1 = X_1 \\ a_{21}X_1 + a_{22}X_2 + \cdots + a_{2n}X_n + Y_2 = X_2 \\ \cdots \qquad \cdots \qquad \cdots \qquad \cdots \\ a_{n1}X_1 + a_{n2}X_2 + \cdots + a_{nn}X_n + Y_n = X_n \end{cases} \qquad (2.18)$$

用矩阵形式表示即为：

$$AX + Y = X \qquad (2.19)$$

其中：$A = \begin{pmatrix} a_{11} & a_{12} & \cdots & a_{1n} \\ a_{21} & a_{22} & \cdots & a_{2n} \\ \cdots & \cdots & \cdots & \cdots \\ a_{n1} & a_{n2} & \cdots & a_{nn} \end{pmatrix}$ 表示直接消耗系数矩阵；

$Y = (Y_1, Y_2, \cdots, Y_n)^T$ 表示最终需求向量；

$X = (X_1, X_2, \cdots, X_n)^T$ 表示产出向量。

将 $AX + Y = X$ 变形可得：

$Y = (I - A)X$，（I 为 n 阶单位矩阵） $\qquad(2.20)$

假如矩阵 $(I - A)$ 可逆，则有：

$X = (I - A)^{-1}Y$ $\qquad(2.21)$

式中的 $(I - A)^{-1}$ 即为里昂惕夫逆矩阵，其具体形式可以表示为：

$$(I - A)^{-1} = \begin{pmatrix} c_{11} & c_{12} & \cdots & c_{1n} \\ c_{21} & c_{22} & \cdots & c_{2n} \\ \cdots & \cdots & \cdots & \cdots \\ c_{n1} & c_{n2} & \cdots & c_{nn} \end{pmatrix} \qquad(2.22)$$

（2）完全消耗系数。

完全消耗系数是指 j 产品部门生产单位最终使用时，对 i 部门产品或服务的直接消耗和间接消耗的总和。直接消耗系数反映了产业之间全部的生产技术联系，但在产品的生产过程中，除直接消耗外，还存在相当复杂的间接消耗关系。例如，炼钢需要消耗电力，电力即为直接消耗，但同时炼钢还需要消耗生铁、焦炭等，生产生铁、焦炭仍需要消耗电力，这部分电力就是间接消耗。

可以看出，完全消耗系数能更本质地反映出一个产业部门同其他产业部门的经济数量关系。

其计算公式为：

$$b_{ij} = a_{ij} + \sum_{k=1}^{n} b_{ik} a_{kj} \qquad(2.23)$$

式中：b_{ij} 表示 j 产品部门对 i 产品部门的完全消耗系数；b_{ik} 表示 k 产品部门对 i 产品部门的完全消耗系数；a_{kj} 表示 j 产品部门需要 k 产品部门的直接消耗系数；a_{ij} 表示 j 产品部门需要 i 产品部门的直接消耗系数。

完全消耗系数的矩阵形式为：

$B = (I - A)^{-1} - I$ $\qquad(2.24)$

其中：

$$B = \begin{pmatrix} b_{11} & b_{12} & \cdots & b_{1n} \\ b_{21} & b_{22} & \cdots & b_{2n} \\ \cdots & \cdots & \cdots & \cdots \\ b_{n1} & b_{n2} & \cdots & b_{nn} \end{pmatrix}$$

(2.25)

2.2.3.4 投入产出关联分析

（1）产业间的结构分析

结构分析主要包括中间需求率和中间投入率。

1）中间需求率。

中间需求率是各产业的中间需求与该产业的总需求之比，它反映了某产业的产出中有多少是作为中间产品为其他产业所需求。其计算公式为：

$$\lambda_i = \frac{\sum_{j=1}^{n} x_{ij}}{X_i}, (i = 1, 2, \cdots, n)$$

(2.26)

一般而言，中间需求率越高的产业，其产出用作其他产业原材料的成分越大，就越具有基础产业的作用。

与中间需求率相对应的是最终需求率，由于 $\sum_{j=1}^{n} x_{ij} + Y_i = X_i$, $(i = 1, 2, \cdots, n)$，因此中间需求率与最终需求率的数量关系可表示为：

最终需求率 = 1 − 中间需求率 （2.27）

2）中间投入率。

中间投入率是指产业的中间投入与总投入的比值。它反映了在某产业的生产活动中，为生产单位产值的产出需其他产业投入的中间品的比例。其计算公式如下：

$$\lambda_j = \frac{\sum_{i=1}^{n} x_{ij}}{X_j}, (j = 1, 2, \cdots, n)$$

(2.28)

由于 $\sum_{i=1}^{n} x_{ij} + A_j = X_j$, $(j = 1, 2, \cdots, n)$，不难推得中间投入率与毛附加值率的关系：

毛附加值率 = 1 − 中间投入率 （2.29）

中间投入率高的产业，其毛附加值率就低。按中间需求率和中间投入率大小可将产业分为四种类型：中间产品型基础产业、中间产品型产业、最终需求型基础产业和最终需求型产业。分类情况及特点如图 2 − 1 所示。

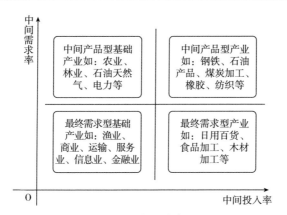

图 2 - 1 产业分类图

（2）产业间的波及效果分析。

波及效果分析是指当投入产出表中的某一系数发生变化时，对表中其他系数可能产生影响的分析。

1）感应度系数。

感应度系数反映出当国民经济各个产业部门均增加一个单位最终使用时，某一产业部门由此受到的需求感应程度，也就是需要该部门为其他部门的生产而提供的产出量，该指标的计算公式为：

$$e_i = \frac{\sum\limits_{j=1}^{n} c_{ij}}{\frac{1}{n}\sum\limits_{i=1}^{n}\sum\limits_{j=1}^{n} c_{ij}}(i = 1,2,\cdots,n) \tag{2.30}$$

式中：e_i 表示感应度系数；

n 表示产业部门数量；

$\sum\limits_{j=1}^{n} c_{ij}$ 表示里昂惕夫逆矩阵 $(I-A)^{-1}$ 中第 i 行元素之和；

$\frac{1}{n}\sum\limits_{i=1}^{n}\sum\limits_{j=1}^{n} c_{ij}$ 表示里昂惕夫逆矩阵各行之和的平均值。

根据上式计算的结果，若 $e_i > 1$，则表明第 i 产业的感应程度高于社会平均感应度水平（即各产业所受到的感应程度的平均值）；若 $e_i = 1$，则表明第 i 产业的感应度在全部产业中处于平均水平；若 $e_i < 1$，则表明第 i 产业的感应度在全部产业中处于平均水平之下。

2）影响力系数。

影响力系数反映了当国民经济某一产业部门增加一个单位最终使用时，对国民经济各产业部门所产生的生产需求及波及程度。

该指标的计算公式为：

$$e_j = \frac{\sum\limits_{i=1}^{n} c_{ij}}{\frac{1}{n}\sum\limits_{j=1}^{n}\sum\limits_{i=1}^{n} c_{ij}} \quad (j=1,2,\cdots,n) \tag{2.31}$$

式中：e_j 表示第 j 产业的影响力系数；

n 表示产业部门数量；

$\sum\limits_{i=1}^{n} c_{ij}$ 表示里昂惕夫逆矩阵 $(I-A)^{-1}$ 中第 j 列元素之和；

$\dfrac{1}{n}\sum\limits_{j=1}^{n}\sum\limits_{i=1}^{n} c_{ij}$ 表示里昂惕夫逆矩阵各列之和的平均值。

根据上式的计算结果，当 $e_j > 1$ 时，则表明第 j 产业部门生产对其他产业部门所产生的波及影响程度高于社会平均影响力水平（即各产业部门所产生的波及影响的平均值）；当 $e_j = 1$ 时，则表明第 j 产业部门生产对其他产业部门所产生的波及影响程度等于社会平均影响力水平；当 $e_j < 1$ 时，则表明第 j 产业部门生产对其他产业部门所产生的波及影响程度低于社会平均影响力水平。显然，影响力系数越大，说明第 j 产业部门对其他产业部门的拉动作用越大。

感应度系数和影响力系数涉及的是最终需求总量变化时对产业生产的影响，下面的几个指标涉及最终需求各项变化时对各产业生产的影响程度。

3）生产诱发额。

生产诱发额是指某项最终需求（消费、投资、净出口）变化所诱发的第 i 产业的生产额，计算方法可用里昂惕夫逆矩阵中的某一行的数值分别乘以按项目分类的最终需求列向量。计算公式为：

$$p_i^m = \sum_{k=1}^{n} c_{ik} q_k^m, \quad (i=1,2,\cdots,n;\ m=1,2,3) \tag{2.32}$$

式中：p_i^m 表示由第 m 项最终需求所诱发的生产额；q_k^m 表示各产业第 m 项最终需求额；m 取值为 1，2，3，分别代表消费、投资、净出口三项最终需求。

4）生产诱发系数。

生产诱发系数是指某一项最终需求增加一个单位时，某一产业由于该项最终需求的变化所诱发多少单位的生产额。计算方法是生产诱发额与相应的最终需求额合计之比。计算公式如下：

$$w_i^m = \frac{\sum\limits_{k=1}^{n} c_{ik} q_k^m}{\sum\limits_{k=1}^{n} q_k^m}, \quad (i=1,2,\cdots,n;\ m=1,2,3) \tag{2.33}$$

5）依赖度系数。

依赖度系数是指各产业的生产对最终需求的依赖度，即某产业的生产会受到哪项最终需求的支持。计算方法是生产诱发额与相应产业的总产值之比。计算公式如下：

$$z_i^m = \frac{\sum_{k=1}^{n} c_{ik} q_k^m}{X_i}, (i = 1, 2, \cdots, n; m = 1, 2, 3) \qquad (2.34)$$

以上讨论了四个方面的问题，投入产出表是反映、分析和研究社会再生产过程中各领域（生产、分配、交换、消费）之间和国民经济各部门以及与国际经济技术联系的主要方法之一。它集中反映了社会总供给与总需求、国民收入的分配与再分配、产业结构、消费与积累、中间需求与最终需求等国民经济的重要指标，是加强国民经济综合平衡，提高宏观控制和管理水平，加强经济决策科学化的重要工具。因此，可以利用投入产出模型提供各种数据，并进行各种经济分析，以揭示国民经济各部门与社会再生产各环节之间的内在联系和发展规律。

2.2.4　产业结构转换的"大道定理"

1958 年美国经济学家多尔夫曼（J. Dorfman）、萨缪尔森（P. A. Samuelson）和索洛（R. M. Solow）在其著作《经济学、线性规划和经济分析》中指出，从长期看，一个经济系统必有一段平衡增长的时期，即在期间 $T_1 \leqslant t \leqslant T_2$ 内，该经济系统必定会保持平衡增长。20 世纪 70 年代，日本数理经济学家筑井甚吉等对上述结论给出了严格的数学证明，由此产生了所谓的"大道定理"。

我国著名学者李京文院士等（1989）关于"大道定理"曾有一个比较形象的比喻："当目的地十分遥远时，从起点至终点的最快路径，往往不是需要穿大街走小巷的最短路线，而是先绕道起点附近的'大道'上，沿大道一直走到目的地附近再转向通往目的地的路线。这样走才是最快捷、最经济的方法。"

2.2.4.1　大道定理的数学描述

"大道定理"的数学描述可以概括为：当产出的均衡增长路径由一个描述封闭的社会再生产系统的投入产出关系唯一确定时，从任意一个初始状态到最终状态时刻 T 所取得的最大资产积累，或最大消费积累的产出的最优路径具有以下两点性质：

（1）若规划期 T 足够长，则最优增长路径在"大道"的一个给定的领域之外的阶段数 N，是与 T 不相关的有限数，即：

$$\lim_{T \to \infty}(T-N)/T = 1, \text{ 或} \lim_{T \to \infty} N/T = 0 \qquad (2.35)$$

（2）除了规划期的初始阶段和终端阶段的有限阶段内，最优增长路径连续地处于"大道"的给定领域内。

若仅满足上述性质（1），则将其称为"弱大道定理"。弱大道定理仅能保证最优解不在"大道"邻域内的阶段数有限，但不能确认这些阶段的分布特点；若性质（1）（2）同时满足，则将其称为"强大道定理"。此时不仅能保证最优解不在"大道"邻域内的阶段数有限，而且也能保证这有限的阶段只分布在规划期的起点和终点两端的有限区间内。

2.2.4.2 大道定理的几何表示

大道定理的证明需用到一些比较抽象的数学知识。其几何意义如图2-2所示，图中，P表示规划期的发展起点，R表示规划期的发展终点，射线ON称为冯·诺伊曼射线（"快速大道"），它由产业结构的技术水平，即投入系数矩阵来确定的。最优的经济增长路径不是沿线段$\overline{PR}$，而是沿弧线PQR展开，即由P到R的最优增长路径总是从发展起点P出发，先趋于冯·诺伊曼射线（"快速大道"）到达点Q，尔后离开快速大道到达规划末期的发展终点R。

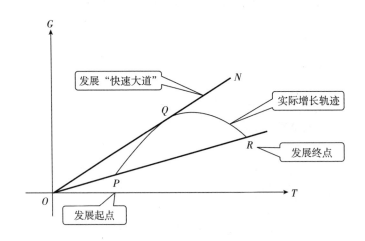

图2-2 大道定理示意图

从经济意义上讲，就是在整个经济增长的过程中，最优增长路径总是从发展起点P出发，逐渐靠近"快速大道"（冯·诺伊曼射线ON），即优先发展工业实现整个国民经济的工业化；然后沿着射线ON直线增长，即走上最适度经济增长轨道变速发展，到达一定阶段后则限制工业的发展速度，进而进行结构调整，加速农业发展，最后到达规划末期Q。例如，对于我国产业结构变动的具体方向，经济理论界的意见并不一致。目前的主流观点认为我国产业结构存在较大的偏差，据此，郭克莎（1999，2000）提出要"控制工业部门扩张，加速发展第三产业"的观点，这是对照世界各国产业结构变化的一般特征，基于大道定理得出的结论。当然，也有一些学者提出不同的观点，认为目前不应片面强调第三产业的发展。刘伟（1995）通过发展中国家与发达国家经济发展初期的比较，提出工业化未完成的发展中国家，经济增长的主要动力在于工业制造业。刘伟、李绍荣在对中国经济进行实证分析的基础上，提出中国经济增长主要是靠制度改革由第三产业拉动的，同时又指出，第三产业的发展必须以第一产业和第二产业的发展为前提。

2.2.4.3 大道定理的基本模型

大道定理是从线性规划问题的研究中引申出来的，它可以与多种优化模型相结合。多尔夫曼等对大道定理的研究，是从规划末期资本存量最大化为目标函数着手的，他们建立的模型属于资本积累型的最终状态模型。

该模型的形式如下：

$$\begin{cases} \text{Max } pBx(T) \\ \text{s. t. } (A+B)x(t) - Bx(t+1) = 0 \ (t = 0, \ \cdots, \ T-1) \\ x(t) \geqslant 0 \end{cases} \tag{2.36}$$

模型中，p 为 n 维价格向量，用以评估规划期末 T 的资产存量水平。$A = \lfloor a_{ij}(q_j) \rfloor_{n \times m}$ 为由所有可能的生产技术过程向量构成的广义的投入产出矩阵；$B = \lfloor b_{ij}(q_j) \rfloor_{n \times m}$ 为由所有可能的资本投入向量构成的广义资本存量的流量矩阵；$x(t)$ 为 t 期的产出水平(设 m 种生产技术可以产生 m 种产品)。

2.2.4.4 最优增长的"大道"——冯·诺伊曼射线

在里昂惕夫投入产出体系 $AX + Y = X$ 中，令 $W = AX$，由于第 i 产业的中间需求率定义为：$\lambda_i = \dfrac{\sum\limits_{j=1}^{n} x_{ij}}{X_i}$ $(i = 1, 2, \cdots, n)$，因此有，$W_i = \lambda_i X_i$ $(i = 1, 2, \cdots, n)$，显然，λ_i 是 X 的函数。

记 $\lambda(X) = \min\limits_{1 \leqslant i \leqslant n} \{\lambda_i(X)\}$，则有：$AX \geqslant \lambda(X)X$，$(\lambda(X) > 0)$，由线性代数的知识可知，存在 λ_0 及 X_0，使得 $AX_0 = \lambda_0 X_0$，弗罗比尼乌斯定理进一步表明，λ_0 是 A 的具有最大绝对值的弗罗比尼乌斯特征根，X_0 是 A 的属于 λ_0 弗罗比尼乌斯特征向量。

现将上面的分析应用于里昂惕夫逆矩阵，对于最终需求 $Y = (I-A)X$，若将其作为中间需求再投入生产，则相应的生产诱发额为：$A^{-1}(I-A)X$。现在先将产出调整到 X_0，再将其最终需求 $(I-A)X_0$ 投入到下一期的再生产中，则产出的生产诱发额为：$A^{-1}(I-A)X_0$。

由线性代数知识可知，若 λ_0 是矩阵 A 的特征根，则 $1 - \lambda_0$，$1/\lambda_0$ 分别是

$(I-A)$ 和 A^{-1} 的特征根。因此有：

$$A^{-1}(I-A)X_0 = (1/\lambda_0 - 1)X_0 \tag{2.37}$$

上述公式表明，如果将产出调整到 X_0，则下一期的总产出为 $\frac{1}{\lambda_0}X_0$，依次类推，第 t 期的产出为 $\left(\frac{1}{\lambda_0}\right)^t X_0$，这一结果表明，当产业结构的投入系数矩阵 A 不变时，各产业在以后各期将以相同的增长率 $1/\lambda_0 - 1$ 增加产出。

这里，$g = 1/\lambda_0 - 1$，就是最优增长的"大道"——冯·诺伊曼射线，它是由产业结构的技术水平，即投入系数矩阵 A 来确定的。

2.3 区域产业结构分析方法

2.3.1 偏离份额分析法

偏离份额分析法（Shift - share Method，SSM）是由美国学者 Dunn、Perloff、Lampard、Muth 等于 20 世纪 60 年代相继提出来的，20 世纪 80 年代初 Dunn 集众家之长，归纳为现在普遍采用的这种形式。由于偏离份额法具有较强的综合性和动态性，是揭示区域与城市部门结构变化原因，确定未来发展主导方向的有效方法，因而，在国外区域与城市经济分析中得到广泛应用。

2.3.1.1 SSM 的基本原理

偏离份额法的基本原理是把区域经济的变化视为一个动态变化的过程，以其所在区域或整个国家的经济发展为参照系，将区域自身经济总量在某一时期的变动分解为三个分量：份额分量（The National Growth Effect）、结构偏离分量（The Industrial Mix Effect）和竞争力偏离分量（The Shift Share Effect），以此说明区域经济发展和衰退的原因，评价区域经济结构优劣和自身竞争力的强弱，找出该区域具有相对竞争优势的产业部门，进而确定出区域未来经济发展的合理方向和产业结构调整的原则。

2.3.1.2 SSM 的数学模型

假设区域 i 在经历了 t 时间之后，经济总量和结构均已发生变化，区域 i 基期的经济总规模为 $b_{i,0}$（可用总产值或就业人数表示），报告期（计算期）的经济总规模为 $b_{i,t}$。同时，按照一定的规则，将区域的经济化分成 n 个产业部门，区域 i 的第 j 个产业部门的基期与报告期的规模分别记为 $b_{ij,0}$，$b_{ij,t}$，（$j = 1$，

2，…，n）。区域所在大区或全国的基期与报告期的规模记为 B_0，B_t，区域所在大区或全国第 j 个产业基期与报告期的规模记为 $B_{j,0}$，$B_{j,t}$，则

区域 i 的第 j 个产业部门在 $[0，t]$ 时间内的变化率为：

$$r_{ij} = \frac{b_{ij,t} - b_{ij,0}}{b_{ij,0}}，（j=1，2，\cdots，n） \tag{2.38}$$

区域所在大区或全国第 j 个产业在 $[0，t]$ 时间内的变化率为：

$$R_j = \frac{B_{j,t} - B_{j,0}}{B_{j,0}}，（j=1，2，\cdots，n） \tag{2.39}$$

以区域所在大区各产业部门所占的份额，依照下式将区域各产业部门规模标准化得：

$$b'_{ij} = \frac{b_{ij,0} \cdot B_{j,0}}{B_0}，（j=1，2，\cdots，n） \tag{2.40}$$

这样，在区间 $[0，t]$ 内区域 i 的第 j 个产业部门的增长量 G_{ij} 可以分解为：

$$G_{ij} = N_{ij} + P_{ij} + D_{ij} \tag{2.41}$$

$$N_{ij} = b'_{ij} \cdot R_j \tag{2.42}$$

$$P_{ij} = (b_{ij,0} - b'_{ij}) \cdot R_j \tag{2.43}$$

$$D_{ij} = b_{ij,0}(r_{ij} - R_j) \tag{2.44}$$

$$G_{ij} = b_{ij,t} - b_{ij,0} \tag{2.45}$$

N_{ij} 表示份额分量（或全国的平均增长效应），它是指 j 部门的全国（或大区）总量按比例分配，区域 i 的第 j 个产业部门规模发生的变化。

P_{ij} 表示结构偏离分量（或产业结构效应），它是指区域部门比重与全国（或大区）相应部门比重的差异引起的区域 i 的第 j 个产业部门增长相对于全国（或所在大区）标准所产生的偏差。它排除了区域增长速度与全国或所在大区的平均速度差异，假定二者相同，来单独分析部门结构对增长的影响与贡献。因此，此值越大，表明部门结构对经济增长的贡献越大。

D_{ij} 表示区域竞争力偏离份额（或区域份额效果），它是指区域 i 的第 j 个产业部门增长速度与全国或所在大区的相应部门增长速度的差异所引起的偏差。该分量反映了区域 i 的第 j 个产业部门的相对竞争力，此值越大，表明该部门竞争力对经济增长贡献越大。

区域 i 的总经济增量 G_i 可表示为以下形式：

$$G_i = N_i + P_i + D_i \tag{2.46}$$

$$N_i = \sum_{j=1}^{n}(b'_{ij} \cdot R_j) = \sum_{j=1}^{n}\left(b_{ij,0} \cdot \frac{B_{j,t} - B_{j,0}}{B_0}\right) \tag{2.47}$$

$$P_i = \sum_{j=1}^{n} (b_{ij,0} - b'_{ij}) \cdot R_j = \sum_{j=1}^{n} \left(b_{ij,0} \cdot \frac{B_{j,t} - B_{j,0}}{B_{j,0}} \right) - \sum_{j=1}^{n} \left(b_{ij,0} \cdot \frac{B_{j,t} - B_{j,0}}{B_0} \right)$$
$$(2.48)$$

$$D_i = \sum_{j=1}^{n} b_{ij,0}(r_{ij} - R_j) = b_{i,t} - \sum_{j=1}^{n} \left(b_{ij,0} \frac{B_{j,t}}{B_{j,0}} \right) \tag{2.49}$$

$$G_i = \sum_{j=1}^{n} (b_{ij,t} - b_{ij,0}) = b_{i,t} - b_{i,0} \tag{2.50}$$

令：$K_{j,0} = \dfrac{b_{j,0}}{B_{j,0}}$，$K_{j,t} = \dfrac{b_{ij,t}}{B_{j,t}}$ 分别表示区域 i 的第 j 个产业部门基期和报告期规模占同期全国或所在大区相应部门的比重，则区域 i 对于全国或所在大区的相对增长率为：

$$L = \frac{b_{j,t}}{b_{j,0}} : \frac{B_t}{B_0} \tag{2.51}$$

将其变形为：

$$L = \frac{\sum\limits_{j=1}^{n} K_{j,t} \cdot B_{j,t}}{\sum\limits_{j=1}^{n} K_{j,0} \cdot B_{j,0}} : \frac{\sum\limits_{j=1}^{n} B_{j,t}}{\sum\limits_{j=1}^{n} B_{j,0}} = \left(\frac{\sum\limits_{j=1}^{n} K_{j,0} \cdot B_{j,t}}{\sum\limits_{j=1}^{n} K_{j,0} \cdot B_{j,0}} : \frac{\sum\limits_{j=1}^{n} B_{j,t}}{\sum\limits_{j=1}^{n} B_{j,0}} \right) \cdot \left(\frac{\sum\limits_{j=1}^{n} K_{j,t} \cdot B_{j,t}}{\sum\limits_{j=1}^{n} K_{j,0} \cdot B_{j,t}} \right)^{\Delta} = W \cdot U$$
$$(2.52)$$

其中：$W = \dfrac{\sum\limits_{j=1}^{n} K_{j,0} \cdot B_{j,t}}{\sum\limits_{j=1}^{n} K_{j,0} \cdot B_{j,0}} : \dfrac{\sum\limits_{j=1}^{n} B_{j,t}}{\sum\limits_{j=1}^{n} B_{j,0}} \tag{2.53}$

$$U = \frac{\sum\limits_{j=1}^{n} K_{j,t} \cdot B_{j,t}}{\sum\limits_{j=1}^{n} K_{j,0} \cdot B_{j,t}} \tag{2.54}$$

W，U 分别称为区域结构效果指数和区域竞争效果指数。

由以上各式可知：①若 G_i 越大，则 $L > 1$，表明区域的经济增长快于全国或所在大区的经济增长；②若 P_i 越大，则 $W > 1$，表明区域结构中，朝阳产业、增长较快的产业比重较大，区域整体经济结构较好，结构对经济增长的贡献大；③若 D_i 越大，则 $U > 1$，表明区域各产业部门总的增长势头较大，具有较强的竞争能力。

2.3.1.3　SSM 的计算过程与结果分析

（1）明确时间范围以及参照的区域。

Shift – share 方法应用时，首先要确定 t 值，一般情况下考察区域 5 年或 10 年的经济变化情况。参照区域或背景区域可以是省、经济协作区或全国。

表 2 – 3　Shift – share 分析表

指标 部门	$b_{ij,0}$	$b_{ij,t}$	b'_{ij}	$b_{ij,0} - b'_{ij}$	r_{ij}	R_j	$r_{ij} - R_j$	G_{ij}	N_{ij}	P_{ij}	D_{ij}	PD_{ij}
总计												
1												
2												
⋮												
n												

（2）划分部门结构，构造 Shift – share 分析表（或分析矩阵）。

根据某种分类体系，将区域经济划分为 n 个产业部门，并搜集数据构建 Shift – share 分析表（或分析矩阵）。分析表由以下三部分组成：

原始数据：$b_{ij,0}$，$b_{ij,t}$，$B_{j,0}$，$B_{j,t}$

中间结果：r_{ij}，R_j，b'_{ij}，$b_{ij,0} - b'_{ij}$，$r_{ij} - R_j$

最终分析结果：G_{ij}，N_{ij}，P_{ij}，D_{ij}，PD_{ij}；$PD_{ij} = P_{ij} + D_{ij}$

依据上表得到的计算结果对各产业部门进行分析判断，对于第 j 个产业部门，依照下面的符号关系得出一系列结论。

Ⅰ　$N_{ij} = b'_{ij} \cdot R_j$ 　　　　　　　　　　　　　　　　　　　　（2.55）

　　　+++　j 部门为全国性增长部门；

　　　–+　j 部门为全国性衰退部门。

Ⅱ　$P_{ij} = (b_{ij,0} - b'_{ij}) \cdot R_j$ 　　　　　　　　　　　　　　　（2.56）

　　　+++　对于全国性增长部门 j，区域 i 在该部门有盈余（所占比重较大）；

　　　–+–　对于全国性衰退部门 j，区域 i 在该部门有盈余；

　　　–––　对于全国性增长部门 j，区域 i 在该部门有亏空（所占比重较小）；

　　　+––　对于全国性衰退部门 j，区域 i 在该部门有亏空。

Ⅲ　$D_{ij} = b_{ij,0}(r_{ij} - R_j)$ 　　　　　　　　　　　　　　　　　（2.57）

　　　+++　j 部门是相对增长部门；

　　　–+–　j 部门是相对衰退部门。

（3）计算总体效果，对区域的结构效果和竞争力做出判断分析。

根据式（2.48）、式（2.53）计算 P_i、W，由此判断区域结构效果。若 P_i 较大，$W>1$，则表明经济结构较好，区域中朝阳产业、经济增长较快的产业所占比重较大，不需要进行大规模的经济结构调整。若 P_i 较大，$W<1$，则表明区域中衰退产业、夕阳产业比重过大，其经济结构需要调整。

根据式（2.49）、式（2.54）计算 D_i、U，由此判断区域竞争效果。若 D_i 较大，$U>1$，表明区域中有较多部门发展迅速，且竞争力较强，反之，表明竞争力较弱，发展缓慢。

（4）绘制 Shift-share 分析图。

Shift-share 分析图能较直观地表明各产业部门所属类型。它分为以下两种：部门优势分析图和部门偏离分量分析图。

一是 I 部门优势分析图。以区域部门优势 PD_{ij} 为横轴，以份额分量 N_{ij} 为纵轴建立坐标系，并用两条倾角为 45° 的等分线将坐标系分为八个扇面（以 S_1，S_2，…，S_8 表示），代表四种不同类型的产业部门（如图 2-3 所示）。

A 表示较好部门，处于 S_1、S_2 扇面部位，代表具有部门优势的增长产业部门；

B 表示一般部门，处于 S_3 扇面部位，表明具有部门优势，但为衰退部门，处于 S_4 扇面部位，表明具有增长优势，但不具有部门优势。

C 表示较差部门，处于 S_5、S_6 扇面部位，表明总量上均为负增长部门。

D 表示最差部门，处于 S_7、S_8 扇面部位，表明既无部门优势，又为衰退部门。

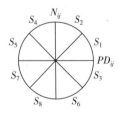

图 2-3　部门优势分析图

二是 II 部门偏离分量分析图。

以竞争偏离分量 D_{ij} 为横轴，以结构偏离分量 P_{ij} 为纵轴建立坐标系。同时用两条倾角为 45° 的等分线将坐标系分为八个扇面（以 S_1，S_2，…，S_8 表示），如图 2-4 所示，图中表明，S_1 表示原有基础好、竞争力较强的好部门；S_2 表示竞争力很强、原有基础较好的较好部门；S_3 表示基础差但发展快的较好或一般部门；S_4 表示基础较好但地位下降的较好或一般部门；S_5 表示基础较好但竞争力很差的较差部门；S_6 表示基础很差但发展很快的较差部门；S_7、S_8 表示基础差又缺乏竞争力的最差部门。

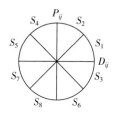

图 2 - 4　部门偏离分量分析图

2.3.2　结构效益分析方法

结构效益分析方法是通过计算一些反映经济运行状况的指标来分析区域产业结构优劣的方法。主要有：产业结构效益指数、结构影响指数、效益超越系数、弹性系数和投资产出效果系数。

2.3.2.1　产业结构效益指数

其计算公式为：

$$S_e = \sum_{i=1}^{n} \frac{Q_i}{Q} \cdot P_i - P \tag{2.58}$$

其中：S_e 表示产业结构效益指数；Q_i 表示第 i 产业部门的产值；Q 表示区域各产业的总产值；P_i 表示第 i 产业部门的资金利税率；P 表示区域各产业部门的平均资金利税率。

$S_e < 0$ 表示结构恶化；$S_e > 0$ 表示结构超优；若与前期某一时期相比 S_e 上升，表明结构效益提高，反之，结构效益在降低。

2.3.2.2　结构影响指数

其计算公式为：

$$G_j = \frac{\displaystyle\sum_{i=1}^{n} P_{ji} \cdot q_{ji}}{\displaystyle\sum_{i=1}^{n} P_{ji} \cdot q_{0i}} \tag{2.59}$$

式中：$\displaystyle\sum_{i=1}^{n} P_{ji} \cdot q_{ji}$ 表示区域 j 各产业部门的资金利税率分别乘以各相应产业部

门的资金占区域 j 产业资金总额的比重之和；$\sum_{i=1}^{n} P_{ji} \cdot q_{0i}$ 表示区域 j 各产业部门的资金利税率分别乘以对比区域各相应产业部门的资金占对比区域产业资金总额的比重之和；若 $G_j > 1$，表明区域 j 的产业结构素质高于对比区域；$G_j < 1$，则表明区域 j 的产业结构素质低于对比区域。

2.3.2.3 效益超越系数

计算公式为：

$$F = r/R \tag{2.60}$$

其中：r 与 R 分别表示区域净产值的增长率和区域总产值的增长率。若 $F > 1$ 表明结构素质好，结构效益较大；否则，结论相反。

2.3.2.4 弹性系数

在数学中，弹性系数是指两个变量变化率极限之比：$(dy/y)/(dx/x)$。如果弹性系数大于 1，则意味着富于弹性，小于 1 则意味着缺乏弹性。所谓收入弹性是指在价格不变的前提下，产业的产品（或某一商品）需求的增加率与人均国民收入的增加率之比。

2.3.2.5 投资产出效果系数

其计算公式为：

$$E_j = \frac{1}{n}\sum_{i=1}^{n}\frac{1}{b_{ij}} = \frac{1}{n}\sum_{i=1}^{n}\frac{1}{b_{ij}^1 + b_{ij}^2 + b_{ij}^3}\ ;\ b_{ij} = b_{ij}^1 + b_{ij}^2 + b_{ij}^3 \tag{2.61}$$

式中：b_{ij} 表示 j 产业部门全面开工增加一个单位的产品所需部门的投资；

b_{ij}^1 表示 j 产业部门增加一个单位的产出，所需要购买 i 部门的原料、材料、半成品的资金额，它为流动资产投资产出系数；

b_{ij}^2 表示 j 产业部门增加一个单位的产出，需要用更新改造资金购买 i 部门的产品作为固定资产的金额，它是更新改造投资产出系数；

b_{ij}^3 表示 j 产业部门增加一个单位的产出，需要用基建资金购买 i 部门的产品作为固定资产的金额。

产业投资产出效果系数大，表明在相同的投资下，该产业产出多于其他产业；在产业价值相同的情况下，该产业投资较少。通过将研究区域与对比区域各产业部门和整个产业系统的投资产出效果系数进行比较，就可以分辨出区域产业结构的优劣。

2.3.3 专业化与综合发展分析

专业化与综合发展分析目前常用的分析指标有三种：区位熵、产业集中度指数和产业结构多样化指数。

2.3.3.1 区位熵

区位熵也称为地方专业化指数，是衡量地方竞争优势产业的一项指标。熵是比率的比率，由哈盖特（P. Haggett）首先提出并应用于区位分析中。常用的区位熵指标有劳动力区位熵、GDP 区位熵等。

劳动力的区位熵就是将 A 地区 i 产业就业量 L_{iA} 占 A 地区就业量 L_A 的比例与全国 i 产业的就业量 L_i 占全国就业量 L 的比例进行比较。计算公式为：

$$E_L = \frac{L_{iA}}{L_A} \bigg/ \frac{L_i}{L} \tag{2.62}$$

若 $E_L > 1$，表明 A 区域 i 产业的劳动力密度大于全国平均水平，属于劳动力输出产业；若 $E_L < 1$，表明 A 区域 i 产业的劳动力密度小于全国平均水平，属于劳动力输入产业。

类似地可以定义 GDP 区位熵。

2.3.3.2 产业集中度指数

产业集中度是指区域 A 的 i 产业部门，按人均产量、产值等相对数与所在大区或全国该产业部门相对应指标的比值。其计算公式为：

$$CR = \frac{Q_{iA}}{P_A} \bigg/ \frac{Q_i}{P} \tag{2.63}$$

式中：CR 表示产业集中度；Q_{iA} 表示区域 A 的 i 产业部门产量或产值；P_A 表示区域 A 的人口数量；Q_i 表示所在大区或全国 i 产业部门产量或产值；P 表示所在大区或全国人口数量。

CR 值较大，表明该区域的该产业部门具有较高的专业化程度；CR 值较小，表明该产业无任何优势。

2.3.3.3 产业结构多样化指数

产业结构多样化指数常用来研究国家、地区或城市的产业综合发展程度。分为原始多样化指数和精确多样化指数两类。

（1）原始多样化指数。

原始多样化指数与产业综合发展程度成反比，其计算公式为：

$$X_{原} = \frac{1}{y_1 + (y_1 + y_2) + \cdots (y_1 + \cdots + y_n)} \tag{2.64}$$

式中：y_1，y_2，$\cdots$，y_n 为各产业部门的产值比重，且 $y_1 > y_2 > \cdots > y_n$，$\sum_{i=1}^{n} y_i = 1$。

（2）精确多样化指数。

精确多样化指数与区域或城市产业的综合发展程度成正比。其计算公式为：

$$X_{精} = \frac{X_{原} - X_0}{X_{max} - X_0} \qquad (2.65)$$

式中：X_0 表示最小原始多样化指数；X_{max} 表示理论上最大原始多样化指数。

2.4　本章小结

本章主要讨论了以下三个方面的问题：一是对区域产业结构优化的相关概念进行了界定，包括区域的概念与特征、产业与产业系统的概念、产业结构与产业结构优化的概念。二是区域产业结构优化的基础理论，包括瓦尔拉斯的一般均衡理论、里昂惕夫投入产出理论、产业关联理论和产业结构转换的"大道定理"。三是区域产业结构的常用分析方法——偏离份额法和结构效益法，为以后各章的研究奠定理论基础。

3 产业结构合理化及其测度

产业结构合理化（Rationalization of Industrial Structure）是产业结构优化理论研究的重要内容之一。随着产业结构调整与优化的逐步深入，产业结构合理化问题日益引起学术界的关注，成为国内理论界研讨和争论的重要课题。本章探讨产业结构合理化的基本内涵，区域产业结构合理化的标准，产业结构合理化指标体系的构建原则、指标体系及指标含义，最后给出基于粗糙集（Rough Set）理论的产业结构合理化测度模型。

3.1　产业结构合理化的内涵

关于产业结构合理化的基本内涵，我国学术界存在着各种不同定义。各种定义之间的差别体现了不同学者对产业结构合理化内涵的不同理解。归纳起来，产业结构合理化的定义大致有结构协调论、结构动态均衡论、结构效应论、资源配置论和自组织能力五类。

3.1.1　结构协调论

产业结构协调是经济发展的内在要求，是提高经济效益的需要，同时也是提高资源配置效率的需要。李京文、郑友敬（1988）把产业结构合理化定义为"通过产业结构调整，使各产业实现协调发展，并满足社会不断增长的需求的过程"。苏东水（2000）认为产业协调性是产业结构合理化的中心内容。焦继文、李冻菊（2004）认为产业结构的合理化主要是解决提高各产业之间有机联系和耦合质量的问题。宋泓明（2004）认为产业结构合理化应包括以下三个相互联系的内容：一是从静态方面看，三次产业以及产业内部的比例要相互适应。二是从动态方面看，各产业以及各产业之间增长与发展的速度要相互协调，即在产业联系的基础上，产业结构合理化要反映部门之间投入产出关系的变动。三是从质态方面看，各产业部门的联系、变动和流向要符合经济发展过程的一般规律，这是产业结构合理化的高层次内容，各产业部门的变动不仅要适应产业结构上升和转换的要求，而且要为产业结构高级化过程的不断演化形成条件，并在此方向上协调一致。

从理论上说，投入产出分析清晰地反映出国民经济各部门、各产品间的联系，是研究"综合平衡"的一个重要工具。但投入—产出分析也存在一些根本缺陷，首先在于其指导思想——产业结构协调观。一般来说，各产业的协调发展是经济增长的良好基本环境，把产业结构合理性的内涵界定为产业间比例的协调均衡具有一定的合理性。然而，在非均衡增长条件下，产业间的比例平衡是经过长期调整才最终实现的一种短暂现象，将产业间比例均衡绝对化的观点有失偏颇，难以解释部分创新型先导产业高速增长从而带动产业结构升级的现象，体现该种观念的产业政策容易导致经济走上低水平重复循环的缓慢增长道路。其次，投入产出分析能够指出产业间存在哪些关联关系，但并未对这种关联关系的合理化程度做出判断。最后，投入产出模型把生产函数看成是线性的，这与实际情况不尽相符。

3.1.2 结构动态均衡论

结构均衡论重视产业素质与结构的均衡性，并从动态的角度考察产业结构合理化。例如，黄继忠认为各类产业发展速度需均衡，表现为高速、减速和潜在增长部门间的速度差距较为合理，以及各产业间比例关系的均衡。苏东水等（2000）把产业结构合理化定义为"产业与产业之间协商能力的加强和关联水平的提高，它是一个动态的过程。产业结构合理化就是要促进产业结构的动态均衡和产业素质的提高"。

3.1.3 结构效应论

结构效应论认为，产业结构合理化应是指在一定社会经济发展战略目标要求下，各产业部门的供求在一定的容许范围内，又能较为协调地发展并取得较好结构效益的产业结构优化过程。

3.1.4 资源配置论

持这种观点的学者把产业结构视为某种资源转换器，并从资源在产业间的配置结构及利用的角度考察产业结构合理化。例如，史忠良、杨公仆、夏大慰（1998）均认为，产业结构合理化要力求实现资源在产业间的合理配置和有效利用，要充分有效地利用本国的人力、物力、财力、自然资源以及国际分工。

该种观点克服了产业协调标准中的静态化缺陷，突出了产业结构的资源转换器核心功能，具有较强的合理性。但遗憾的是，提出者们并未将该种判别标准进一步明确化，也并未就如何衡量产业结构的资源利用效率等问题进行更为深入的探讨，以提出具有可操作性的实证检验方法。

3.1.5　自组织能力

随着"产业结构合理化"研究的不断深入，学者们逐渐认识到产业结构自身是一个有机的、开放的系统，其合理化是一个动态的、渐进的过程，不应将其理解为绝对的均衡和完全的协调，而只能是对均衡与协调状态的逼近。因此，方湖柳（2003）把产业结构合理化的本质归结为产业结构的自组织能力。自组织能力决定了产业结构的经济效率。如果产业结构僵化，即产业结构自组织转换能力弱，结构转换极其缓慢甚至停止，各产业间存量结构呈刚性，大量资本和劳动投入得不到合理配置，那么产业结构的经济绩效就必然低下；如果产业结构自组织能力强，从而结构转换能力强，则能通过自动学习和搜索，迅速压缩低效率产业比重，提高高效率产业比重，调整、改变产业间的生产能力配置，维护和提高产业间的关联程度及效果，进而不断提高产业结构的经济绩效。因此，产业结构的经济效率高低，本质上取决于它的自组织能力，产业间的协调性与供求结构的适应性仅是产业结构合理化的表象，经济资源的自由流动机制将自动熨平产业间供求失衡，实现产业协调发展。

产业结构自组织能力概念的提出是理论上的一大进展，但遗憾的是，目前该理论还停留在逻辑推理的假设阶段中，其内容还较模糊，尚无人进一步提出产业结构自组织能力的具体衡量基准。

综上可以看出，学术界关于产业结构合理化内涵的理解，可谓是仁者见仁，智者见智。作者认为产业结构合理化具有相对性、协调性、均衡性、动态演进性及自组织性等特征。之所以认为产业结构合理化具有相对性，是因为产业结构的协调、均衡既可以是建立在较低生产力水平、较低的产业结构合理化程度上的协调与均衡，又可以是建立在较高生产力水平、较高的产业结构合理化程度上的协调与均衡。产业结构的合理化与经济发展的阶段相适应，是一个动态的、渐进的过程。不能将其理解为绝对的均衡和完全的协调，而只能是对协调与均衡状态的动态逼近。产业结构合理化既是经济增长和发展的结果，又是经济进一步增长和发展的条件。

作者认为，产业结构合理化的基本含义可以从以下三个方面考虑：

第一，产业结构协调是产业结构合理化最基本的内容。产业结构协调是一个动态演进的过程：一方面，三次产业以及产业内部的比例要相互协调，各产业及产业之间增长与发展速度要相互协调；另一方面，它们之间的比例关系既要满足产业系统演化的内在要求，又要适应国民经济或区域经济的发展要求。

第二，产业结构合理化要力求实现资源在产业间的合理配置和有效利用，要充分有效地利用本国或本地区的人力、物力、财力、自然资源以及国际分工。

第三，各产业部门的联系、变动和流向符合经济发展的一般规律。各产业的发展切合本国或本地区实际情况，适应本国或本地区现在与未来长远发展的需要。

3.2 产业结构合理化标准

理论界对产业结构合理化的必要性已达成共识，但对产业结构合理化的判断标准，由于对产业结构合理化概念的理解不同，不同学者对产业结构合理化的标准也有着不同的看法。既有的判断基准归纳如下：

3.2.1 国际标准

由于经济发展和科学技术进步等的作用，一个国家或地区产业间的比例总是处在一个动态过程中。为了分析这种动态结构的合理性，通常是借助一个动态的参照结构，将被分析的产业结构与参照结构进行比较，借此来评价产业间比例的合理性。国际标准就是以美国著名经济学家钱纳里等（1991）倡导的"标准结构"为依据，来判断经济发展不同阶段上的产业结构是否达到了合理化，并认为需求和生产结构的改变在人均收入300美元时已初见端倪，超过人均收入300美元这一临界值后，产业结构变化最快、最大。为了证明这一点，他们对人均GDP水平不同的100多个国家的产业结构状况进行了统计，结果如表3-1所示。

表 3-1 世界 100 多个国家人均 GDP 水平与产业结构变化关系

人均 GDP（美元/人）	>400	>600	>800	>1000	>1500	>3000	>5000	>8000
第一产业占 GDP 比重（%）	46.4	36.0	30.4	26.7	21.8	18.6	16.3	9.8
第二产业占 GDP 比重（%）	13.5	19.6	23.1	25.5	29.0	31.4	33.2	38.9
第三产业占 GDP 比重（%）	40.1	44.4	46.5	47.8	49.2	50.5	50.5	51.3

资料来源：王兆华，武春友，张米尔. 产业结构高级化与城市国际竞争力提升 [J]. 大连理工大学学报（社会科学版），2000（4）：24-27.

统计结果表明，由于随着世界各国人均 GDP 不断增加，人们的需求层次在不断提高，致使投资结构发生变化，最终拉动产业结构不断向高级化方向发展。"标准结构"是大多数国家产业结构演进的综合描述，作为大多数国家产业结构演进轨迹的综合描述，反映了产业结构演进过程的某种规律。虽然"标准结构"可作为判断一个特定产业结构是否合理的参照系，但进一步研究表明，各产业结构系统在其自身的发展中，由于所处时空环境的差异，如经济发展水平、资源禀赋程度、国内资源开发、劳动力素质、需求习惯、科技进步程度、国际经济技术交流的深度和广度、发展战略与政策、文化背景等所显示出的差异性。各国都有自身发展的独特轨迹，很难形成统一的发展模式和统一的产业结构，所以很难用一种标准模型来判断不同时期各国的产业结构是否合理。虽然如此，它毕竟是根据不同国家的发展经验和大量统计数据的回归分析而得出的，故可作为参考。特别是在条件大体相同且变化不大和时间相近的情况下，具有一定的借鉴意义。

3.2.2 产业平衡标准

该种观点具有一定的代表性，即以各产业间比例的平衡与否作为判断产业结构合理性与否的基准，其核心是把合理性定位在各产业部门间的相互关系上。从理论上讲，经济增长是在各产业协调发展基础上进行的，产业间保持比例平衡成为经济增长的基本条件。然而在非均衡经济增长条件下，这种产业间比例平衡都是经过调整才能实现的，而且是短暂的现象。因此，不能将产业间比例平衡绝对化，认为何时何地产业结构都要保持这种比例平衡才合理。如果这样，就会使经济走上在低水平的基础上重复循环的缓慢增长的轨道。

产业结构是一个系统，对于系统而言，其整体性特征要求其组成部分应具有不可分割性。在一个产业结构系统中，如果缺乏产业间比例平衡，就会极大地削弱系统的生产能力和总的产出水平。根据"木桶原理"，一个产业结构系统功能的整体发挥，不是取决于该系统中产出能力最强的产业，而是取决于该系统中产出能力最弱的产业。当一个产业结构系统存在瓶颈产业时，系统的生产能力将受制于这些瓶颈产业的作用发挥。上海社会科学院经济研究所研究员、产业结构优化专家周振华（1991）曾借助于投入产出分析的方法，提出可用"比例平衡度"来测度产业结构系统的平衡协调程度。

设第 i 个产业的实际产出为 $X_i'(i=1, 2, \cdots, n)$，满足全部需求的产出为 $X_i(i=1, 2, \cdots, n)$，则第 i 个产业的不平衡量为：

$$\Delta X_i = X_i' - X_i, \ (i=1, 2, \cdots, n) \tag{3.1}$$

定义不平衡系数为：

$$K_i = \frac{\Delta X_i}{X_i} \qquad\qquad (3.2)$$

则整个产业结构系统的比例不平衡度为:

$$imb = \sum_{i=1}^{n} |K_i| \qquad\qquad (3.3)$$

而系统的比例平衡度为:

$$b = \frac{1}{1 + imb} = \frac{1}{1 + \sum\limits_{i=1}^{n} |K_i|}, imb \in (0,\infty), b \in (0,1) \qquad (3.4)$$

3.2.3 需求结构标准

此种观点是将产业结构的合理与否定位在供给结构与需求结构的相适应程度上, 不合理的产业结构意味着供给结构与需求结构不能相适应, 两者适应程度越高, 则产业结构越趋合理; 相反, 两者适应程度越低, 则越不合理。

影响需求结构合理性的因素是多方面的: 第一, 中间需求和最终需求的比例。一个国家中间需求和最终需求的比例决定了生产中间产品的产业和生产最终产品的产业的比例关系。从各国工业化进程中的结构转换趋势来看, 部门内部的技术进步、生产过程机械化程度的提高和再加工层次的深化, 使总产出中的更大份额转化为中间投入品, 而不是最终消费品。这表明分工范围的扩大和专业程度的提高, 使部门结构更加细化, 交易规模也相应扩大。对于常规运行的社会生产体系来说, 中间需求总量的增加取决于最终需求总量和结构的变动, 中间产业生产部门的经济增长取决于社会总需求的扩张。恩格尔效应影响了社会总需求扩张, 通过刺激设备投资, 间接地刺激中间产品生产部门的迅速增长。这种由最终需求到社会总需求, 再到中间需求的传导过程, 反映了工业化常规进程中部门增长的动态特征。对于非常规运行的社会生产体系来说, 中间需求的过度扩张, 可能因为物质消耗系数过大, 部门结构畸轻畸重, 并不代表有效经济增长对中间产品的实际需求。在这种情形下, 根据需求信号增加中间投入产品生产, 只会加剧产业结构体系失衡。第二, 个人消费结构。可以把消费视为收入的函数, $C = f(y)$。消费倾向又分为平均消费倾向和边际消费倾向。前者是指总消费量和总收入量之比 (c/y); 后者是消费增量和收入增量之比 $(\Delta c/\Delta y)$。消费倾向与产业结构变化有很大关系。大量统计分析表明, 需求结构的变动与产业结构的变动是相对应的。

"配第–克拉克定理"关于比较利益差别引起资源在产业间转移的经验判断, 已经把收入水平变动对需求结构的影响, 进而对产业结构变动的弹性作为前提予以设定，即收入水平提高刺激需求体系的分化和产业分化，引起产业之间和部门之间的利益差别，最终促使资源由基本生存资料生产领域的农业，向加工度较高的综合性生产领域转移，适应这种产业重心转移的服务业，也逐步从农业和工业中分离出来，成为单独的产业部门。三大产业的形成，首先是需求结构、个人消费结构随着收入水平变动而变动的结果。其次是消费和投资的比例以及投资结构。在最终需求中的消费和投资比例对产业结构的影响是明显的，这个比例关系决定了消费资料的产业同资本资料的产业的比例关系。而且投资也可形成新的生产能力，投资在各个产业部门的分配是改变已有产业结构的直接原因。投资结构的变化要受到生产工艺、生产技术以及资本有机构成变化的影响。

3.2.4　我国"产业结构合理化标准"研究

我国学术界，由于对产业结构合理化概念的理解不同，不同学者对产业结构合理化的标准有着不同的看法。且考察问题的角度、侧重点也不尽相同。概括起来，大致有产业结构合理化的单一标准说、三标准说、四标准说、六标准说和七标准说五类观点：

3.2.4.1　产业结构合理化的"单一标准说"

单一标准说中最典型的是周振华的"结构聚合质量"标准。周振华先生在《产业结构优化论》一书中提出了"结构聚合质量"标准，同时认为"较高的聚合质量来自于产业间的协调"，从而把"聚合质量"标准的实质归于产业间协调标准。

3.2.4.2　产业结构合理化的"三标准说"

三标准说中具有代表性的是黄继忠、苏东水等的观点。黄继忠提出了产业结构合理化的三个基本要求：①产业结构的完整性、独立性，也就是说，要建立门类齐全、独立完整的产业体系；②产业发展速度的均衡性，表现为高速、减速和潜在增长部门间的速度差距较为合理，及各产业间的关联的比例关系的均衡；③产业结构的协调性，表现为产业间素质（主要指技术水平）协调、地位协调（指产业结构的层次性）和产业间关联方式协调（指产业间相互服务、相互促进）。黄继忠提出了产业结构合理化的结构完整性、速度均衡性和产业协调性三个标准。苏东水等认为，产业结构合理化要解决三个问题：一是供给结构与需求结构相适应问题；二是三次产业及各产业各部门之间发展的协调性问题；三是产业结构效应如何充分发挥的问题。其中，协调性问题是产业结构合理化的中心内容。虽然苏东水等未直接提出产业结构合理化的标准，但从其论述看，他们实际上倾向于产业结构合理化的三个标准：适应需求结构标准、产业协调标准及结构效应标准。

3.2.4.3 产业结构合理化的"四标准说"

四标准说中具有代表性的是史忠良等及杨公仆、夏大慰的观点。杨公仆、夏大慰给出了产业结构合理化的四条标准：①"标准结构"标准；②适应需求变化标准；③产业间比例关系协调标准；④资源合理利用标准。史忠良等认为，合理的产业结构主要体现在以下四个方面：①充分有效地利用本国的人力、物力、财力、自然资源及国际分工的好处；②使国民经济各部门协调发展，社会的生产、分配、交换、消费顺畅进行，社会扩大再生产顺利发展；③国民经济持续稳定地增长，社会需求得以实现；④实现人口、资源、环境的良性循环。在这里，史忠良等实际上提出了产业结构合理化的资源合理利用、充分利用国际分工、产业间协调发展及经济社会可持续发展四个标准。

3.2.4.4 产业结构合理化的"六标准说"

"六标准说"中具有代表性的是李京文、郑友敬的观点。他们在《技术进步与产业结构——概论》一书中提出了产业结构合理化的六条标准：①资源合理利用标准；②产业协调发展标准；③需求应变能力标准；④经济效益最佳标准；⑤充分吸收科技成果标准；⑥充分利用国际分工标准。

3.2.4.5 产业结构合理化的"七标准说"

李悦等先是提出了产业结构合理化的"三个相适应""三个有利于"这六个要点，即：①与我国仍处在社会主义初级阶段和社会主义市场经济相适应；②与新技术革命相适应；③与改革和开放相适应；④有利于发展社会主义社会生产力；⑤有利于提高社会主义国家的综合国力；⑥有利于人民的富裕幸福。接着，他把上述六个要点具体化为七个方面，实际上是具体化为七个标准，即：①发挥优势标准；②比例协调标准；③结构完整性标准；④先进性标准；⑤创汇能力标准；⑥自我调节和应变能力标准；⑦经济效益标准。

从以上论述可以看出，不同学者对产业结构合理化的标准有着不同的看法。不仅标准多寡不一，而且考察问题的角度、侧重点也不尽相同。不过，仔细观察不难发现，众多的提法中仍存在一些共同之处，也即存在一些公认程度比较高的产业结构合理化的标准，即：产业协调标准、资源合理利用标准、需求结构标准和发挥优势标准。同时，还可以看出，这些论点均是从国家层面上提出来的。

作者认为，区域产业结构合理化是产业结构由不合理发展向合理化发展的动态过程。衡量一个区域当前产业结构是否合理，须从以下几个方面判断：

（1）产业协调发展性。产业协调标准是区域产业结构合理化的首要标准，它表现为三次产业比例、发展速度及各产业各部门之间发展的协调。

（2）供给与需求平衡性。供给与需求平衡是区域经济稳定和发展的必要条件之一。供给结构是指各产业的产出结构，通常用价值量表示；需求结构是指对各产业产品需求的构成，通常也用价值量表示。当各产业的产出与需求相等时，供给与需求结构平衡，这时，产业间产值比例向量与需求结构向量相等。需求结构作为产业结构合理化参照结构有着许多优越性，但由于需求结构在统计上的困难，目前没有一个国家或地区编制需求结构表。因此，在分析产业结构时，难以对产业结构合理性做出较为精确的评价。

（3）产业结构的自适应能力性。能否充分吸收、消化、合并、综合系统外部的外来因素，并有效地将外来因素转移为输出因素，形成强大扩张、输出能力。

（4）产业的技术进步性。产业结构合理化是产业结构高级化、高效化的基础，为提高区域竞争能力，必须利用技术创新是产业结构向更高一级的结构演进。

（5）发挥区域比较优势。合理的产业结构应当是开放型的结构，能充分有效地利用本地区的人力、物力、自然资源禀赋和国内国际分工，通过对外经济交往，克服区域内需求与资源不足的矛盾。

（6）可持续发展性。合理的产业结构就是要建立资源节约和综合利用型的产业结构，充分考虑生态系统、社会系统和经济系统的内在联系和协调发展。经济的发展不应以耗竭环境、损害后代经济发展为代价，一个地区的发展也不应以损害其他地区的发展为代价。

3.3 产业结构合理化指标体系的构建

英国著名数学家、物理学家威廉·汤姆逊·开尔文勋爵（William Thomson，1824~1907）曾经指出，"如果某事物不能测度，那么它就不那么重要"。测度我们身边的物体和事件，不仅在科学上是必要的，也是把握自然和社会现象复杂性的手段。建立一套科学的、完善的区域产业结构合理化评价指标体系的意义也在于此。

区域产业结构合理化评价是对反映区域产业结构状况的各评价指标信息的综合，评价结果是否客观、准确，首先依赖于各评价指标的信息是否准确、全面和具有代表性；评价指标的遴选和评价指标体系的设计是否合适，也将直接影响评价的结论。从目前产业结构合理化研究的现状来看，许多评价者对这一关键环节并不重视，在指标体系设计上随意性较为突出。笔者认为，评价指标体系中评价指标的数量并非是越多越好，也并非是越少越好。指标太多，难免会存在一些重复性的指标，对评价的结果产生一定的干扰；指标太少，则可能出现所选指标不具代表性，使评价结果出现片面性。指标体系中的每项指标都是从不同的侧面反映被评价对象的某些信息，因此，如何正确地、科学地使用这些信息是综合评价首先要处理好的问题。

为了建立科学合理的评价指标体系，一般来说应采取定性分析与定量分析相结合的方法。首先，要用定性分析的方法在遵循一些基本原则的前提下遴选指标；其次，用定量分析方法对各遴选指标的可行性进行量化判断，进一步筛选指标；最后，确定评价指标体系中的各个具体指标。

3.3.1　指标体系的构建原则

3.3.1.1　目的性原则

目的性原则是设计指标体系的出发点和根本，衡量一个评价指标体系是否合理有效的重要标准就是看它是否满足了评价目的。构建产业结构合理化评价指标体系的目的就是要建立资源节约和综合利用型的产业结构，充分考虑生态系统、社会系统和经济系统的内在联系和协调发展，促进产业结构的动态均衡。

3.3.1.2　科学性原则

科学性原则是指评价指标必须建立在掌握和认识产业结构系统演进规律的基础之上，且能反映产业结构合理化的内涵及标准。能正确反映产业系统整体和内部相互关系的数量特征，其概念准确，指标含义明晰，指标间关联性小。

3.3.1.3　整体性原则

由于产业经济系统是一个复杂的巨系统，它由不同层次、不同要素、不同子系统组成，而且这些子系统既相互联系，又相互独立，因此，首先，所选取的指标应是一个整体，能够从各个不同角度涵盖区域产业结构的主要特征和现状；其次，区域产业结构合理化是一个动态过程，指标体系要反映系统动态变化，体现系统的发展趋势；最后，指标体系应根据区域产业结构的状况分出层次，并将指标分类，使指标体系结构清楚，便于理解和使用。

3.3.1.4　可操作性原则

产业结构合理化评价指标体系设计要充分考虑指标资料的现实可获得性、有效性和公共性。在指标选取上，数量过少不足以反映产业结构系统的总体特征，数量过多又会增加资料获取和评价的难度，既无必要又无可能。关键是考虑指标量化及数据获取的难易程度和可靠性，应尽量利用国家和地方政府的统计公报和统计年鉴，必要时进行适当的技术处理。同时，还应注意与国内外相关研究的衔接，以便评价结果的比较与应用。

3.3.1.5　定性指标与定量指标相结合的原则

在遴选指标时，应尽量使用规范化的定量指标，以便为采用定量评价方法奠定基础。对一些难以量化且意义重大的指标，要给出明确的定性描述标准。

3.3.2　产业结构合理化指标体系

在产业结构合理化指标体系研究方面，我国学者仅仅做了初步探讨。作者根据上述产业结构合理化的内涵、产业结构合理化的标准，参照国内外相关研究资料构建了如表3－2所示的产业结构合理化评价指标体系。

表3－2　产业结构合理化评价指标体系

目标层	一级指标	二级指标
产业结构合理化程度	产业协调发展程度	Hamming 贴近度（%）
		就业—产值偏离度（%）
		比较劳动生产率（%）
	需求结构指标	人均边际消费率（%）
		产业资金出口率（%）
	资源利用水平	产业消耗产出率（%）
		资源配置效率（%）
		万元 GDP 能耗（吨标准煤/万元）
	生态环境质量	环保投入的资金量（亿元）
		万元 GDP "三废"排放量（吨/万元）
	产业技术进步程度	产业技术进步速度
		劳动生产率（元/人）
	区域比较优势	GDP 区位熵（%）
		主要工业产品产量区位熵（%）
		主要农产品产量区位熵（%）
	政策因素指标	产业发展政策
		政府服务水平

本着目的性、科学性、整体性、可操作性和定性分析与定量分析相结合的原则来构建产业结构合理化指标体系。由于产业协调标准、需求结构标准和资源合理利用标准是学术界公认程度比较高的产业结构合理化的标准，因此，在产业结构合理化评价指标体系的一级指标中，首先，包含了反映产业部门协调发展的指标、反映满足最终需求的指标和反映资源利用水平的指标。其次，还包含体现生

态环境质量的指标、体现产业技术进步的指标、反映区域比较优势的指标以及社会发展政策的指标。

3.3.3 指标含义

3.3.3.1 反映产业部门协调发展的指标

如前所述，产业结构协调是产业结构合理化最重要的标准。关于产业结构协调，这里考虑如下几个指标：

（1）Hamming 贴近度（X_1）。三次产业结构与钱纳里三次产业结构模式的 Hamming 有限点集贴近度的计算公式为：

$$T_h = 1 - \frac{1}{3} \sum_{i=1}^{3} | S_i^d - S_i^r | \qquad (3.5)$$

式中，S_i^d 与 $S_i^r (i = 1, 2, 3)$ 分别代表区域产业结构中各产业的产值比例与钱纳里三次产业结构模式中各产业的产值比例。

三次产业产值结构与钱纳里三次产业结构模式的差异越大，则 Hamming 贴近度越小；差异越小，Hamming 贴近度越大。

（2）就业—产值偏离度（X_2，X_3，X_4）。就业结构调整与产业结构调整的适应性可以用产业结构的偏离度测算，即某产业从业人员比重与该产业增加值比重之差。偏离度的主要含义是就业结构与产业结构之间的一种不对称、不适应状态。就业结构与产业结构越不对称、不适应，两者的偏离度越高，就业的产业结构效益越低下；偏离度越小，就业的产业结构效益越高，表明就业结构调整与产业结构调整较适应、产业发展较均衡。发达国家的产业结构偏离度都较小，如英国 1992 年的第一、二、三产业的偏离度为 0、−2、2。所以，就业—产值偏离度反映了第一、二、三产业就业结构与产值结构的偏差程度，说明产业系统运行的健康情况。

计算公式为：

$$d_i = p_i - q_i, \quad (i = 1, 2, 3) \qquad (3.6)$$

式中，p_i，q_i 分别代表第 i 产业的就业和产值在国民经济三次产业中的比例。

（3）比较劳动生产率（X_5，X_6，X_7）。比较劳动生产率是指各产业的国民收入比重与相应的劳动力比重之比。

该指标的计算公式为：

$$C_i = \frac{Y_i}{Y} \bigg/ \frac{L_i}{L} \qquad (3.7)$$

式中：C_i 表示第 i 产业的比较劳动生产率；Y_i / Y 表示第 i 产业总值占社会总产值的份额；L_i / L 表示第 i 产业劳动力占社会总劳动力的份额。

比较劳动生产率综合反映了产业之间产业结构、劳动力比重结构和各产业劳动生产率增长速度，以及它们之间的相互关系。

3.3.3.2 反映满足最终需求的指标

（1）人均边际消费倾向（X_8）。供给与需求平衡是区域经济稳定和发展的必要条件之一。需求结构作为产业结构合理化参照结构有着许多优越性，但由于需求结构在统计上的困难，目前没有一个国家或地区编制需求结构表。因此，在分析产业结构时，难以对产业结构合理性做出较为精确的评价。这里只考虑个人消费结构，将消费视为收入的函数，$C = f(y)$。消费倾向又分为平均消费倾向和边际消费倾向。平均消费倾向是指总消费量和总收入量之比（c/y）；边际消费倾向是消费增量和收入增量之比（$\triangle c / \triangle y$）。消费倾向与产业结构变化有很大关系。大量统计分析表明，需求结构的变动与产业结构的变动是相对应的。

（2）产业资金出口率（X_9）。产业资金出口率是指每一单位的投资所带来的出口价值。该指标的计算公式为：

$$IE = \frac{E}{I} \tag{3.8}$$

式中：IE 表示产业的资金出口率；E 表示出口额；I 表示投资额。

3.3.3.3 反映资源利用水平的指标

（1）产业消耗产出率（X_{10}）。产业消耗产出率是指每消耗一单位的物质资料，能够带来多少总产值的收益。由于我国的主要能源以煤、焦炭和原油为主，主要消费行业是采掘业、制造业、电力煤气及水生产供应业等。该指标的计算公式为：

$$CS = \frac{C}{S} \tag{3.9}$$

式中：CS 表示产业的消耗产出率；C 表示第二产业的总产值；S 表示产业的总消耗（煤、焦炭和原油）。

该指标数值越大，表明该产业的效益越好，通过计算该指标，可以在各个产业之间进行比较，来评价各个产业的经济效益，也可以在同一产业的不同时间上来进行比较，以说明效益的变动趋势和变动大小。

（2）资源配置效率（X_{11}）。资源配置效率反映经济增长过程中资源利用状态，说明产业结构对经济资源的配置效果，可利用哈罗德－多马模型得出的估计式计算。该指标的计算公式为：

$$E = \frac{\theta}{\varepsilon} \tag{3.10}$$

式中：E 表示资源配置效率；θ 表示投资增长率；ε 表示经济增长率。

（3）万元 GDP 能耗（X_{12}）。随着人们可持续发展观念的增强，对生态环境重要性的认识也在深化，尤其是科学发展观的提出，"关注生态自然成本"成为人们的共识，"绿色 GDP"（Green Grass Domestic Products，GGDP）也引起人们的关注。传统 GDP 即国内生产总值，是指按市场价格计算的一个国家（或地区）所有常住单位在一定时期内生产活动的最终成果——所创造的增加值（总产值 - 中间消耗）之和。它是政府对国家和区域经济运行进行宏观计量与诊断的一项重要指标，也是衡量一个国家或地区经济与社会是否真正进步最重要的指标。广义的 GGDP = 传统 GDP - 自然环境部分的虚数 - 人文部分的虚数；狭义的 GGDP 是指扣除自然资产（包括资源环境）损失之后新创造的真实国民财富的总量核算指标。这里引入万元 GDP 能耗作为反映资源利用水平的指标。

万元 GDP 能耗（吨标准煤/万元）是指能源消耗总量与国内生产总值的比值，该指标的计算公式为：

$$I = \frac{R}{GDP} \tag{3.11}$$

式中：I 表示万元 GDP 能耗；R 表示能源消耗总量；GDP 表示国内生产总值。

国家统计局《中华人民共和国 2005 年国民经济与社会发展统计公报》中已发布的全国 2005 年单位 GDP 能耗为 1.43 吨标准煤/万元，是按 2000 年的可比价格计算出的。

3.3.3.4 生态化指标

实现可持续发展的关键在于实现经济发展目标的同时，控制各种污染物的排放，减少自然资源尤其是不可再生资源的消耗，使经济发展、环境保护和自然资源利用得以优化。这里选择环保投入的资金量（亿元）（X_{13}）和万元 GDP "三废"（废水、废气、工业固体废料）排放量（X_{14}）两项指标，作为反映生态化的指标。

万元 GDP "三废"排放量的计算公式为：

$$万元 GDP "三废" 排放量 = \frac{报告期 "三废" 排放总量}{报告期国内生产总值} \times 100\% \tag{3.12}$$

万元 GDP "三废"排放量属于逆向指标，即越小越好，故对环境生态指标进行处理，转为正向指标，方法为：$y_i = \max x_i - x_i$

式中：x_i 表示原始数据，$\max x_i$ 表示原始数据列中最大值。

3.3.3.5 产业技术进步指标

该类指标用来反映各产业技术进步的速度以及各产业技术进步对总产值的影响。

（1）技术进步速度（X_{15}）。技术进步速度可用跨时 5 年的产业全要素生产率平均增长率表示。计算公式为：

$$P = \frac{Y}{\sqrt{KL}} \tag{3.13}$$

式中：P 表示技术进步速度；Y 表示总产值；K 表示资金投入量；L 表示劳动力投入量。

技术进步速度是产业开发、吸收和运用科学技术能力的重要体现，是产业竞争力的动态方面。一般地，产业技术进步越快，则产业竞争优势越强。

（2）劳动生产率（X_{16}）。劳动生产率是国际上衡量技术水平的通用指标，是指某产业总产值与该产业职工总人数之比。如：1997 年，中国制造业全员劳动生产率约为 2935.37 美元/人，是美国 1995 年劳动生产率的 1/33，日本 1993 年劳动生产率的 1/38，韩国 1994 年劳动生产率的 1/20，马来西亚 1994 年劳动生产率的 1/5。

3.3.3.6　反映区域比较优势的指标

区位熵也称地方专业化指数，是现代经济学中常用于分析区域产业优势的指标。

（1）GDP 区位熵（X_{17}）。GDP 区位熵就是 A 地区 GDP 总量与所在大区的 GDP 总量的比。GDP 区位熵能够很好地反映区域经济总量在大区经济总量中的份额。

（2）主要工业产品产量区位熵（X_{18}）。主要工业品如棉纱、彩色电视机、家用电冰箱、烟、纯碱、化肥、钢产量、发电量等，可以用位于区域前五位的工业产品占大区（全省或全国）份额相加得到。该指标能够很好地反映区域或城市的工业产品优势程度。此值越大，工业品的区位优势越明显。

（3）主要农产品产量区位熵（X_{19}）。主要农产品是指粮食、油料、棉花、肉类产品、水产品等，可以用位于区域前五位的农产品占大区（全省或全国）份额相加得到。该指标能够很好地反映区域或城市的农产品优势程度。此值越大，农产品的区位优势越明显。

3.3.3.7　政策因素指标

（1）产业发展政策（X_{20}）。产业政策是指一个国家或地区为实现某种经济社会目的，促进各个产业部门的均衡发展而采取的各种政策措施和手段，主要包括产业结构政策和产业组织政策，其中产业结构政策在产业政策中居于首要地位。产业政策确定产业发展方向，规划产业发展的次序和规模加快经济发展的速度，直接目的是通过政府的干预，倾斜配置资源，实现特定产业的优先发展，推进产业结构优化。政府通常采取投资倾斜、税收优惠等办法刺激所要优先发展的产业快速发展。在政府产业政策的诱导下，特定产业的快速发展必然会促使劳动力流向这些产业，劳动力在这些产业中所占的比重上升，劳动力结构进而发生变化。产业结构的演变具有客观的规律性。政府产业政策能动地推动产业结构循着这种规律所指的方向顺利转换，就必然能加快产业结构优化升级的速度，推进劳动力的合理转移。

（2）政府服务水平（X_{21}）。在市场经济条件下，政府的职能通过经济、法律等宏观手段服务于经济、社会的发展。政府的经济含义是提供公共产品，可以把经济调节、社会管理和公共服务作为政府提供的基本公共产品。提供的公共产品越多，质量越好，表明政府的效能越高。

以上两项指标为定性指标，对定性指标人们通常希望给予量化，使量化后的指标与其他定量指标一起使用，同时对定性指标一般采用专家评分法或问卷调查法将分值直接控制在 ［0，1］（见表3-3、表3-4）。

表3-3 产业政策水平赋值表

等级	优	良	中	较差	差
赋值	0.9	0.7	0.5	0.3	0.1

表3-4 政府服务水平赋值表

等级	优	良	中	较差	差
赋值	0.9	0.7	0.5	0.3	0.1

3.4 产业结构合理化测度方法

3.4.1 产业结构合理化常见分析方法

关于产业结构合理化的分析方法，目前学术界主要有以下几种：

3.4.1.1 产业比例分析法

比例分析法是最常见的产业结构合理化分析方法。它是通过分析各产业间的比例关系是否达到平衡，来判断产业结构合理与否以及合理化的程度。例如考察第一、二、三产业之间，两大部类之间，农业、轻工业、重工业之间等的关系的平衡性与协调性。通常采用的具体分析方法有比重法、速度法和协调法等。

3.4.1.2 影子价格分析法

这是依据影子价格来衡量产业结构是否合理的方法。影子价格是与实际市场价格不同的分析法，是"用线性规划方法计算出来的反映资源最优使用效果的价格"。根据西方经济学理论，当各种产品的边际产出相等时，表明经济资源得到了合理的配置，各种产品供需平稳，产业部门达到最佳组合。因此，能够通过计算各产业部门的影子价格与产业总体的影子价格的平均值的偏离程度来衡量产业结构是否合理，偏离越小，产业结构越趋于合理。

3.4.1.3 比较分析法或类比法

这种方法是以钱纳里的标准产业结构为基础，将某一国家的产业结构与相同国民生产总值下的标准产业结构加以比较，偏差较大时，认为此时的产业结构是不合理的，反之则合理性较好；或者在分析地区产业结构合理性时，把一个地区的产业结构同另一个地区的产业结构相类比，从而说明该地区产业结构的合理性。当然，这种方法在条件大体相同且变化不大和时间相近的情况下，进行产业结构合理化分析，具有一定的借鉴意义。

3.4.1.4 需求判断法或需求适应性判断法

需求判断法即通过判断各产业的实际生产能力与相对应的产品的需求量是否相符，若两者接近或大体接近，则目前的产业结构是较为合理的。需求适应性判断法是通过判断产业结构能否随着需求结构的变化而自我调节，使产业结构与需求结构相适应。其判断方法为：分别计算每一产业产品的需求收入弹性，若两者相等，则说明此产业与社会需求有充分的适应性；若每一产业的需求收入弹性和生产收入弹性都相等，则说明整个产业结构与需求结构是相适应的，产业结构是合理的。

3.4.1.5 结构效果法

结构效果法是依据产业结构变动引起国民经济总产出和总利润的变化，来衡量产业结构是否在向合理化方向变动的方法。具体来说就是：如果产业结构变化引起国民经济的总产出相对增长、总利润相对增加，则表明产业结构在朝着合理的方向变动；假若产业结构变化引起国民经济的总产出相对下降、总利润相对减少，则说明产业结构在朝着不合理的方向变动。从特定意义来讲，宏观经济效益的提高来源于产业结构的高效化。因为，产业结构僵化且结构效率水平低下，便意味着存在大量低效率产业且产业间存量转移极其缓慢，此种状态下资源利用效率十分低下。在不改变此种产业结构水平的前提下，增加投资，也许会提高经济增长速度和盈利总额，但不会提高经济效益。只有通过产业结构高效化，即不断降低低效率产业比重和提高高效率产业比重，才能提高宏观经济效益水平。

此外，李京文院士和郑友敬也提出了他们分析产业结构合理化的四种方法：①类比法，即把一个地区的产业结构同另一个地区的产业结构相比较，以此来说明该地区产业结构的合理性；②比重法，即根据各产业在结构中所占的百分比来确定合理化的程度；③协调法，即从系统论的观点出发，研究产业结构变动的内在规律性，综合考察部门之间在一定时间内的合理比例关系；④速度法，即用一个部门的发展速度同另一个部门的发展速度相比较，或者用一个部门报告期的发展速度同基期的发展速度相比较，以此来说明产业结构是否合理。

总的来说，利用以上方法进行产业结构合理化分析，方法简洁，可操作性强，因而具有一定的借鉴意义。但作者认为，产业结构系统本身是复杂的巨系统，它由不同层次，不同要素、不同子系统组成，而且这些子系统既相互联系，又相互独立，仅从某一方面或几个方面不能反映产业系统整体和内部相互关系的数量特征。因而，评价结果的科学性与可信度方面有一定的不足。还有些方法尽管建立了较完善的指标体系，也选用了一些主观性的或客观性的综合评价方法，如：模糊综合评价法、关联矩阵法、主成分分析法、因子分析法等，要么计算方法过于繁琐，缺乏可操作性，要么忽视指标本身的重要性差异，丢失了一些有价值的信息，即无法对指标体系中的冗余指标和次要指标进行筛选，在处理带有不确定性、不完整性的数据信息时，更显得无能为力。因此，本书引入粗糙集理论。

3.4.2 粗糙集理论的基本概念

粗糙集（Rough Set，RS）理论是 20 世纪 80 年代初，由波兰科学家 Z. Pawlak 首先提出的一种分析不完整性和不确定性数据的数学理论。该理论认为，人对研究对象的认识是基于知识系统，如果知识系统完善，则认识较深刻；反之，认识比较粗糙。知识是人们对研究对象的一种分类，根据分类原则，研究对象被分为若干等价类——"颗粒"。关于研究对象的任何概念都可表示为这些"颗粒"的集合，这些描述有的是准确的，有的是不准确的，即粗糙的。造成粗糙的原因理解为信息不足或知识不够。基于这样的观点，粗糙集理论能有效地分析不精确、不一致、不完整等各种不完备的信息，还可以对数据进行分析和推理，从中发现隐含的知识、揭示潜在的规律。粗糙集理论的主要特点是：无须提供问题所需处理的数据集合之外的任何先验信息，这是该理论与证据理论和模糊集合理论的最主要区别，也是最重要的优点。仅根据观测数据删除冗余信息，比较不完整知识的程度——粗糙度、属性间的依赖性与重要性，抽取分类规则等能力。近年来，粗糙集理论已被国内外学者广泛应用于医疗数据分析、飞行员技能评价、石油数据分析、机器故障诊断等众多领域，并取得了丰硕的成果。本书引入粗糙集理论，利用其属性重要度的概念计算各指标的权重，从而构建一种新的产业结构合理化测度模型。

3.4.2.1 知识、知识库和不可分辨关系

在粗糙集理论中，知识被认为是一种将现实或抽象的对象进行分类的能力，使用属性及其值来描述论域中的对象。由研究对象构成的非空有限集 U，称为论域（Universe）。对于 $\forall X \subseteq U$，称其为 U 中的一个概念（Concept）或范畴（Category），U 中任何一个概念族称为关于 U 的知识。如：设 U 表示空间物体的集合，它具有"颜色"和"形状"两个属性，那么，这两个属性就构成 U 上的一族等价关系（Equivalence Relation）。可分别按照"颜色""形状""颜色 + 形状"这样一些等价关系对 U 进行分类。若两个物体同属于一个集合，如"红色的方物体"，它们之间就具有不可分辨关系。不可分辨关系是粗糙集理论的基石，它能揭示论域知识的颗粒状结构，同时也是定义概念的基础。

设 R 是 U 上的一个等价关系，由它产生的等价类记为：$[x]_R = \{y \mid xRy, y \in U\}$，称为基本集或"颗粒"，知识就是 R 对 U 分类的结果，记为 U/R，即 $U/R = \{[x]_R \mid x \in U\}$。同时，可以定义一个知识库就是一个知识系统，表示为 $K = <U, R>$。

若 $P \subseteq R$，$\wedge P \neq \phi$，则 P 也是一个等价关系，称为 P 上的不可分辨关系，记为 ind（P）。

定义一个二元关系 $[x]_{ind(P)} = \underset{P \in R}{I} [x]_R$，则 U/ind（P）（即等价关系 ind（P）的所有等价类）表示与等价关系 P 相关的知识，称为 K 中关于 U 的 P 基本知识（P 基本集）。

3.4.2.2 粗糙集的上近似集与下近似集

粗糙集理论延拓了经典的集合论，将用于分类的知识嵌入到集合内，作为集合的组成部分。一个对象 x 是否属于集合 X，需要根据现有的知识来判断，可分为以下三种情况：对象 x 确定属于 X；对象 x 确定不属于 X；对象 x 可能属于 X 也可能不属于 X。集合的划分紧密地依赖于我们所掌握的关于论域的知识，因而，这种划分是相对的而不是绝对的。

粗糙集理论中的不确定性和模糊性是一种基于边界的概念，即一个集合在某个特定的知识下有模糊的边界。

设 $X \subseteq U$，R 是 U 上的一个等价关系，若 X 能表示成某些 R 基本集的并集时，称 X 是 R 可定义的，否则，称 X 是 R 不可定义的。R 可定义集是论域的子集，

它在知识库 K 中可精确定义，R 不可定义集在知识库 K 中不能定义。R 可定义集也称为 R 精确集，R 不可定义集也称为 R 粗糙集。

（1）包含 X 的最小 R 精确集称为集合 X 的 R 上近似集，记作：$\overline{R}(X)$

即 $\overline{R}(X) = \underset{[x]_R \cap X \neq \phi, x \in U}{\cup} [x]_R = \{x \mid [x]_R \cap X \neq \phi, x \in U\}$。

（2）X 所包含的最大 R 精确集称为 X 的 R 下近似集，记作：$\underline{R}(X)$

即 $\underline{R}(X) = \underset{[x]_R \subseteq X, x \in U}{\cup} [x]_R = \{x \mid [x]_R \subseteq X, x \in U\}$，$\underline{R}(X)$ 也称为 X 的 R 正域，记为 $POS_R(X)$。$U - POS_R(X)$ 称为 X 的 R 负域，记为 $NEG_R(X)$。

（3）集合 X 的边界区域定义为：$BN_R(X) = \overline{R}(X) - \underline{R}(X)$。若 $BN_R(X) = \phi$，则称集合 X 关于 R 是清晰的，否则，称集合 X 为 R 的粗糙集。

直观地讲，X 的 R 正域是能将知识 R 确定地归入 X 对象的集合；X 的 R 边界区域是不能确定将知识 R 归入 X 的对象的集合；集合 X 的 R 上近似集是对于知识 R 有可能归入 X 的对象的集合，它也是正域的和边界域的合并。

粗糙集 X 在 R 下是粗糙的，是由 X 的 R 边界造成的，边界越小，粗糙度就越低，否则，粗糙度就越高。我们可以用 X 的精度和粗糙度来描述粗糙集的不确定程度。

粗糙集 X 的精度可定义为：

$$\alpha_R(X) = \frac{|\underline{R}(X)|}{|\overline{R}(X)|} \tag{3.14}$$

式中：$|\underline{R}(X)|$ 表示集合 $\underline{R}(X)$ 的基数或势，若 $\underline{R}(X)$ 为有限集，它表示 $\underline{R}(X)$ 中所含对象的个数。显然，$0 \leq \alpha_R(X) \leq 1$，若 $\alpha_R(X) = 1$，集合 X 关于 R 是清晰的；若 $\alpha_R(X) < 1$，集合 X 关于 R 是粗糙的。粗糙集 X 的粗糙度表示了粗糙集 X 不可定义程度，计算公式为：

$$\beta_R(X) = 1 - \alpha_R(X) \tag{3.15}$$

3.4.2.3　知识表达系统与决策表

RS 理论主要借助二维信息表有效地表示知识信息，二维表的各行是研究对象的信息，这些对象的知识通过对象的属性和属性值来描述。

一个信息表知识表达式系统 S 可表示为：$S = <U, R, V, f>$

式中：U 表示论域；R 表示属性集合；$V = \underset{r \in R}{\cup} V_r$ 是属性值的集合；V_r 表示属性的属性值范围，也就是 r 的值域；$f: U \times R \rightarrow V$，称为信息函数，它是指定 U 中每一个对象 u 的各种属性值：$f(u, r) = r(u) \in V_r$。这些属性数据可以是硬数据，也可以是软数据。

设 $R = C \cup D$，子集 C 和 D 分别是条件属性集和结果（决策）属性集，则称信息系统 $S = <U, R, V, f>$ 为决策信息系统，对应的二维信息表称为决策表。

决策表是对客观对象的描述和罗列，表达了说明性的知识。当决策表包含的数据足以反映论域的时候，通过属性所对应的等价关系就可以体现论域中的过程知识，即概念之间的逻辑关系或规则知识。事实上，从决策表所表达的说明性知识中发现过程性知识（规则知识）就是知识发现的研究内容。

3.4.2.4　冗余属性、约简与核

知识库中知识（属性）并非同等重要，其中有些知识是冗余的。所谓知识约简，就是在保持知识库分类能力不变的前提下，删除其中不重要的知识。知识约简是在属性约简和核两个基本概念上进行的。

对于信息系统 $S = <U, R, V, f>$，设 $r_0 \in R$，若 $ind(R - \{r_0\}) = ind(R)$，称属性 r_0 在 R 中是冗余的；否则，称属性 r_0 在 R 中是绝对必要的。若每个属性 $r \in R$ 在 R 中都绝对必要的，则称属性集 R 是独立的；否则，属性集 R 是可约简的。R 中所有绝对必要属性组成的集合称为 R 的属性核，记为 $core(R)$。

设 U 是一个论域，P、Q 是论域 U 上的两个等价关系族，且 $Q \subset P$，若：

（1）$ind(Q) = ind(P)$。

（2）Q 是独立的。

则称 Q 是 P 一个约简，记作 $red(P)$。

3.4.2.5　信息熵

熵函数来自热力学第二定律。自然界所发生的过程具有单向性，即从不平衡状态自动变为平衡状态。譬如，热传导就是分子混乱的热运动强度不同而引起的热量传递。由热力学知识可知，导热过程即是做功的过程，因而，功是有序运动，有序的运动会自动变成无序运动，无序的热运动不会自动地变成有序的功，这就是热力学第二定律的基础。

状态熵函数是热力学物质系统内部微观本质的宏观体现。当状态确定时，物质系统的热力学混乱度也确定，因而，熵也具有确定的数值。实验表明，状态熵函数是混乱度的单调递增函数，两者间的数量关系可用波尔兹曼（Boltzman）公式表述，该公式指明了熵是无序程度的量度，熵增大，无序程度增加。

若将物质系统可能出现的状态视为随机事件，则引出随机事件的熵概念。一个随机变量 X 的熵，可以理解为在试验之前取值不确定程度（即无序程度）的一种度量，又可以理解为从一个试验中所期待的信息量。

设随机变量 $X_i(i = 1, 2, \cdots, n)$ 的概率为 p_i，熵的定义是当 p_i 很小时，它的不确定性比较大，当 p_i 接近 1 时，它的不确定性就比较小。因此，可用 $\ln(1/p_i)$ 很好地刻画。即当 $p_i \to 0$ 时，$\ln(1/p_i) \to \infty$；当 $p_i \to 1$ 时，$\ln(1/p_i) \to 0$。于是，用 p_i 加权平均，即可得到平均的不确定性。即有：

$$H(X_i) = -\sum_{i=1}^{n} p_i \ln p_i \qquad (3.16)$$

上式称为 Shannon 熵。可以证明，均匀分布的熵最大，因为它的不确定性最大。一旦获得了信息，熵就会发生变化，假如用 H 表示原来的熵，$H(I)$ 表示获得信息后的熵，显然，$H(I) \leqslant H$，否则获得信息没有意义。信息的作用是使熵减小，所以，信息 I 提供的信息量为 $H - H(I)$，即对信息量的度量，信息量越大，表明获得的信息越重要。

3.4.2.6 属性重要度

粗糙集理论从新的视角对知识进行了定义，把知识看作是关于论域的划分，从而使得对知识能够进行严密的分析与处理。通过对粗糙集理论中的知识做新的理解，建立知识与信息熵的关系。信息系统具有不确定性，起因主要有以下两个：一个原因是来自于系统的不确定性，对此类不确定性的依赖关系的度量，可通过粗糙性测度或近似精度来实现。另一个原因是来自于论域上的二元关系及其产生的知识模块，也就是近似空间本身。若二元关系划分的每一个等价类中只包含一个元素，那么等价产生的划分不包含任何信息。划分越粗，每一个知识模块越大，知识库中的知识越粗糙，相对于近似空间的概念和知识就越不确定，这种不确定性称为概念的不确定性。处理概念的不确定性的常用方法是信息熵，知识的粗糙性与信息熵密切相连，知识的粗糙性实质上是对所含信息多少的更深层次的刻画。下面采用信息熵概念来描述决策属性对条件属性依赖度。

给定信息系统 $S = <U, R>$ 及 U 上的一个划分 $U/R = \{X_1, X_2, \cdots, X_m\}$，属性集 R 的信息熵为：

$$H(R) = -\sum_{i=1}^{m} p(X_i) \ln p(X_i) \qquad (3.17)$$

式中，$P(X_i) = \dfrac{|X_i|}{|U|}$，$X_i \in U/R$。

对信息系统 $S = <U, R>$，属性 $r \in R$ 的重要程度为：

$$S(r) = |H(R - \{r\}) - H(R)| \qquad (3.18)$$

若 $S(r) > 0$，称 r 在 R 中是必要的，若 $S(r) = 0$，r 是冗余的。$S(r)$ 值越大，表明 r 在 R 中的重要程度越高。

3.4.3 基于粗糙集的产业结构合理化测度模型

在传统的综合评价方法中，由于评价指标的选择以及指标权重的确定，多数是根据主观经验给出的，例如：指标筛选中的专家调查法、指标权重确定方法中的相对比较法、专家咨询法、层次分析法等，因而，评价结果的科学性与客观性值得怀疑。另外，针对评价目标设计评价指标体系时，由于追求全面性，导致指标过多而引起判断上的错觉和混乱；还可能由于主次要指标权重分配不合理，造成评价结果失真等问题。因此，在实际应用中，并非评价指标越多越好，关键在于评价指标能否反映评价对象的本质。一般原则是将尽可能少的"主要"评价指标运用于实际评价。由于在评价指标集中主次指标同时存在，这就需要对评价指标进行合理的筛选。由于粗糙集具有无须提供问题所需处理的数据集之外的任何先验信息的优点，因此，本书提出的基于粗糙集理论的产业结构合理化评价模型，充分利用了粗糙集的这些优点，根据各指标在指标体系中的重要度来筛选出主要评价指标，并由此确定指标的权重，这样大大减少了人为的主观性，使最终评价结果更趋于科学、合理，也更能反映评价对象的本质。

3.4.3.1　属性值特征化

为了从数据中分析出冗余属性和属性间的依赖关系，需要对论域 U 进行分类，建立论域上 U 的信息系统 $S = <U, R>$。而分类的基础是属性值特征化，即：对每个属性的属性值范围按特征分割形成若干特征值，然后将属性值用特征值替代。完全由数据驱动的属性值特征化可能得到太多的特征值，过多的特征值会使数据处理计算非常复杂，计算速度慢。可以将数据信息和各个评价对象的特点结合起来确定属性特征值。

3.4.3.2　指标的筛选

在前面表 3 – 2 构建的区域产业结构合理化评价指标体系中，并非每个指标都同等重要，有些指标可能存在较强的关联性。本节要对指标体系进行约简，筛选指标体系中相关性较大的冗余指标。在这里，可以使用两种方法对指标进行筛选，一种方法是利用粗糙集的属性约简概念进行筛选，另一种方法则是通过计算各指标的重要度来筛选指标的。从本质上看，两种方法并没有太大区别，两种方法分别介绍如下：

（1）利用属性约简概念筛选指标。通过观察信息表，若对应的评价对象的属性值相同，则认为属性具有相同的分辨能力，只需保留一个。经过删除相关列后初步简化属性集，缩减对应的初始指标体系。再根据粗糙集的属性约简概念，计算不可分辨关系，求解属性集的各种简化和核。利用求得的简化进一步约简属性集及其对应的指标体系。

（2）利用属性重要度和信息熵筛选指标。

一是第一次筛选。

第一步：按公式（3.17）计算属性集 A 的信息熵 $H(A)$ 和 $H(A - \{a\})$，其中 A 表示全体初选指标的集合，即 $A = \{a_1, a_2, \cdots, a_n\}$。

第二步：按公式（3.18）计算 $S_A(a_i)$ $(i=1, 2, \cdots, n)$，删除 $S_A(a_i)=0$ 的指标 a_i，保留 $S_A(a_i)>0$ 的指标 a_i，删除后的新指标集记为：$B=\{b_1, b_2, \cdots, b_s\}$，$(s \leqslant n)$。

二是第二次筛选。

第一步：利用得到的新信息表再次计算指标集 B 中各个指标的重要程度 $S_B(b_j)$ $(b_j \in B)$。

第二步：计算指标集 B 中各个指标的相关性，如果两指标的相关程度大于某一给定的阈值 β，则按其重要程度，将重要性相对较小的指标去掉。

三是经过以上两次筛选，得到较为科学合理的指标体系 $C=\{c_1, c_2, \cdots, c_m\}$ $(m \leqslant s \leqslant n)$。通过调整阈值 β 的大小，可以得到规模不同的指标体系。

3.4.3.3 指标的筛选

以上对指标体系筛选后得到指标集 $C=\{c_1, c_2, \cdots, c_i\}$。根据粗糙集属性重要度与信息熵概念，利用公式（3.17）计算各指标的重要度 $S_R(c_i)$ $(i=1, 2, \cdots, m)$，并对 $S_R(c_i)$ 进行归一化处理，计算出各指标的权重：

$$\omega_i = \frac{S_R(c_i)}{\sum\limits_{i=1}^{m}(S_R(c_i))} \quad i=1,2,\cdots,m \tag{3.19}$$

3.4.3.4 建立评价模型

依据粗糙集的基本原理，对区域产业结构合理化程度进行评价时，可以考察该区域一段时期（五年或十年）产业结构系统的运行状况，这就自然形成一个以年度数据为综合评价对象的时间序列，从而借助各属性的权重及属性值对这些时间序列进行排序，其评价模型为：

$$V_j = \sum_{i=1}^{m}\omega_i y_i, j=1,2,\cdots,n \tag{3.20}$$

式中：V_j 表示样本的综合评价值；y_i 表示第 i 个指标 c_i 的评估值。

由 V_j 即可对 n 个样本（时间序列）排出优劣次序。

3.4.3.5 评语集

对一个评价对象的断语被称为评语，评语通常用优、良、中、较差、差等或合理、不合理等一类语言表示。由一类相关的评语构成的集合被称为评语集，评语集可以是有限集，也可以是无限集。由于本书连续属性的离散化过程采用等宽度离散化方法，故将产业结构合理化程度评语集与 $V_j \in [0, 5]$ $(j=1, 2, \cdots, n)$ 对照关系设计如表 3-5 所示的形式。

表 3 - 5　产业结构合理化程度的测度标准

评语集	综合测评值
非常合理	$4 \leqslant V_j \leqslant 5$
合理	$3 \leqslant V_j < 4$
较合理	$2 \leqslant V_j < 3$
不合理	$1 \leqslant V_j < 2$
非常不合理	$0 \leqslant V_j < 1$

3.5　本章小结

产业结构合理化（Rationalization of Industrial Structure）是产业结构优化理论研究的重要内容之一。本章在综述了国内学者关于产业结构合理化相关研究成果的基础上，界定了产业结构合理化的基本含义，并探讨了产业结构合理化的判断标准。在此基础上，构建了产业结构合理化评价指标体系，并给出基于粗糙集的产业结构合理化测度方法。

4 产业结构高级化及其测度

产业结构高级化（The High – grade of Industrial Structure）是产业结构优化理论研究的另一重要内容。本章主要探讨产业结构高级化的含义及内容，产业结构高级化的主要特征、作用机理，产业结构高级化评价指标体系的构建原则，指标体系的框架结构、指标的含义，基于三层 BP 网络的产业结构高级化测度方法。

4.1 产业结构高级化的含义及特征

4.1.1 产业结构高级化的含义

关于产业结构高级化的基本含义，不同的学者有不同的理解。各种定义的差别体现了不同学者对产业结构高级化内涵的不同理解。归纳起来，产业结构高级化的定义大致有以下几种观点：

4.1.1.1 产业结构高级化即产业结构升级

持这种观点的学者将产业结构高级化视为从低级状态到高级状态逐步演进的过程，产业结构高级化主要通过三次产业产值、三次产业就业结构比例的升降表现出来。例如，戴伯勋、沈宏达认为：产业结构高级化是在技术进步作用下，产业结构系统从较低级形式向较高级形式的演变过程，也可将其称为产业结构的升级。龚仰军认为产业结构高级化是一个不断从低级向高级转变的过程，是经济发展的历史和逻辑序列顺向演进的过程。李江帆认为产业结构高级化是指国民经济部门结构的重心随着经济发展顺次由第一产业向第二、三产业转移的过程。经济发展史表明，随着生产力的发展和社会的进步，第一、二产业比重下降，第三产业比重日趋提高；世界呈现国民经济软化趋势和制造业服务化趋势；第三产业迅速崛起，成为国民经济增长的主要动力。

4.1.1.2　产业结构高级化是产业结构素质提高的过程

该种定义不仅表明了产业结构高级化是产业结构状态的演进过程，而且是产业结构素质（要素质量、要素结合效益、产业间联系方式）提高的过程。例如，高觉民（2003）认为产业结构转换是由科学技术进步而导致产业构成中技术集约程度的提高，使新的主导产业对其他产业增长发挥直接影响和间接影响，并能引入新的生产函数来计量社会经济活动和构造新的产业结构。这个转换过程的本质属性反映了产业生产能力升迁。产业结构高级化的趋势表现为以下五个方面：

（1）技术水平高级化，表现为"传统技术→现代技术→高新技术"的升迁过程。

（2）生产要素构成高级化，表现为"劳动密集型→资本密集型→技术密集型→知识密集型"的转化过程。

（3）产品加工高级化，表现为"采掘业→原料加工→初加工业→深加工业"，即从低附加值产业到高附加值产业的转化过程。

（4）主导产业高级化，表现为"消费资料部门→生产资料部门→服务部门"，即从轻纺工业→重化工业→服务业的升迁过程。

（5）市场高级化，表现为从国内市场到国际市场的转化过程。

程立（2005）认为产业结构高级化是指产业结构在协调、优化的基础上，其素质和效益向更高层次进化。主要包括三个方面的内容：

（1）在整个产业结构中，由第一产业占优势比重向第二、三产业占优势比重演进。

（2）由劳动密集型产业占优势比重逐渐向由知识密集型产业占优势比重演进。

（3）由制造初级产品的产业占优势比重逐级向由制造中间产品、最终产品的产业占优势比重演进。

汤斌（2005）认为产业结构高级化是指产业结构从低度水准向高度水准发展的动态过程。产业结构高级化是对原有产业结构的扬弃，表现为由第一产业占优势逐渐向第二、第三产业占优势转换，产业结构发展由劳动密集型产业、资本密集型产业、技术密集型产业顺次转换，由低附加值产业逐渐向高附加值产业转变，由制造初级产品的产业占优势的产业逐渐向制造中间产品、最终产品占优势的产业转换。

4.1.1.3　产业结构高级化是产业间优势地位的更迭过程

美国经济学家西蒙·库兹涅茨（Simon Kunzites）（1985）从产业增长速度的变动入手，通过对美国1880～1948年制造业38个行业进行统计分析得出：产业结构的变动是通过产业间优势地位的更迭实现的，优势产业的转换是与产业结构高级化紧密相连的。陈静、叶文振（2003）认为，产业结构的优化意味着产业结构的合理化和高级化，它主要体现在产业的高附加值化、高技术化、高集约化和高加工度化，即第三产业，尤其是高科技含量的产业在国民经济中的比重上升。产业结构的高级化主要遵循产业结构演化规律，通过创新，加速产业结构向高级化演进。唐志红认为，按照熊彼特的观点，技术创新是"资源的重新组合"，将引起生产要素在产业部门之间的转移，从而导致不同部门的扩张或收缩，进而促进产业结构的有序发展。随着时间的推移，由于新的技术创新的出现和技术创新扩散作用的持续发挥，产业结构的变动呈现为高增长优势产业间的更迭。这是一个连续变动的过程，而这个过程也就是产业结构高级化的过程。

综上可以看到，产业结构高级化既是产业结构从低度水准向高度水准演化的动态过程，又是产业素质结构提高的过程。从量的角度看，产业结构从低级形态到高级形态的演化过程中，两种结构状态各自内部所构成的量在比例上是不同的，而且总是处于变化状态；从质的角度看，这两种构成状态各自所发挥的功能具有本质上的差异。产业结构转换还有一个重要特征，就是产业结构转换是由人类社会生产力发展的内在动力所推动的，不断实现由低级构成向高级构成的历史变迁。

作者认为，产业结构高级化的含义包括以下几方面的内容：

第一，产业结构高级化是产业结构优化的重要内容之一，是在技术进步作用下，产业结构系统由低级形态到高级形态的动态演化过程。产业结构高级化不仅表现为第一、二、三产业之间的结构变动上，而且表现为各产业内部结构的变化上。

第二，产业结构高级化一方面是指产业的高附加值化、高技术化和高加工度化，即在产业中普遍运用高新技术，增加产品的附加值，加工深度高；另一方面是产业高集约化，即产业组织合理化，且有较高的规模经济效益。

第三，产业结构高级化的内容主要包括以下几个方面：

（1）产值结构高级化。表现为"初级品→中间产品→最终产品""劳动密集→资本密集→技术密集→知识密集""低质产品→中等质量→高质量""老产品→一般产品→新产品"。

（2）资产结构高级化。表现为国民资产的分布比重呈现"基础产业→加工产业→技术产业"演进；产业联动功能加强；产业转换能力不断提高；资产结构适应经济发展和需求结构变动的机制日益健全。

（3）技术结构高级化。表现为"低水平技术→中等水平技术→高技术水平"；高、中、低各层次技术的内在联系越来越密切，技术链条的循环和技术结构的转换不断加快；各产业部门之间的技术联系日益加强，技术进步的传递和扩散越来越迅速。

（4）劳动力结构高级化。表现在四个方面：劳动力人数的比重由第一产业向第二、三产业不断推移；技术工人对普通工人的比重不断增大；脑力劳动相对体力劳动的比重不断增大；劳动力结构变动的灵活性增强，结构联动和结构转换功能日益提高。

第四，产业结构高级化的过程表现为以下几个方面：

（1）产业结构的重化工业化。重化工业化是产业结构高级化在经济发展的工业化阶段的表现。重化工业化是指在经济发展和工业化过程中，重化工业的比重在轻重工业结构中的比例不断增高的过程。

（2）产业结构的高加工度化。高加工度化指加工组装业的发展大大快于原材料工业发展的速度，加工业产品加工深度的不断深化，这是工业化进程到一定阶段伴随重化工业的发展而出现的一种客观趋势。高加工度化不仅使有限的资源得到了更有效的利用，也可以降低工业发展对能源、原材料的依赖度，促进产业结构向资源节约化发展。

（3）产业结构的"软化"。产业结构的"软化"是指第三产业内部结构的规模日益增大，产业内部日益分化、多元化和高级化。各种服务性劳动日益从生产过程中分离出来成为独立的部门，出现"经济服务化"趋势。在所有产业中，伴随着高加工度化的趋势，知识密集程度、技术密集程度增高，经济发展对高技术人才的依赖程度大大增强。

（4）产业结构的高信息化。高信息化有以下两个方面的内涵：一方面是利用信息技术改造国民经济各个领域，加快农业的工业化和工业的信息化；另一方面是利用信息技术提高公民经济活动中信息采集传输和利用的能力，提高国民经济的国际竞争力。

4.1.2　产业结构高级化的主要特征

作者查阅众多参考文献，现将产业结构高级化的主要特征归纳为如下几个方面：

4.1.2.1　产业结构的高科技性

高科技性是产业结构高级化最显著的特征。产业结构高级化意味着高新技术对工农业产出的增长、效益优化和劳动生产率提供的贡献率加大，用更少的自然资源和更多的信息资源生产出更为丰富的物质产品。原有主导产业，如钢铁、石化、汽车等将被信息与通信、生命科学与生物工程、新材料与新能源等新兴产业所替代。发达国家和部分新兴工业国家将主要从事知识密集型和技术密集型产业。但在大多数发展中国家，劳动密集型产业仍是国民经济的支柱产业，工业化和信息化仍是这些国家产业政策的长期目标。

4.1.2.2 产业结构的高信息化

随着以电子信息及网络技术为代表的高新技术产业在世界范围内的迅速发展，信息资源越来越成为整个国民经济活动的基础资源。主要体现在以下几点：

（1）信息产业（包括信息设备制造业、软件业、信息内容加工与服务业等）在整个国民经济中的比例日益增大，对经济增长所起的决定性作用显著。继硬件、软件、网络业后，作为信息产业的第三产业，信息服务正成为信息业的基础行业。工信部数据显示，2020年，我国软件业务收入保持较快增长。全国软件和信息技术服务业规模以上企业超4万家，累计完成软件业务收入81616亿元，同比增长13.3%。其中，利润增速稳步增长。2020年，软件和信息技术服务业实现利润总额10676亿元，同比增长7.8%；人均实现业务收入115.8万元，同比增长8.6%。

（2）信息资源已成为国民经济发展的一种无形的资源或无形的社会财富，是"后工业社会"十分重要的改造资源，也是一种重要的战略资源。信息化水平也是新经济时代衡量一个国家和地区综合实力的重要标志。

（3）信息处理技术及网络通信技术对企业、社会各个方面的渗透力与影响力变得越来越大，以至于其正从根本上深刻地影响着人们的生产方式与生活方式。实践表明，信息产业对其他产业具有覆盖面广、渗透力强、影响深、作用大等独特的优势。

（4）信息产业从业人员数量剧增、素质提高。2020年，全国软件和信息技术服务业从业人数稳步增加，工资总额逐步恢复。2020年末，全国软件和信息技术服务业从业人数704.7万人，比上年末增加21万人，同比增长3.1%。从业人员工资总额9941亿元，同比增长6.7%，低于上年平均增速。

（5）信息产业对物质投入的依赖性减小，越来越依赖智力、知识、服务的投入。总之，产业结构的重心向经济效益和增长质量较高的信息产业发展。

4.1.2.3 产业竞争的高级化

产业结构高级化意味着在竞争方面向"有效竞争"方向迈进。迈科尔·波特（Michael E. Porter）的产业结构性分析特别重视竞争，他认为决定产业发展的五种竞争作用力，包括新的竞争对手的入侵、替代品的威胁、客户的砍价能力、供应商的砍价能力以及现存竞争对手之间的竞争。但是波特模型主要适合的是以成熟技术为主导的市场，即产业的成熟发展阶段，它并不适合不稳定的市场结构和不断发展的产品，即不适合产业发展的初级阶段。在一个飞速变化的产业，随着产业价值链的延伸和扩展，独家垄断和独家经营的时代已经不复存在，产业合作成为未来竞争的关键。

在高技术产业发展的不同阶段，产业的竞争程度是不同的。产业竞争程度的不同，又将导致无论是产业层面还是企业层面所采取的组织结构的不同。在高技术产业发展的早期阶段，相关的高技术产品对于主流消费者来说还不够完善，产业处于飞速发展阶段，行业内竞争将主要以产品性能为基础，此时，无论是产业层面还是企业层面都应以合作为主，在价值链的大部分环节以整合为主。例如，在计算机行业发展的早期阶段，IBM公司作为整合程度最高的公司曾雄踞行业霸主地位。在高技术产业发展的成熟阶段，随着高技术产品所应用的技术足够成熟，技术进步的速度逐步超越主流消费者，且利用这种进步的能力时，即主流消费者的需求得到满足，高技术产品性能的提高已经超过一般消费者的需求，产业处于平稳发展阶段，行业内竞争将逐步转向便利性、定制化、价格和灵活性等方面，此时，无论是产业层面还是企业层面都应以竞争为主，这将促进价值链的分解，行业将趋于分化，在行业中处于主导地位的整合企业也将逐渐地被那些在价值链各个节点上平行竞争的专业公司所代替。例如，计算机行业逐步分解为设备、材料、产品设计、操作系统、应用软件等各个细分行业。上述高技术产业的不同发展阶段将是一个循环往复、螺旋式上升交替的过程。

4.1.2.4 产业系统开放性的提高

系统能够与环境进行物质、能量、信息交换的属性称为开放性。产业系统必须从环境中获得所必需的信息和物质资源才能有序演化。产业系统的环境是一切与产业系统有关联的其他因素的集合，主要包括自然界、市场状况、科学技术、文化等因素。产业系统的开放性主要表现为以下四个方面：

（1）需求的开放性。由于各国经济发展水平不同，导致各国的市场需求层次差别较大，产业进程不尽相同。譬如，处于国际分工顶层的美国，既是全球信息产品的主要提供者，也是全球服务产品的主要提供者，这些产品需求来自于全世界，且市场空间广阔。美国从其他国家大量进口廉价日常消费品和生产用的原材料，而将利润丰厚的信息产品、服务产品销往其他国家。如果一个国家或地区的国民经济系统中的产业系统相对封闭，对外不开放，很难想象它会有什么发展空间。正是由于各国国民经济系统及产业系统的开放性的存在，世界上产业经济现象才会异彩纷呈。

（2）技术开放性。科学技术进步是人类的共同财富，充分利用国外的先进技术来提高本国产业结构技术水平，已成为发展中国家产业结构高级化的必由之路。

（3）资源利用的开放性。产业系统的开放使得各国可以充分利用各自的相对资源优势，利用国际分工，节省本国或本地区相对贫乏的资源。

（4）资源的节约与最佳利用。不同的经济发展阶段其资源的相对稀缺程度不同，通过产业结构的调整与升级向着降低能耗、节约稀缺资源的方向发展，实现资源的节约和最佳利用。

4.1.2.5 产业结构"软化"

产业结构"软化"是一个过程，是一个由工业时代传统的以物质生产为关联的硬件产业结构向以技术、知识生产为关联的软件产业结构转变的过程。产业结构软化至少有以下两个层次的含义：第一层次是指在产业结构的演进过程中，软产业（主要是指第三产业）的比重不断上升，出现了所谓"经济服务化"趋势；第二层次是指在整个产业结构演进过程中，对信息、服务、技术和知识等"软要素"的依赖程度加深。随着知识技术密集程度的提高，经济发展对科技人才，尤其是对高新技术人才的依赖程度大大增强。

产业结构"软化"还表现在知识型服务业将成为拉动经济增长的主导产业。知识型服务业包括金融、信息、咨询服务等，这些产业在国民经济中的比重将增加，在经济社会发展中的作用将越来越重要。第一产业和第二产业在国内生产总值比重下降、第三产业比重上升，这是多数国家产业结构调整的基本脉络。标普全球评级亚太区首席经济学家肖恩·罗谢接受《经济日报》记者专访时指出，"十三五"期间，中国发展平衡性显著增强，各领域发展成果喜人，为全球增长创造了机会。罗谢表示，在提高平衡性方面，"十三五"规划期间最了不起的成就之一是服务业快速发展。2019 年，中国服务业增加值达到 7.74 万亿美元，占国内生产总值比重达 53.9%，比 2015 年提高了 3.4 个百分点。服务业对经济增长的贡献比重上升了 10 个百分点以上，达到约 60%。据相关数据统计，美国 2019 年第三产业增加值高达 17.35 万亿美元，占总 GDP 的 80.6%。美国第三产业发达主要有以下几个原因：首先，美国在房地产领域的统计口径更加全面，占美国 GDP 的比重超过 12%，如果在美国租房，是需要统计租金收入的，如果是自己买房，也需要统计一个租金，把它算到 GDP 里，这就是美国第三产业存在的水分。其次，美国服务业较为发达，尤其是金融业、信息服务业等领域，这也是导致美国第三产业增加值高的原因。

4.1.2.6 外向型产业结构

同国际市场相适应，建立了完善的内贸与外贸全方位的外向型产业结构。这是现代产业结构高级化的一个重要标志。产业结构越高级化，越离不开国际商业贸易活动。同时，世界商业越发展，越需要产业结构高级化提供新的贸易机会和市场空间。据海关统计，2021 年上半年我国货物贸易进出口总值 18.07 万亿元，比上年同期增长 27.1%。其中，出口 9.85 万亿元，增长 28.1%；进口 8.22 万亿元，增长 25.9%。与 2019 年同期相比，进出口、出口、进口分别增长 22.8%、23.8%、21.7%。2021 年上半年，我国对前三大贸易伙伴东盟、欧盟、美国分别

进出口 2.66 万亿元、2.52 万亿元、2.21 万亿元，分别增长 27.8%、26.7%、
34.6%；对日本进出口 1.18 万亿元，增长 14.5%。同期，我国对"一带一路"
沿线国家、RCEP 贸易伙伴进出口分别增长 27.5%、22.7%。

如果一个国家或地区不充分利用国际经济、金融、科技及商品市场提供的条
件，就很难使本国或本地区的经济得到快速发展。这一点已被世界各国经济发展
的经验所证实。例如，1935 年日本学者赤松要提出著名的"雁形形态论"，并以
此形象地描述了日本产业结构国际化的演进过程。正因为国际资源的作用，不少
缺乏自然资源和经济后来居上的国家与地区在当时的国际竞争中确立了"贸易立
国"的基本战略。

4.2　产业结构高级化的作用机理

按照辩证唯物主义的观点，无论是自然界、社会还是思维领域，每一事物或
现象都处于因果联系之中，原因和结果是物质世界普遍联系的一种基本形式。任
何事物和现象的发生都有原因，同样任何事物和现象发生后也都必然会引出一定
的结果，无因无果的事物和现象都是不存在的，产业结构系统的演化过程也不例
外。事实上，产业结构高级化的动因是非常复杂的，既有政治、经济、文化、历
史等因素，也有供给、需求、国际贸易、经济制度等方面的因素，这些因素相互
联系、相互制约、相互促进，共同推进产业系统向更高层次演化。

4.2.1　产业结构高级化与三次产业产值关系

为了探索产业结构高级化的规律，我国著名学者、中山大学李江帆教授
（1992）曾以低收入国家、中等收入国家、高收入石油国和市场经济工业国 92 个
国家 1982 年的 92 组统计资料为样本数据，拟合三次产业增加值结构模型；以经
济合作与发展组织 16 个成员国 1970～1976 年 76 组统计资料为样本数据，拟合
三次产业就业结构模型。回归分析表明：三次产业在国民经济中的比重与国民经
济发展水平存在着非线性的相关关系。第一、二、三产业在国内生产总值中的比
重与人均 GNP 分别构成幂函数、三次曲线函数和对数函数型相关关系（见图
4-1）。第一、二、三产业的就业比重与人均 GNP 则分别构成对数函数、二次曲
线函数和幂函数型相关关系（见图 4-2）。

图 4-1 表明，随着人均 GNP 的上升，第一产业比重持续下降，最低点约为
3%。第二产业比重增大到 40%～45% 即出现饱和状态，随后呈缓慢下降趋势。

第三产业比重逐步趋于增大，两图比较可以发现，其就业比重增幅显著高于产值比重。

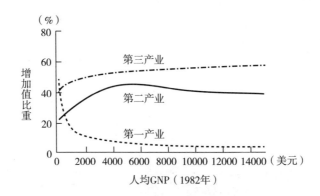

图 4 - 1　三次产业产值曲线

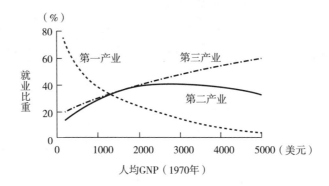

图 4 - 2　三次产业就业曲线

关于产业结构高级化趋势的成因，我国学者有着不同的看法。李江帆教授（2005）认为，产业结构高级化趋势的形成有以下三个原因：

4.2.1.1　从第一产业比重看

农业比重下跌是源于食物需求收入弹性的减小和土地收益率的递减。当食物需求收入弹性小于1时，农业将无法分享国民收入增长的利益而实现同步增长；土地收益递减使同一地块的农业投资增到一定程度后，因收益下降必趋减少。这就从供求上决定了第一产业在国民经济中比重持续下降。

4.2.1.2　从第二产业比重看

工业比重先升后降趋势主要由工业品的需求特征决定的。在经济发展的初级阶段，居民对工业消费品的需求满足程度低，随着收入水平的提高而迅速增长；在经济发展的高级阶段，这些需求的满足程度比较高，不再随收入水平的提高迅速增长，而呈现饱和、下降趋势。造成了工业消费品的产值比重先升后降态势。就工业（提供的）生产资料而言，生产量的增大和新的生产领域的开拓使社会对工业生产资料的需求增长。与科技发展和生产升级换代相伴的生产资料"软化"，使生产资料科技含量增大、实物含量减少、物耗水平下降，生产发展更多地靠科技投入而非实物投入，于是社会对工业生产资料的需求相对减少。这两个作用方向相反的因素的动态平衡造成了工业生产资料产值比重的先升后降趋势。消费品和生产资料供求演变的合力决定了第二产业在国民经济中比重的先升后降趋势。

4.2.1.3 从第三产业比重看

第三产业比重增长是在服务高需求收入弹性、收入水平提高、闲暇时间增多、生产信息化、社会化和专业化的条件下形成的服务需求上升率，与在第一、二产业高生产率，服务需求上升率形成并发生作用，利益机制对服务供求反应良好，实物生产领域的生产率迅速提高等经济条件下形成的服务供给上升率的共同作用下实现的。服务需求上升为服务供给上升提供了必要性；第三产业的相对利益大，为服务供给上升提供了动力；第一、二产业的生产高效率，为服务供给上升提供了可能性。这三个经济条件同时具备，就使服务供给上升率的存在具有充分必要条件。服务供给上升率的作用，使第三产业的规模随服务需求上升而现实地扩大，使第三产业在国民经济中的比重趋于上升，第三产业比重增大率发生作用，第三产业在国民经济中的比重随之提高。

4.2.2 产业结构高级化的动因

目前，学术界关于产业结构高级化的动因较一致的看法主要有四个方面：

4.2.2.1 需求因素

需求因素是决定和影响产业发展的一个重要因素，总需求包括投资需求和消费需求。投资需求是把资金投入到市场需求的方面去，这个需求要投资者去调查、去思索、去创新。市场需求决定了一个产业存在的价值，市场需求结构的升级决定了产业界结构的升级。首先，市场需求决定着产业结构的进程和方向；其次，市场为产业结构高级化提供了所需的资本、人力资本和技术条件；最后，市场规模制约着产业结构高级化的程度。对国民经济的部分产业投资，将推动这些产业以更快的速度发展，并影响原有的产业结构；对国民经济的全部产业投资，各产业投资比例不同，将导致产业发展程度上的差异，最终导致产业结构发生的相应变化。由于投资是影响产业发展的重要因素，所以政府往往采取积极的财政政策，调整投资结构以达到产业发展的目的。

消费是指居民生活对最终产品的需求量，最终产品是指不再需要进入生产过程，直接可供人们消费或投资之用的产品。消费需求的变化直接影响消费资料产业部门的发展，并间接影响提供生产资料的生产资料部门的发展，从而影响产业结构的变动。德国社会统计学家恩格尔揭示了随着人均收入水平的提高，人们用于食品消费方面的支出会相应地减少，这就是著名的恩格尔定律（Engel's Law）。

另外，马斯洛需求层次理论（Maslow's Hierarchy of Needs）对产业经济学的研究和发展也产生了重要的影响，它为分析产业结构高级化的动因提供了一个有效的方法。在生产力水平较低或者生产结构处于较低状态时，人们只能满足衣、食、住、行等基本生活资料的需求；随着生产力水平的提高和人均收入水平的提高，人们的需求层次得到提升，消费结构由购买食品、衣饰为主向购买电视机、电冰箱、洗衣机、音响等耐用消费品转移；当生产力水平得到较大提升时，人们开始追求高品质的物质生活和精神享受，于是就相应地刺激旅游、娱乐等服务性产业的发展。

4.2.2.2　供给因素

供给因素包括劳动力供给、自然资源的供给和物质资本的供给。劳动力作为最重要的生产要素，其供给数量和供给质量都将对产业结构的高级化有所影响。一般来说，劳动力资源供给充足，价格便宜，投资者从取得较高投资收益的角度考虑，就会向劳动密集型产业多投资，从而促进该类产业的发展；若劳动力资源供给稀缺，价格上升，当劳动力的边际产出率小于资金的边际产出率时，投资者就会将资金投向劳动力运用较少的资金密集型产业，从而推动资金密集型产业的较快发展。一个国家或地区的自然资源状况往往是构成该国或该地区产业结构的主要决定因素之一，资源丰富有利于产业结构向高级化发展，但资源短缺也并不构成产业结构高级化过程中不可逾越的屏障，因为一个国家或地区某一方面的资源不足可以通过国际贸易得到弥补。物质资本是指以机器设备、厂房和存货等物质形态存在的资本，是人们促进产业结构变化发展的最基本的投入要素。现代经济增长理论哈罗德－多马模型（$G=s/C$）表明：在资本—产出比率（C）不变的情况下，经济增长率（G）取决于储蓄率（s）即物质资本积累率的高低，把资本积累的作用提到十分突出的位置。

4.2.2.3　环境因素

环境是作用于人类的所有自然因素和社会因素的总和。产业结构作为一个系统，除正常地与系统环境进行要素输入和产品输出的交流以外，还会受到产业结构发展模式和政治制度（主要是产业政策）等方面的干扰和影响。产业结构发展模式有以下三种：

（1）纯粹市场型的产业结构发展模式。在发达的市场经济中，市场机制作为"看不见的手"自动地调节着资源配置的均衡过程，也调节着产业的发展和产业结构变动趋势。产业结构的成长是以竞争为主要动力机制演进的，政府在长期内不对产业结构的成长施加任何直接影响，政府对宏观的管理作用仍然是通过调节一整套参数体系而实现的。

（2）干预型产业结构发展模式。干预型模式中的政府引导并不完全排除市场调节的作用，而是通过产业政策引入或修改市场的"参数"。一般采用这种模式的多是一些市场经济体制后期工业国，如日本、韩国等的干预型模式使用成功，可大大加快产业结构高级化的进程。

（3）计划型产业结构发展模式。计划型模式是指社会资源的配置均通过行政性的计划指令来进行。苏联和改革开放前的我国都长期实践过这种产业结构模式。理论上讲，通过行政性计划配置社会资源，可避免"看不见的手"在资源配置中的盲目性。但在目前的生产力水平下，指令性计划配置资源的必备条件尚不充分具备，在实践中并未取得良好的效果。

产业政策的本质是国家对经济活动的干预，对产业结构高级化的影响是全方位的。从理论上来看，作为凌驾于社会之上的公共权力，它是完全有能力对包括产业在内的社会活动施加巨大影响。从实践上来看，产业政策的推行由来已久，它既是源于政府克服市场缺陷的需要，也是发展中国家实施"赶超战略"的需要，更是世界各国为了实现产业资源的优化配置、促进产业结构高级化的需要。

4.2.2.4 创新与技术进步是产业结构高级化的原动力

在产业结构发展的过程中，"创新"起着主要的推动作用，按照熊彼特的观点，就是导入一种新的生产函数，从而可大大地提高潜在的产出能力。

（1）创新推动了技术的进步。新的生产函数的导入，其中之一表现就是在原有生产要素的状态下，通过系统内部结构的调整提高系统的产出。显然，导入了新的生产函数，也就推动了系统的技术进步。而技术进步作为生产力，必然会影响到产业结构的变革，促进产业分工的细化，创造新的产业结构。从历史上看，18世纪中叶，以蒸汽机技术的发明和应用为核心的第一次产业革命，结束了手工业时代，纺织工业、冶金工业、采煤业、早期制造业和运输业五大部门开始形成，并逐渐成为主导产业。以能源革命为标志的第二次产业革命使照明、动力等产生了实质性的飞跃，并引起了电机电器、精细化工、通信等产业群的出现。在石油作为能源得到广泛的应用后，随着石油化工技术的出现，又产生了汽车、飞机制造等新兴产业。以电子技术、原子能技术、遗传工程、海洋开发、光学技术和新兴材料技术等高科技为基础的第三次产业革命的发生，又产生了电子计算机工业、核能及核工业、电视工业、航天工业等新产业群。以数字化、网络化、智能化为核心技术的第四次产业革命，实现信息技术、生物技术、新材料技术、新能源技术的广泛渗透，将带动几乎所有工业领域智能化、绿色化。

（2）创新可以培育新的经济增长点。产业结构是不断发展变化的，而带动这一变化的龙头是新的经济增长点。一个国家有新的经济增长点，这个国家的经济就会有发展，一个企业有新的经济增长点，这个企业就有竞争力。创新可推动一些产业得以迅速地进行扩张，而这些高速成长的产业对产业结构的发展贡献尤为突出。在过去的几十年里，以技术创新为基础的新产品与服务的生产浪潮，缩短了产品与服务的生命周期。1990 年，美国平均新产品开发周期为 35 个月，1995 年缩短为 24 个月，而信息产业的某些产品甚至几个月就淘汰更新，著名的摩尔定律就深刻地揭示了在微电子领域技术创新的巨大威力。

（3）创新带来了新的市场需求。对于产出需求弹性较大产业，由创新带来的产出往往会通过创造新的市场需求而吸引生产要素的流入。这是由于这部分产出刚刚引入市场，其价格对成本的反应及需求对价格的反应都比较敏感，从而提高产出的数量将有可能获取较高的收益。因此，当该产业取得了高于全产业市场水平的收益时，社会生产要素就可以通过利润平均化的原理，从其他产业流入该行业。而生产要素的流入就直接刺激了该产业的扩张。对于产出需求弹性较小的企业，由于其产出已经成熟，需求对价格的反应已不再敏感。创新在这些产业上会带来产出大幅度增加的结果，往往更多的是降低产出的成本和价格。而对于需求弹性较小的产业来讲，价格下降的结果是收益的减少。而收益减少将导致产业内生产要素的流出和产业的萎缩。以信息产业为例，在美国由于技术创新的发展和广泛应用，人们对信息消费的需求得到前所未有的满足，同时也激活了一个庞大的产业群——信息产业，使其代替汽车、钢铁等传统制造业成为全美最大支柱产业。同时，信息产业也使传统产业焕发了新的活力。例如，互联网的普及使得企业可以在网上进行营销，可以及时掌握市场信息，使传统经济周期中常出现的产业生产能力与市场实际需求状况脱节现象得到缓解，促进了经济良性循环。

（4）技术进步与创新决定了主导部门的更迭和有序发展。主导产业的成长表明，主导产业引领着产业结构高级化的进程，但是，无论是市场刺激还是政府引导，主导产业更替都是技术进步与创新的必然结果。政府虽然可以利用强制手段对资源进行非市场化的分配，但这种行为是有限度的，它不仅要受市场需求的制约，更要受技术进步与创新力度的制约，其技术进步与创新的渐进过程决定了主导产业发展的有序进程。

另外，还有学者认为利润最大化的驱动也会推动产业结构的高级化。企业以利润最大化为直接目标，而利润则来源于符合市场发展需要的产品。实践证明，那种不符合利润最大化目标原则、不被市场所接受的技术创新项目都是注定要失败的。相反，当代许多企业以技术创新的高收益性为准绳，从而得到了飞速的发展。如以微软为代表的软件开发企业的迅速兴起，中国青岛海尔集团的崛起，无不受益于对利润最大化的追求。

4.3　产业结构高级化评价指标体系

4.3.1　指标体系的构建原则

4.3.1.1　科学性原则

科学性原则是指评价指标必须建立在掌握和认识产业结构系统演进规律的基础之上，且能反映产业结构高级化的内涵及特征。能正确反映产业系统整体和内部相互关系的数量特征，概念准确，指标含义明晰，指标间关联性小。

4.3.1.2　系统性原则

评价指标体系能够全面反映产业结构高级化的本质特征和整体性能，指标体系的整体评价功能大于各分指标的简单加总。指标体系层次清晰、结构合理、相互联系、协调一致。

4.3.1.3　动态性原则

产业结构高级化是一个动态演进过程，这就决定指标体系应体现静态与动态的统一，具有时间和空间变化的敏感性。指标体系的构建应当能够反映一般、突出重点。指标选择能够与时俱进，把产业结构高级化看作是一个逐步实现的过程进行考察。

4.3.1 4　可操作性原则

产业结构高级化评价指标体系设计要充分考虑指标资料的现实可获得性、有效性和公共性。指标数量繁简得当，数量过少不足以反映产业结构系统的总体特征，数量过多又会增加资料获取和评价的难度，既无必要又无可能；数据指标容易采集，应尽量利用国家和地方政府的统计公报和统计年鉴，指标要有可比性。

4.3.1.5　定性与定量指标相结合的原则

在遴选指标时，应尽量使用规范化的定量指标，以便为采用定量评价方法奠定基础。对一些难以量化且意义重大的指标，要给出明确的定性描述标准。

4.3.2　产业结构高级化评价指标体系

产业结构高级化内涵丰富，在产业结构高级化指标体系研究方面，我国学者仅做了初步探讨。作者根据上述产业结构高级化的内涵、产业结构高级化的主要特征，参照国内外相关研究资料，构建了如下的指标体系（如表4-1所示）。

表4-1 产业结构高级化评价指标体系

目标层	一级指标	二级指标
产业结构高级化程度	产业结构推进力	智力技术密集型产业集约化程度（%）
		产业加工度（%）
		第三产业增加值占 GDP 的比率（%）
	产业发展可持续性	全要素生产率平均率（%）
		基础产业超前系数（%）
		新兴产业产值比重（%）
	经济全球化适应力	机电产品出口比例（%）
		外商直接投资（FDI）额（亿美元）
		外贸依存度（%）
	生态环保产业的进程	环保投入的资金量（亿元）
		城市绿化覆盖率（%）

4.3.3 指标含义

4.3.3.1 反映产业结构高级化推进力的指标

（1）智力技术密集型集约化程度。该指标反映由劳动密集型、资金密集型向智力技术密集型演进程度的指标。计算公式为：

$$I = \frac{P_t}{P} \tag{4.1}$$

式中：I 表示智力技术密集型产业产值比例；P_t 表示技术密集型产值（高新技术产业产值）；P 表示工业总产值。

（2）产业加工度程度。产业加工度是指在一定时期内，在区域内的整个产业体系中，加工工业产业增加值与采掘业和原材料工业的产业增加值之和的比值。该指标反映了产业结构高级化推进力的程度，其值越大，表明产业结构高级化的推进力的作用越大。该指标的计算公式为：

$$k = \frac{P_1}{P_2 + P_3} \tag{4.2}$$

式中：k 表示产业加工度；P_1 表示加工工业的产业增加值；P_2 表示采掘业的产业增加值；P_3 表示原材料工业的产业增加值。

（3）发达国家第三产业比重已达 60%～70%，第三产业增加值占 GDP 的比重越大，产业结构高级化程度越高。

4.3.3.2 反映产业发展可持续性指标

（1）全要素生产率平均增长率。全要素生产率反映产业综合技术进步因素在总产出中的贡献份额，体现技术进步在产业发展中的作用。该指标从技术进步的角度反映了产业结构高级化的可持续性和长期性，其值越大，表明产业结构高级化的作用力越具有可持续性。可用跨时 5 年的产业全要素生产率平均增长率表示。计算公式为：

$$P = \frac{Y}{\sqrt{KL}} \qquad (4.3)$$

式中：P 表示技术进步速度；Y 表示总产值；K 表示资金投入量；L 表示劳动力投入量。

（2）基础产业超前系数。基础产业一般认为有广义和狭义之分。狭义的基础产业指的是社会经济活动的基础工业和基础设施。广义的基础产业既包括生产部门的农业，采掘业，制造业，电力、燃气及水的生产和供应业，也包括服务部门的交通运输、物流，通信，水利，金融，科学，教育，文化，卫生等。基础产业具有社会化、关联度、贡献率、就业比高以及不可替代性等特点，备受国家乃至地方各级党委政府高度重视。为适应国民经济持续快速健康地发展，基础产业应适度超前发展。基础产业超前系数计算公式为：

$$基础产业超前系数 = \frac{基础产业产值增长率}{国内生产总值增长率} - 1 \qquad (4.4)$$

（3）新型产业产值比重。新兴产业是指电子信息、生物工程、新能源、新材料、航天航空、环境保护等产业。知识经济时代，科学技术突飞猛进，新兴产业不断兴起，传统产业中不少产业逐步衰退，产业的寿命周期有相对缩短的趋势。为适应全球产业结构调整的大趋势，加快技术进步和产业升级，掌握核心技术，占领技术的制高点，发挥新兴产业的先导作用而设立该指标。其计算公式为：

$$新兴产业产值比重 = \frac{新兴产业产值（增加值）}{国内生产总值} \times 100\% \qquad (4.5)$$

4.3.3.3 经济全球化适应力指标

（1）机电产品出口比例。机电产品出口比例是指在某一经济年度内，机电产品出口总额在全部产品出口总额中所占的比例。该指标反映了国家或地区产业政策在经济全球化适应能力方面的程度，指标值越大，表明产业政策指导产业发展，促进产业参与国际竞争的能力越强。

（2）外商直接投资（FDI）额。FDI不仅可以促进国内资源的开发与合理配置，建立符合本国或本地区不同时期经济发展目标的战略产业部门，促进区域产业结构合理化、高级化，而且还可以根据区域资源禀赋的结构与质量以及经济发展不同阶段的要求，制订出相应的政策措施吸引外国资本投向资本或技术密集型产业，从而加快区域产业结构的升级，同时还可以扩大某个产业的生产能力，增加资本积累，并通过对外投资所带来的技术和管理知识的消化吸收与创新，提高整个产业的技术水平和要素生产率，培养和造就技术人才，为增强区域产业结构的转换能力创造条件。可见，正确引导外资投向，改替外商投资企业的产业结构，对区域整个产业结构的调整具有十分重要的意义。

（3）外贸依存度。外贸依存度是一国经济依赖于对外贸易的程度。其定量表现是一国进、出口贸易总额与其国内生产总值之比。外贸依存度不仅表明一国经济依赖于对外贸易的程度，还可以在一定程度上反映一国经济发展水平以及参与国际经济的程度。该指标趋向于中型指标，此值过小，意味着该区域闭关自守，此值过大，意味着该区域对外依存度过高，有一定的经济隐患。

计算公式为：

$$\xi = G/GDP \tag{4.6}$$

式中，ξ 表示外贸依存度；G 表示区域进出口总额；GDP 表示区域国内生产总值。

外贸依存度的决定因素：①经济规模，也即一国 GDP 的大小。一般而言，在开放经济条件下，小国的贸易依存度大于大国。②国民收入构成，三次产业变动对外贸依存度有很大影响，而产业结构又与一国发展阶段有关。相比之下，处于经济发展中期阶段的国家由于第二产业比重高，产品在国际上具有一定的竞争力，所以外贸依存度较高。③经济发展战略，以及由此导致的对外开放程度也是影响外贸依存度的重要因素。④汇率水平影响。⑤GDP 和 GNP 影响。

4.3.3.4 生态环保产业的进程指标

随着可持续发展理论逐渐被人们所接受，各国政府逐渐放弃了单纯追求经济的高速增长，转向保持经济、环境和自然资源协调的可持续发展。可持续发展需要经济发展，只有经济发展才能摆脱贫困，提高生活水平；可持续发展不仅需要经济发展，而且还需要保护环境和实现自然资源的可持续利用。

实现可持续发展的关键在于实现经济发展目标的同时，控制各种污染物的排放，减少自然资源尤其是不可再生资源的消耗，使经济发展、环境保护和自然资源利用得以优化。这里作者选择环保投入的资金量（亿元）和城市绿化覆盖率（%）两项指标，作为反映生态进程的指标。

当然，反映资源利用和生态环境的指标很多，例如：反映环保投资额的增长情况指标、环保产业机构及人员增长率、三废（废水、废气、工业固体废料）处理率、环境污染事故增减率、治理水土流失面积及增长率、绿化面积数增长率等。

4.4 产业结构高级化测度方法

4.4.1 产业结构高级化常见测度方法

测度一个国家或地区产业结构系统转变或演进的程度，称为产业结构高级化的测度。尽管产业结构高级化有诸多方面的内容，但似乎国内外对产业结构高级化的测度问题还没有通用可行的方法，学术界常用的测度方法有："标准结构"方法、相似判别法和距离判别法。

"标准结构"是对大多数国家产业结构高级化演进的综合描述，一般是利用回归分析方法，对样本国家产业结构高级化表现出的特征进行统计归纳，并在此基础上构建能够刻画产业系统高级化阶段的若干指标，作为产业结构演进到该阶段的标准。在利用"标准结构"对产业结构高级化进行实证研究中，库兹涅茨、钱纳里、塞尔奎因等经济学家做出了巨大贡献。钱纳里和塞尔奎因设计了一个国民经济的市场占有率模型。

4.4.1.1 "标准结构"方法

$$X_i = \lg\beta_0 + \beta_1\lg Y + \beta_2(\lg Y)^2 + \beta_3\lg N \tag{4.7}$$

式中：X_i 表示第 i 产业的粗附加价值的市场占有率；Y 表示人均国民生产总值；N 表示样本国家的人口总量。

在钱纳里和塞尔奎因市场占有率模型中，他们以人均国民生产总值和人口总量作为外生变量，利用回归分析方法对样本国家的数据进行了测算，得到了表 4-2 的结果：

表 4-2 钱纳里和塞尔奎因的"标准模式"（1975）   单位：%

	人均国民生产总值的基准水平（1964 年美元价格）								
	100 以下	100	200	300	400	500	800	1000	1000 以上
第一产业市场占有率	52.2	45.2	32.7	26.6	22.8	20.2	15.6	13.8	12.7

续表

	人均国民生产总值的基准水平（1964 年美元价格）								
	100 以下	100	200	300	400	500	800	1000	1000 以上
制造业市场占有率	12.5	14.9	21.5	25.1	27.6	29.4	33.1	34.7	37.9
公共服务业市场占有率	5.3	6.1	7.2	7.9	8.5	8.9	9.8	10.2	10.9
一般服务业市场占有率	30.0	33.8	38.5	40.3	41.1	41.5	41.6	41.3	38.6

资料来源：龚仰军．产业结构研究［M］．上海：上海财经大学出版社，2002.

　　自库兹涅茨起，不少产业经济学家开始重视产值结构、劳动力结构、相对劳动生产率同产业结构高级化关系的研究，给出了用产值结构（见表4－3、表4－4）、劳动力结构（见表4－5）、相对劳动生产率（见表4－6）刻画产业结构高级化程度的"标准结构"。

表4－3　钱纳里、艾金通和西姆斯的"标准模式"（1970）　　　单位：%

	人均国民生产总值的基准水平（1964 年美元价格）							
	100	200	300	400	600	1000	2000	3000
第一产业	46.3	36.0	30.4	26.7	21.8	18.6	16.3	9.8
第二产业	13.5	19.6	23.1	25.5	29.0	31.4	33.2	38.9
第三产业	40.1	44.4	46.5	47.8	49.2	50.0	49.5	48.7

资料来源：龚仰军．产业结构研究［M］．上海：上海财经大学出版社，2002。

表4－4　塞尔奎因和钱纳里的"标准模式"（1989）　　　单位：%

	人均国内生产总值的基准水平（1980 年美元价格）					
	300 以下	300	500	1000	2000	4000
第一产业	46.3	36.0	30.4	26.7	21.8	18.6
第二产业	13.5	19.6	23.1	25.5	29.0	31.4
第三产业	40.2	44.4	46.5	47.8	49.2	50.0

资料来源：龚仰军．产业结构研究［M］．上海：上海财经大学出版社，2002。

表 4 – 5　塞尔奎因和钱纳里的劳动力结构"标准模式"（1989）　单位：%

	人均国内生产总值的基准水平（1980 年美元价格）					
	300 以下	300	500	1000	2000	4000
第一产业	81.0	74.9	65.1	51.7	38.1	24.2
第三产业	7.0	9.0	13.2	19.2	25.6	32.6
第三产业	12.0	16.1	21.7	29.1	36.3	43.2

资料来源：Syrquin and Chenery. Three Decades of Industrialization［J］. The World Bank Economic Reviews，1989，3：152 – 153.

表 4 – 6　塞尔奎因和钱纳里的相对劳动生产率"标准模式"（1989）　单位：%

	人均国内生产总值的基准水平（1980 年美元价格）					
	300 以下	300	500	1000	2000	4000
第一产业	0.59	0.53	0.49	0.44	0.40	0.40
第三产业	3.00	3.07	2.53	2.04	1.70	1.40
第三产业	2.58	2.04	1.59	1.30	1.13	1.03

资料来源：龚仰军. 产业结构研究［M］. 上海：上海财经大学出版社，2002.

将两个产业的劳动生产率之比称为相对劳动生产率，其计算公式为：

$$P_i/P_j = (Y_i/L_i)/(Y_j/L_j) \tag{4.8}$$

式中：P，Y，L 分别表示劳动生产率、产出量和劳动力使用量；下标 i 和 j 表示两个不同的产业。

4.4.1.2　相似判别法

相似判别法是以某一参照国的产业结构为标准，将被比较国的产业结构与参照国的产业结构进行比较，通过计算相似系数以确定被比较国产业结构高级化程度的一种定量化方法。常用的相似系数有：夹角余弦和相关关系。

（1）夹角余弦。设 A 代表被比较国的产业结构，B 代表参照国的产业结构，x_{Ai} 和 x_{Bi} 分别表示产业 i 在产业结构系统 A 和产业结构系统 B 中的比例，则被比较国产业结构系统 A 与参照国产业结构系统 B 之间的夹角余弦定义为：

$$C_{AB}(1) = \frac{\sum_{i=1}^{n} x_{Ai}x_{Bi}}{\left[\left(\sum_{i=1}^{n} x_{Ai}^2\right)\left(\sum_{i=1}^{n} x_{Bi}^2\right)\right]^{1/2}} \tag{4.9}$$

利用夹角余弦比较两个产业结构系统的相似程度，$C_{AB}(1)$ 越接近于 1，两个产业结构系统越相似；$C_{AB}(1)$ 越接近于 0，相似程度越差。我国学者就曾利用夹角余弦，以日本国为参照国，对中国的产业结构高度进行过测算。我国1998年的产值结构与日本1970年的产值结构相比，$C_{AB}(1) = 0.9496$。

（2）相关关系。设 A 代表被比较国的产业结构，B 代表参照国的产业结构，x_{Ai} 和 x_{Bi} 分别表示产业 i 在产业结构系统 A 和产业结构系统 B 中的比例，$\bar{x}_A$ 和 $\bar{x}_B$ 分别表示 x_{Ai} 和 x_{Bi} 的算术平均值，则被比较国产业结构系统 A 与参照国产业结构系统 B 之间的相关关系定义为：

$$C_{AB}(2) = \frac{\sum_{i=1}^{n}(x_{Ai}-\bar{x}_A)(x_{Bi}-\bar{x}_B)}{\left\{\left[\sum_{i=1}^{n}(x_{Ai}-\bar{x}_A)^2\right]\left[\sum_{i=1}^{n}(x_{Bi}-\bar{x}_B)^2\right]\right\}^{1/2}} \qquad (4.10)$$

我国学者就曾利用相关关系公式，以日本国为参照国，对中国的产业结构高级化程度进行过测算。我国1998年的产值结构与日本1970年的产值结构相比，$C_{AB}(2) = 0.8144$。而事实上，我国1998年第一、二、三产业的产值结构为：18.4%、48.7%、32.9%，日本1970年第一、二、三产业的产值结构为：6.1%、44.5%、49.4%。由此看来，利用相关关系计算出的结果比利用夹角余弦计算的结果更加直观、可信度更高。

4.4.1.3 距离判别法

距离判别法是相似性的另一种度量方法。它的基本思想是：首先构造一个关系式（定义一种距离），尔后将被比较国产业结构系统和参照国产业结构系统视为 R^n 空间中的两个 n 维向量，并计算两者之间的距离（差异程度）。当然，距离越小，差异程度越小，反映出两个产业结构系统的相似程度越高。常用的距离有：明考夫斯基（Minkowski）距离、兰氏（Lance and Williams）距离、马氏（Mahalanobis）距离、斜交空间距离等。在此仅介绍明考夫斯基距离、兰氏距离和马氏距离计算公式。

（1）明考夫斯基（Minkowski）距离。

$$d_{AB}(q) = \left[\sum_{i=1}^{n}|x_{Ai}-x_{Bi}|^q\right]^{1/q},这里 q 为自然数。 \qquad (4.11)$$

明考夫斯基距离有三种特殊形式：

Ⅰ 当 $q=1$ 时，$d_{AB}(1) = \sum_{i=1}^{n}|x_{Ai}-x_{Bi}|$ $\qquad (4.12)$

称为绝对值距离。

Ⅱ 当 $q=2$ 时，$d_{AB}(2) = \left[\sum_{i=1}^{n}|x_{Ai}-x_{Bi}|^2\right]^{1/2}$ $\qquad (4.13)$

称为欧氏距离。

Ⅲ 当 $q = \infty$ 时，$d_{AB}(\infty) = \max\limits_{1 \leq i \leq n} |x_{Ai} - x_{Bi}|$ (4.14)

称为切比雪夫距离。

值得注意的是，当向量的分量单位不同或数值范围相差较大时，应做标准化处理。

（2）兰氏（Lance and Williams）距离。

$$d_{AB}(LW) = \frac{1}{n} \sum_{i=1}^{n} \frac{|x_{Ai} - x_{Bi}|}{x_{Ai} + x_{Bi}}, x_{Ai} > 0, x_{Bi} > 0 \qquad (4.15)$$

（3）马氏（Mahalanobis）距离。

$$d_{AB}(M) = \sqrt{(\vec{x}_A - \vec{x}_B)' \sum\nolimits^{-1} (\vec{x}_A - \vec{x}_B)} \qquad (4.16)$$

式中：$\vec{x}_A = (x_{A1}, x_{A2}, \cdots, x_{An})^T$，$\vec{x}_B = (x_{B1}, x_{B2}, \cdots, x_{Bn})^T$，$\sum$ 是 n 维向量的斜方差矩阵。

以上三种方法都可以计算两个产业结构系统之间的"距离"，但计算过程繁简程度不同，建议在使用上述公式时，尽可能借助计算机软件，如 SPSS 等。

4.4.2　产业结构高级化测度方法

本章尝试用人工神经网络（ANN）对区域产业高级化的程度进行测度，旨在建立一个客观的、科学的评价方法，为新时期区域产业政策的制定与调整完善提供决策借鉴。

4.4.2.1　人工神经网络（ANN）的基本原理

人工神经网络（Artificial Neural Networks，ANN）是一种为模仿人脑神经系统的工作机制而建立的网络模型。它是 20 世纪 80 年代中后期在世界范围内发展起来的一门新兴学科。具有很强的适应与复杂环境和多目标控制要求的自学能力，并具有以任意精度逼近任意非线性连续函数的特性，可较为逼真地模拟真实社会经济系统，其结构可以认为是真实系统的映射，广泛应用于人工智能、自动控制、机器人、统计学等领域的信息处理中。人工神经元可构成各种不同拓扑结构，形成不同的神经网络。代表性的网络模型有感知器、误差反向传播网络模型（Error Back Propagation，BP 模型）、径向基 RBP 网络、Hopfield 网络、Boltzmann 机网络及自组织网络等。运用网络模型可以实行函数逼近数据聚类、模式识别、优化计算机预测等功能。下面的讨论以 BP 模型为基础。

BP 网络的学习过程由正向传播和反向传播组成。在正向传播过程中，输入信息从输入层经隐含层逐层处理，并传向输出层。每一层神经元的状态只影响下一层神经元的状态。如果输出层得不到期望的输出，则转向反向传播，将误差信号沿原来的连接通道返回，并通过修改各层神经元的权值，使误差信号最小。

ANN 用于评价区域产业结构高级化程度的原理是：将评价区域产业结构高级化的指标值作为 ANN 的输入向量，将测度结果值作为输出向量，尔后用足够的样本训练这个神经网络，使不同的输入向量得到不同的输出值，这种神经网络所持有的那组权重便是网络经过学习所得到的正确知识的内部表示。训练好的 ANN 作为一种定性和定量相结合的有效工具，能够再现样本集所具有的判断能力，可以对区域产业结构高级化的程度进行测度，从而为制定区域经济发展及产业政策提供决策依据。

根据 Kolmogoror 映射神经网络存在定理得知，给定任一连续函数 $f: E^m \rightarrow R^n$，$f(x) = y$，其中，$E = [0, 1]$，f 可以精确地由一个三层网络以任意精度逼近，据此构造一个三层神经网络作为评价模型，其输入单元个数为产业结构高级化评价指标体中指标的个数，输出单元为 1，隐含单元个数尚无具体确定方法，多以经验为依据，神经元的作用函数是连续可微的 Sigmoid 函数：

$$f(x) = \frac{1}{1 + e^{-(x-\theta)}} \tag{4.17}$$

4.4.2.2 三层 BP 神经网络结构

1989 年 Robert Hecht - Nielson 证明了一个三层 BP 网络可以完成任意的 m 维到 n 维映射。即任意连续函数 $f: E^m \rightarrow R^n$，$f(x) = y$，其中，$E = [0, 1]$，均可由一个三层 BP 网络以任意精度逼近。所以，我们只讨论多输入单元、多隐含单元和一个输出单元的三层 BP 神经网络的应用于产业结构高级化的测度，其网络拓扑结构如图 4-3 所示。

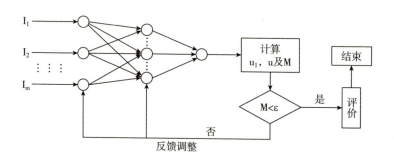

图 4-3 BP 神经网络拓扑结构

在图 4-3 中，设 m，n 分别表示输入单元和隐含单元个数，x_{p1}，x_{p2}，…，

x_{pm} 为论域 $U = \{u_1，u_2，\cdots，u_m\}$ 上第 P 个样本模式的高级化指标属性值，记 $X_p = (x_{p1}，x_{p2}，\cdots，x_{pm})^T$，则 S 个训练样本模式构成的属性矩阵为：

$$X = (X_1，X_2，\cdots X_s)^T = \begin{pmatrix} x_{11} & x_{12} & \cdots & x_{1m} \\ x_{21} & x_{22} & \cdots & x_{2m} \\ \cdots & \cdots & \cdots & \cdots \\ x_{s1} & x_{s2} & \cdots & x_{sm} \end{pmatrix} \tag{4.18}$$

又设，$r_p = (r_{p1}，r_{p2}，\cdots，r_{pm})^T$ 为论域 U 上经隶属函数量化后的评价向量；ω_{ij} 表示输入层第 $i(i = 1，2，\cdots，m)$ 层单元到隐含层第 $j(j = 1，2，\cdots，n)$ 单元的连接权重；$\omega_j(j = 1，2，\cdots，n)$ 表示隐含单元 j 到输出层的网络连接权重；O_p 为样本模式 P 的网络输出值。

4.4.2.3　三层神经网络的学习算法

上述指标量化过程完成后，便可以运用 BP 神经网络学习算法学习样本知识。BP 神经网络的动力学过程有两类：一类是学习过程，神经元之间的网络连接权重在这一过程中将得到调整，使其与环境信息相一致。网络权重的调整方法称为算法学习。另一类过程就是神经网络的计算过程，以实现神经网络的活跃状态的模式变换。在图 4－3 所示的 BP 神经网络中，先从输入层节点传播到隐含层单元，经过作用函数的运算之后，再将隐含层单元的输出信息传播到输出单元，最后得到输出值，BP 神经网络中各单元输出值的计算公式如下：

（1）输入单元的输出值：

$$O_{pi} = r_{pi}，(p = 1，2，\cdots，s；i = 1，2，\cdots，m) \tag{4.19}$$

（2）隐含单元的输出值：

$$O_{pj} = f\left(\sum_{i-1}^{m} \omega_{ij} O_{pi} - \theta_j\right) (j = 1，2，\cdots，n)；\theta_j \tag{4.20}$$

为神经元阈值。

（3）输出单元输出值：

$$O_p = f\left(\sum_{j=1}^{n} \omega_j O_{pj} - \theta\right) \tag{4.21}$$

通常 $-\theta_j$ 及 $-\theta$ 可以看作是一个虚拟神经元的输出。

对于样本模式的输入/输出对 p，实际输出 O_p 与目标输出 b_p 之间的误差函数为：

$$E_p = \frac{1}{2}(b_p - O_p)^2 \tag{4.22}$$

则 p 个样本的总误差为：

$$E = \sum_{p=1}^{n} E_p \tag{4.23}$$

当 $E < \varepsilon$ 时，表明神经网络训练结束。按此时确定网络模型就可以测度区域产业结构高级化的程度。

该评价模型的算法如下：

（1）对网络连接权重 ω_{ij}、ω_j 和神经元阈值 θ_j 及 θ 赋初值，得：$\omega_{ij}(0)$、$\omega_j(0)$ 和 $\theta_j(0)$、$\theta(0)$。

（2）输入样本模式对（输入数据和目标参数）。

（3）从输出层开始，对权重及阈值进行修正，公式如下：

$$\omega_j(t+1) = \omega_j(t) + \eta \cdot \sigma_p \cdot O_j + \alpha \cdot [\omega_j - \omega_j(t-1)] \tag{4.24}$$

$$\omega_{ij}(t+1) = \omega_{ij}(t) + \eta \cdot \sigma_{pj} \cdot O_{pj} + \alpha \cdot [\omega_{ij} - \omega_{ij}(t-1)] \tag{4.25}$$

$$\theta(t+1) = \theta(t) + \eta \cdot \sigma_p + \alpha \cdot [\theta(t) - \theta(t-1)] \tag{4.26}$$

$$\theta_j(t+1) = \theta_j(t) + \eta \cdot \sigma_{pj} + \alpha \cdot [\theta_j(t) - \theta_j(t-1)] \tag{4.27}$$

式中，t 表示迭代次数；η 表示学习效率，且 $\eta \in (0, 1)$；α 表示动量因子，且 $\alpha \in (0, 1)$。且满足：

$$\sigma_p = (b_p - O_p) \cdot O_p \cdot (1 - O_p) \tag{4.28}$$

$$\sigma_{pj} = O_{pj}(1 - O_{pj}) \cdot \sigma_p \cdot \omega_j \tag{4.29}$$

（4）计算样本的总误差 E，若 $E < \varepsilon$，则训练结束，否则转步骤（3）。

对于该评价模型的几点说明：

（1）关于神经网络输入层、隐含层、输出层神经元个数的确定。

神经网络输入层、输出层神经元个数可根据研究对象的输入、输出信息来确定，隐含层神经元的数目通常按如下公式计算：

$$n_H = \sqrt{n_I + n_o} + l \tag{4.30}$$

式中：n_H 表示隐含层神经元数目；n_I 表示输入层神经元数目；n_o 表示输出层神经元数目；l 表示介于 0 到 10 之间的整数。

（2）η 的含义。算法中的 η 表示学习效率或步幅，当 η 较大时，连接权重的修正量较大，此时学习速率比较快；当 η 较小时，学习速率较慢，但学习过程平稳。通常 η 取 0~1 之间的常数。

（3）连接权重必须在学习开始时赋初值。通常给每一个连接权重赋予一个 -1 到 1 的随机数。

（4）关于动量因子 α。α 又称惯性校正系数，通常情况下与 η 协调选取。α 较大时可以改善网络的收敛速度，但也影响网络收敛精度。有文献表明，α 按下式计算时能够获得较好的精度和收敛速度。

$$\alpha(t) = \frac{\sigma_P^2(t)}{\sum_{m=1}^{t-1} \sigma_P^2(m)} \tag{4.31}$$

以上学习算法可以用 MATLAB2017 软件进行运算，就能够训练神经网络。根据上述的算法原理，可以将基于 BP 网络进行产业结构高级化评价的步骤归纳如下：

第一步，根据评价目标，确定目标参数和评价标准；评价集是整个评价过程的关键，设置的科学与否将直接影响评价结果，在一般情况下，由于各级之间具有一定的模糊性，可将评价集分为五个等级，如表 4 – 7 所示：

表 4 – 7　产业结构高级化程度的测度标准

评价等级	综合测评值
高级	$O_i \geqslant 0.80$
较高级	$0.60 \leqslant O_i < 0.80$
中等	$0.40 \leqslant O_i < 0.60$
低级	$0.20 \leqslant O_i < 0.40$
较低级	$O_i < 0.20$

第二步，采集数据样本，并对样本数据进行归一化处理；对于正指标采用阈值法，公式为：

$$y_{ij} = \frac{x_{ij} - \min x_{ij}}{\max x_{ij} - \min x_{ij}} \tag{4.32}$$

式中：x_{ij} 表示第 i 个评价对象的第 j 项指标的实际值；$\min x_{ij}$ 表示第 j 项指标的最小值；$\max x_{ij}$ 表示第 j 项指标的最大值。

对于负指标，归一化公式为：

$$y_{ij} = \frac{\max x_{ij} - x_{ij}}{\max x_{ij} - \min x_{ij}} \tag{4.33}$$

第三步，确定 BP 网络的拓扑结构；这里选择多输入单元、多隐含单元和一个输出单元的三层 BP 神经网络。

第四步，选取适当的网络学习参数。

第五步，对神经网络进行训练。

第六步，将训练好的神经网络存入文件。

第七步，评价其他样本。

4.5　本章小结

　　产业结构高级化是产业结构优化理论研究的另一重要内容。本章在综述了国内学者关于产业结构高级化相关研究成果的基础上，界定了产业结构高级化的基本含义，给出了产业结构高级化的主要特征，并探讨了产业结构高级化的作用机理。在此基础上，构建了产业结构高级化评价指标体系，并给出用人工神经网络测度产业结构高级化程度的方法。

5　产业结构高效化及其测度

产业结构高效化（The High – efficient of Industrial Structure）是 21 世纪初独立出来的产业结构优化理论研究的又一重要内容。产业结构高效化不仅可以使一个国家或地区产业结构高技术化、高集群化、高智能化和高附加值化，而且能围绕高效产业建立一个结构紧凑、相互协调而又具有经济效益的产业体系，也能更好地实现经济活动对提高资源配置效率的追求。本章主要探讨产业结构高效化的内涵及产业结构高效化的主要特征；产业结构高效化指标体系的构建原则，第一、二、三产业结构高效化指标体系及指标的含义；产业结构高效化测度方法。

5.1　产业结构高效化的内涵和主要特征

5.1.1　产业结构高效化的内涵

产业结构高效化是我国学术界在 2000 年初提出的新概念，目前关于产业结构高效化理论的研究较少。国内较早提出产业结构高效化概念的是辽宁大学黄继忠（2002）教授，他认为，产业结构高效化是指在假设技术经济条件不变的条件下，低效率产业比重不断降低和高效率产业比重不断增大的过程。这一过程伴随着资源配置优化，并产生明显的结构性效益。李全宏、徐谨（2002）认为，产业结构的高效化包含着几个重要的过程：一是低效率产业及其部门比重不断下降，而高效率产业及其部门比重不断地增大；二是各产业及其部门技术水平、工艺装备水平等不断地上升；三是产业结构优化升级的过程更好地促进了经济的增长；四是产业及其部门结构的变动符合区域要素禀赋条件，能满足区域可持续发展的要求。前两个过程还必然导致两个结果：一是各产业及其部门比重的此消彼长，二是各产业及其部门内部经济效益普遍的不断上升。施刚（2004）认为，产业结构高效化是指资源在各产业间的配置趋于优化、产业总体经济效益不断提高的过程，主要表现为低效率产业比重不断降低和高效率产业比重不断增大的过程，是由低生产率、低技术含量、劳动密集型产业向高生产率、技术密集型和资本密集型产业的演进。这是一个动态的过程，既没有起点也没有终点，因为产业之间效率的差异总是存在的，当原有低效率产业缩小甚至消失之后，还会出现新的低效率产业，又需要通过存量调整，使社会资源从低效率产业向高效率产业转移，这是永无止境的过程。这一过程伴随着资源的优化配置，并因结构的调整产生明显的经济效益。杜宏宇、岳军（2005）认为，产业结构高效化可定义为，在现有经济技术条件下，以优化资源配置为原则，使产业资源的整体效益和长远效益最大化。它包含由里及表的三个层面：一是产业发展集约化，即在产业内部，从各企业内部资源的利用来看，要求产业组织结构适度集中，企业能从中获得规模经济效益；从企业外部资源的利用来看，要求产业或行业内部专业化分工体系完善，相关企业布局合理，企业能从中获得外部经济效益；二是产业和行业间协调效益最大化，即产业和行业间信息传递系统完备、知识技术系统完整配套、创新与扩散系统传导有序、产业和行业的相对地位与关联性适宜；三是低效率产业比重不断降低，高效率产业比重不断增大。考虑到各产业由众多子部门构成，上述定义也适用于对某一产业的结构高效化分析。周璇（2017）认为，产业结构高效化是持续增加高效率产业的比重并不断降低低效率产业的占比的循环往复过程。原先的低效率产业数量减少时，会陆续出现新的低效率产业，即产业结构高效化的实现过程是在变动中不断向集约化方向发展的动态过程。这与各个创新主体在技术创新网络知识共享系统中的技术创新吸收能力和自主创新能力相关。许清清（2020）等认为，产业结构的高效化是指产业中用于生产的各种要素的配置效率不断提高的过程。由于生产要素在产业间是可以流动的，因此通过优化资源配置，可以实现产能利用率的提升以及投入产出效率的提高。产业结构调整目的是为了产业的经济效益，也就是提高产业的高效化水平。

毋庸置疑，从理论上将产业结构高效化从产业结构优化理论中独立出来，具有重要意义。这有助于人们更全面地把握各产业部门的动态互动关系，避免传统理论由于突出产业均衡和产业结构高度化而弱化各产业或行业间质的结构效应的问题，突出高低效率部门结构变化对区域经济的重要性。但是，作者认为，仅将产业结构高效化界定为低效率产业比重不断降低，高效率产业比重不断增大；产业要集约化发展；产业间的协调效益最大化等仍不够完整。一方面，数量比重和地位变化只不过是产业部门间互动关系作用的某种结果，而暂时性的合意并不能表明其内部的互动性能就是好的，或许是由于某种偶然因素造成的；另一方面，从各国的发展实践和趋势来看，由于产业和行业间的交叉、融合、整合与相互渗透，它们之间的相互影响和相互制约关系表现得越来越突出和重要，构筑产业部门间的良性协调与互动关系，成为决策者关注的除技术层面之外的又一焦点；再者，产业结构高效化是以产业高效化为基础的，没有产业内部资源的高效配置也不可能实现产业结构的高效化，而上述概念的界定也没有反映出这一点。

作者认为，产业结构优化的首要内容是产业结构高效化，因为产业结构优化的最终目标是提高宏观经济效益，而产业结构高度化和产业结构合理化都可以看作是提高宏观经济效益的途径。产业结构合理化、产业结构高级化与产业结构高效化之间有着密切的关系。一般而言，产业结构高效化以产业结构合理化、产业结构高级化为前提，产业结构合理化与一定的经济发展阶段相适应，合理的产业结构未必是高效的，但通过产业结构合理化、产业结构高级化能够实现产业结构的高效化。因此，产业结构高效化是产业结构优化的最高形态。

综上所述，产业结构高效化主要体现在第一、二、三产业效率的提高上，其含义：从第一产业看，区域农作物比较优势明显；种植业结构向优质、高效型转化；农业自然资源能获得连续供给。从第二产业看，低效产业不断降低、高效产业占主导地位；产业成集约化发展；产业关联度较高；生态产出效率高。从第三产业看，第三产业产出比重持续上升；劳动生产率稳定增长；出口迅速增长和出口结构得到优化，传统服务业比重下降、新兴服务业、信息服务业比重呈明显上升趋势。

5.1.2　产业结构高效化的特征

效率是一切经济活动的中心。随着我国工业化、城市化和现代化步伐的明显加快，人口、资源、环境、经济增长以及社会进步之间的矛盾日益突出，传统的"资源—产品—污染排放"单向流动的线形经济与现代经济所追求的可持续发展格格不入，转变现代经济增长方式、提高经济运行效率已成为当务之急。传统经济学认为，效率可以表示为投入与产出之间的对比关系，即效率可以理解成为一种追求低投入、高产出的理性经济行为。新古典经济学从资源配置角度出发，认为效率是追求"帕累托最优"的一种动态均衡。事实上，产业系统中的任何一个产业部门的运行都是一个有序的投入产出过程，这一运行过程的有效性可以通过测算其投入产出效率来衡量。在资源禀赋有限的条件下，投入产出效率的提高，意味着同样的投入可以提供更大的产出，产业运行的质量和效率越高。从本质上说，产业运行效率是追求在一定的资源配置下，使资源创造出更多的价值，实现最佳的投入产出组合能力，这种效率运营能力是产业运行过程中各环节所蕴藏的规模效率、技术效率、配置效率和结构效率等的系统集成。

作者认为，探讨区域产业结构高效化的特征不能将第一、二、三产业混起来笼统地去谈，而应根据三次产业的划分标准分别进行讨论。三次产业是根据社会生产活动历史发展的顺序对产业结构的划分，产品直接取自自然界的部门称为第一产业，对初级产品进行再加工的部门称为第二产业，为生产和消费提供各种服务的部门称为第三产业。它是世界上较为通用的产业结构分类，但各国的划分不尽一致。

2003 年，根据《国民经济行业分类》（GB/T 4754—2002），国家统计局印发了《国家统计局关于印发〈三次产业划分规定〉的通知》（国统字〔2003〕14号）。该规定在国民经济核算、各项统计调查及国家宏观管理中得到广泛应用。2012 年，根据国家质检总局和国家标准委颁布的《国民经济行业分类》（GB/T 4754—2011），国家统计局再次对 2003 年《三次产业划分规定》进行了修订。

我国三次产业划分范围是：

第一产业：是指农、林、牧、渔业（不含农、林、牧、渔服务业）（见表5-1）。

表5-1　第一产业分类表

产业分类	《国民经济行业分类》（GB/T 4754—2011）		
	门类	大类	名称
第一产业	A		农、林、牧、渔业
		01	农业
		02	林业
		03	畜牧业
		04	渔业

第二产业：是指采矿业（不含开采辅助活动），制造业（不含金属制品、机械和设备修理业），电力、热力、燃气及水生产和供应业，建筑业（见表5-2）。

第三产业：即服务业，是指除第一产业、第二产业以外的其他行业。第三产业可分为两大部分：一是流通部门，二是服务部门。具体又可分为四个层次：

第一层次：流通部门，是指批发和零售业，交通运输、仓储和邮政业，住宿和餐饮业，信息传输、软件和信息技术服务业。

第二层次：为生产和生活服务的部门，包括金融、保险业，地质勘查业、水利管理业，房地产业，社会服务业，农、林、牧、渔服务业，交通运输辅助业，综合技术服务业等。

第三层次：为提高科学文化水平和居民素质服务的部门，包括教育、文化艺术及广播电影电视业，卫生、体育和社会福利业，科学研究业等。

表5-2 第二产业分类表

产业分类	《国民经济行业分类》（GB/T 4754—2011）		
	门类	大类	名称
第二产业	B		采矿业
		06	煤炭开采和洗选业
		07	石油和天然气开采业
		08	黑色金属矿采选业
		09	有色金属矿采选业
		10	非金属矿采选业
		12	其他采矿业
	C		制造业
		13	农副食品加工业
		14	食品制造业
		15	酒、饮料和精制茶制造业
		16	烟草制造业
		17	纺织业
		18	纺织服装、服饰业
		19	皮革、毛皮、羽毛及其制品和制鞋业
		20	木材加工和木、竹、藤、棕、草制品业
		21	家具制造业
		22	造纸和纸制品业
		23	印刷和记录媒介复制业
		24	文教、工美、体育和娱乐用品制造业
		25	石油加工、炼焦和核燃料加工业
		26	化学原料和化学制品制造业
		27	医药制造业
		28	化学纤维制造业
		29	橡胶和塑料制品业
		30	非金属矿物制品业
		31	黑色金属冶炼和压延加工业
		32	有色金属冶炼和压延加工业
		33	金属制品业
		34	通用设备制造业

续表

产业分类	《国民经济行业分类》（GB/T 4754—2011）		
	门类	大类	名称
第二产业		35	专用设备制造业
		36	汽车制造业
		37	铁路、船舶、航空航天和其他运输设备制造业
		38	电气机械和器材制造业
		39	计算机、通信和其他电子设备制造业
		40	仪器仪表制造业
		41	其他制造业
		42	废弃资源综合利用业
	D		电力、热力、燃气及水生产和供应业
		44	电力、热力生产和供应业
		45	燃气生产和供应业
		46	水的生产和供应业
	E		建筑业
		47	房屋建筑业
		48	土木工程建筑业
		49	建筑安装业
		50	建筑装饰和其他建筑业

第四层次：为社会公共需要服务的部门，包括国家机关、政党机关和社会团体以及军队、警察等（见表5-3）。

表5-3　第三产业分类表

产业分类	《国民经济行业分类》（GB/T 4754—2011）		
	门类	大类	名称
第三产业（服务业）	A	05	农、林、牧、渔服务业
	B	11	开采辅助活动
	C	43	金属制品、机械和设备修理业
	F		批发和零售业
		51	批发业
		52	零售业

续表

产业分类	《国民经济行业分类》（GB/T 4754—2011）		
	门类	大类	名称
第三产业（服务业）	G		交通运输、仓储和邮政业
		53	铁路运输业
		54	道路运输业
		55	水上运输业
		56	航空运输业
		57	管道运输业
		58	装卸搬运和运输代理业
		59	仓储业
		60	邮政业
	H		住宿和餐饮业
		61	住宿业
		62	餐饮业
	I		信息传输、软件和信息技术服务业
		63	电信、广播电视和卫星传输服务
		64	互联网和相关服务
		65	软件和信息技术服务业
	J		金融业
		66	货币金融服务
		67	资本市场服务
		68	保险业
		69	其他金融业
	K		房地产业
		70	房地产
	L		租赁和商务服务业
		71	租赁业
		72	商务服务业
	M		科学研究和技术服务业
		73	研究和试验发展
		74	专业技术服务业

续表

产业分类	《国民经济行业分类》（GB/T 4754—2011）		
	门类	大类	名称
第三产业 （服务业）		75	科技推广和应用服务业
	N		水利、环境和公共设施管理业
		76	水利管理业
		77	生态保护和环境治理业
		78	公共设施管理业
	O		居民服务、修理和其他服务业
		79	居民服务业
		80	机动车、电子产品和日用产品修理业
		81	其他服务业
	P		教育
		82	教育
	Q		卫生和社会工作
		83	卫生
		84	社会工作
	R		文化、体育和娱乐业
		85	新闻和出版业
		86	广播、电视、电影和影视录音制作业
		87	文化艺术业
		88	体育
		89	娱乐业
	S		公共管理、社会保障和社会组织
		90	中国共产党机关
		91	国家机关
		92	人民政协、民主党派
		93	社会保障
		94	群众团体、社会团体和其他成员组织
		95	基层群众自治组织
	T		国际组织
		96	国际组织

下面将分别给出三次产业结构高效化的特征。

农业产业结构优化是一项复杂的系统工程，而且某个省、市、区某个农产品在全国不具有比较优势，但在省内某个地区可能具有比较优势。所以，这里的研究结果仅是区域农业产业结构优化的一项重要参考，而非决策的全部依据。

第一产业（农、林、牧、渔业）结构高效化的特征主要体现在以下三个方面：

（1）能充分发挥本区域农作物的比较优势。区域农作物的比较优势是农业自然资源禀赋、社会经济及区位条件、科学技术、种植制度以及市场需求等因素综合作用的结果。一个地区一种作物的单产水平是当地自然资源禀赋以及各种物质投入水平和科技进步等因素的综合体现。而一种作物的生产规模，即种植面积，则是劳动与物质可投入能力、市场需求、种植制度、政策支持以及自然资源禀赋等因素的综合体现。

（2）具有显著的经济效益。第一产业（农业）增加值增长迅速；农民收入得到显著提高；种植业结构向优质、高效型转化，市场化特点更趋明显；林业生产得到快速发展，森林覆盖率高；畜牧业生产高速发展，肉、蛋、奶产品供应充足；农村基础设施和生产条件得到较大改善。

（3）农业自然资源能获得连续供给，农产品深加工高效发展，农村剩余劳动力得到较大程度转移。

第二产业结构高效化的特征主要体现在以下几个方面：

（1）低效率产业不断降低，高效产业占据主导地位。

（2）通过技术进步、技术创新，高新技术产业、高附加值产业、高加工度产业迅速发展；生产迅速增长、效益稳定提高。

（3）产业呈集约化发展。即在产业内部，从各企业内部资源的利用来看，要求产业组织结构高度集中，企业能从中获得规模经济效益；从各企业外部资源的利用来看，要求产业或行业内部专业化分工体系完善，相关企业布局合理，企业能从中获得外部经济效益。

（4）产业关联度较高，收入弹性高，产品具有较大的、长期稳定的市场需求。

（5）发达国家市场经济是经济发展自发成熟的产物，其产业结构优化是市场运行的结果。在这种成熟市场模型中，产业结构的调整和优化是经济内部的自均衡、自调节过程。在建立高效化产业结构的过程中，政府的主要功能是为企业创新活动提供制度保障和法律、法规及政策保障，并着力解决系统失效问题和市场失效问题（政府往往是用一些间接参数，如汇率、利率、税率、货币量等调控经济，而且主要侧重需求方面的总量调节）。

（6）生态产出效率较高。表现为：万元 GDP 能耗、物耗较低；环境污染得到有效控制；工业三废和废物回收利用率较高；生活垃圾无害化处理率较高；区域绿化覆盖率较高（人均园林绿化面积较大）。

第三产业的兴旺发达是现代经济的一个重要特征，第三产业的发展及其在国民生产总值中所占比重的提高，是国民经济走向现代化的重要标志，是生产力发展和社会进步的必然结果。2020年全球最大经济体依然是美国——经济同比下降3.49%，并且超过了2008~2009年全球经济危机时的影响，创下了自1946年以来的最低增速纪录，GDP总量仍高达20.93万亿美元，继续稳居世界之首。新版《世界经济展望》报告中给出了两大理由：一是美国复工较早，从2000年5月就开始了。而其他很多国家却是在6月甚至7月才开始重启经济。而且美国官方推出了多项刺激经济、消费的措施，这使得三季度经济有了明显复苏的迹象。二是美元的国际属性，对美国经济有着强烈的"压舱石"作用。按照BWC等多家媒体的报道，目前美联储向市场投放了高达16万亿美元的流动性。如此巨量的资金势必将大大减缓经济的下滑。除此之外，大量增发美债，也是美国官方能不断扩大财政支出，挽救经济的重要支撑。

中国继续保持第二名。按照IMF（国际货币基金组织）的观点，由于采取了卓有成效的应对措施，中国在对抗疫情方面成绩显著。2020年国内生产总值1015986亿元，比上年增长2.3%，是世界主要经济体中唯一实现正增长的国家。按美元算，2020年中国经济总量将达到15.22万亿美元（上年同期是14.363万亿美元），大约相当于美国GDP的73%。并且中国人均GDP也达到1.084万美元，与世界平均水平相当，在新兴发展中国家里排名靠前（2000年金砖国家（BRICS）中，巴西（Brazil）人均6796美元、俄罗斯（Russia）人均10126美元、印度（India）人均1900美元、南非（South Africa）人均5090美元）。

日本继续排第三，IMF预测其2020年GDP为4.91万亿美元，同比实际缩减5.3%——虽然日本疫情远低于美国，但经济降幅却更大。这就是超级大国在全球拥有的优势，能利用美元优势让全球承担其损失。德国继续排第四名，并且仍是欧洲最大经济体。2020年经济同比实际下降4.9%，GDP约为3.78万亿美元。与英国、法国、意大利、西班牙等其他欧洲主要大国相比，德国抗疫效果成效更佳。

第五名变成了英国，2020年经济同比实际下降9.79%，GDP折合美元约为2.64亿美元。第六名是印度，在2020年经济实际缩减7.96%，GDP降至2.59万亿美元。第七名是法国，2020年经济实际降幅是8.11%，GDP约为2.55万亿美元，仍排在印度之后。第八名是意大利，同比实际下降8.87%，2020年GDP约为1.85万亿美元。第九名是加拿大，IMF预测GDP是1.6万亿美元，经济同比实际下降7.1%。第十名是韩国，经济实际下降0.96%，GDP约为1.59万亿美元。

图5-1及表5-4给出了历年全球经济总量1~5位的经济体：美国、中国、日本、德国、英国历年服务业增加值占GDP比重比较。

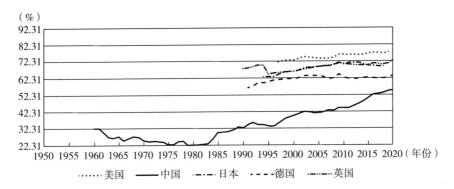

图 5 - 1　美国、中国、日本、德国、英国历年服务业增加值占 GDP 比重比较

表 5 - 4　美国、中国、日本、德国、英国服务业增加值
占 GDP 比重比较（1990～2020 年）

年份 \ 国家	美国	中国	日本	德国	英国
2020		54.63%		63.59%	72.79%
2018	76.89%	53.27%	69.31%	62.07%	70.50%
2016	77.52%	52.36%	69.42%	61.77%	70.68%
2014	75.81%	48.27%	70.49%	62.11%	69.87%
2012	76.15%	45.46%	71.59%	61.69%	70.03%
2010	76.21%	44.18%	70.21%	62.26%	70.47%
2008	74.53%	42.86%	69.77%	62.22%	69.75%
2005	74.02%	41.34%	68.96%	63.36%	69.18%
2002	74.88%	42.25%	68.06%	63.12%	67.33%
1999	72.70%	38.58%	65.75%	61.54%	65.74%
1996		33.57%	63.27%	60.75%	64.84%
1993		34.52%		59.10%	69.93%
1990		32.38%			67.86%

资料来源：https：//www.kylc.com/stats，快易数据库整理得到。

图 5 - 2 及表 5 - 5 给出了历年全球经济总量 6～10 位的经济体：印度、法国、意大利、加拿大、韩国服务业增加值占 GDP 比重比较。

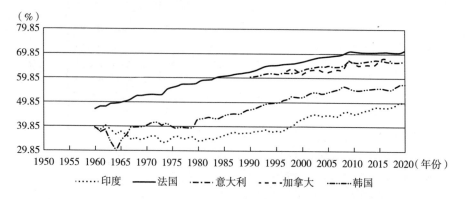

图 5-2　印度、法国、意大利、加拿大、韩国历年服务业增加值占 GDP 比重比较

表 5-5　印度、法国、意大利、加拿大、韩国服务业增加值占 GDP
比重比较（1990～2020 年）

年份 \ 国家	印度	法国	意大利	加拿大	韩国
2020	49. 27%	71. 03%	66. 75%	63. 59%	57. 02%
2018	48. 51%	70. 20%	66. 34%	62. 07%	55. 69%
2016	47. 75%	70. 51%	66. 65%	67. 96%	55. 36%
2014	47. 82%	70. 35%	67. 09%	64. 90%	55. 64%
2012	46. 30%	70. 28%	66. 44%	65. 16%	55. 07%
2010	45. 03%	70. 65%	66. 31%	65. 73%	54. 70%
2008	45. 88%	69. 65%	64. 73%	62. 73%	56. 19%
2005	44. 44%	68. 53%	64. 82%	62. 08%	53. 88%
2002	44. 73%	67. 41%	63. 75%	63. 02%	53. 61%
1999	41. 97%	65. 89%	62. 11%	62. 57%	51. 65%
1996	37. 71%	65. 11%	61. 72%		50. 28%
1993	38. 49%	64. 84%	61. 50%		49. 16%
1990	37. 04%	61. 99%	60. 11%		46. 49%

资料来源：https：//www. kylc. com/stats，快易数据库整理得到。

图 5-3 及表 5-6 给出了金砖国家：巴西（Brazil）、俄罗斯（Russia）、印度
（India）、中国（China）、南非（South Africa）历年服务业增加值占 GDP 比重比较。

图 5-3 金砖国家历年服务业增加值占 GDP 比重比较

表 5-6 金砖国家服务业增加值占 GDP 比重比较 (1990~2020 年)

年份\国家	巴西	俄罗斯	印度	中国	南非
2020	62.92%	56.27%	49.27%	54.63%	61.45%
2018	62.65%	53.43%	48.51%	53.27%	61.04%
2016	63.20%	57.01%	47.75%	52.36%	60.80%
2014	61.25%	55.68%	47.82%	48.27%	61.02%
2012	58.73%	54.51%	46.30%	45.46%	61.29%
2010	57.61%	53.12%	45.03%	44.18%	61.02%
2008	56.80%	50.70%	45.88%	42.86%	59.07%
2005	56.08%	48.81%	44.44%	41.34%	60.10%
2002	57.35%	53.84%	44.73%	42.25%	58.26%
1999	60.20%	49.89%	41.97%	38.58%	59.26%
1996	60.32%	49.42%	37.71%	33.57%	57.06%
1993	44.13%	42.85%	38.49%	34.52%	55.44%
1990	45.15%	32.61%	37.04%	32.38%	50.47%

资料来源: https://www.kylc.com/stats, 快易数据库整理得到。

从图中可以看出, 近 30 年来美国、日本、德国、英国、意大利、加拿大等发达资本主义国家服务业增加值占 GDP 比重维持在 60%~77% 的区间内。近 10 年来, 金砖国家中的巴西、南非服务业增加值占 GDP 比重维持在 60% 左右。

我国学者郭克莎 (2000) 曾经对具有代表性 (具有大国相同特点) 的发展

中国家和发达国家在 1970～1996 年的第三产业增加值结构变动数据、第三产业的就业结构变动数据以及 1980～1994 年第三产业的投资结构数据进行统计分析，得到如下结论：

（1）第三产业产出结构变动的一般趋势。第三产业在 GDP 中的比重随着人均收入的上升而提高，是一种在各个国家都表现出来的普遍趋势。发展中国家第三产业结构变动的一般趋势，首先是商业、旅馆和饭店业的比重由上升转为下降，其次是运输、仓储和邮电业的比重由较快上升转为稳中有降，最后是金融保险、不动产和工商服务业的比重一直较大幅度上升；发达国家第三产业结构变动的一般趋势，除了大体上是高收入发展中国家的延续之外，新的趋势是社团和个人服务业的比重明显提高，同时政府服务的比重有所下降。

（2）第三产业就业结构变动的一般趋势。第三产业就业比重随着人均收入水平的提高而上升，也是各国就业结构变动中表现出来的一种普遍趋势。从第三产业就业结构变动数据的统计分析结果来看，第三产业就业结构的变动似乎对人均收入的变化不敏感，因而在人均收入水平上升的较大区间（100 美元左右至 5000 美元左右）里，第三产业就业结构变动的趋势都是大体相同的。只有在高收入的发达国家与较低收入的发展中国家之间，第三产业就业结构的变动趋势才会出现系统的差别。

在上中等收入以下的发展中国家，第三产业就业结构变动的一般趋势是，商业，旅馆和饭店业，运输、仓储和通信业的比重相对稳定，金融保险、不动产和产业服务业的比重趋于上升，而社会和个人服务业的比重则表现出稳中趋降的态势。因此，第三产业就业比重的上升基本上是各个行业一起拉动的。

在高收入的发达国家中，第三产业就业结构变动的一般趋势是，商业，旅馆和饭店业，运输、仓储和通信业的比重趋于下降，而金融保险、不动产和产业服务业、社会和个人服务业的比重趋于上升。因此，第三产业就业比重的提高，主要是由后两类行业的比重变化拉动的。

（3）第三产业投资结构变动的大体趋势。第三产业投资比重随着人均收入水平的提高而上升也是一种具有普遍性的趋势。大体趋势：在发达国家商业旅馆和饭店业、交通运输和仓储业的投资比重是下降的，这两类行业明显低于发展中国家；金融保险、不动产和工商服务业的比重是上升的，发达国家在这类行业中的投资比重都高达 50% 以上，大幅度高于发展中国家，而发展中国家又因为人均收入水平的不同而存在差别，不过，对于社团和个人服务业、政府服务业两类行业的投资比重变化，似乎看不到有规律性的趋势。

综上分析，可知第三产业结构高效化的特征主要体现在以下几个方面：

（1）第三产业的迅速发展带动第三产业产出比重和就业比重的持续上升。

（2）第三产业在大量增加就业人数的条件下保持劳动生产率的稳定增长。

（3）第三产业的高速发展带动服务业出口的迅速增长和出口结构的优化。

（4）在第三产业结构中，传统服务业（商业、旅馆、饭店业、运输、仓储）的比重下降，新兴服务业（通信、金融保险、房地产和产业服务业，在高收入的发达国家中，个人和社会服务业的比重也趋于上升）的比重上升；相应地，劳动密集型服务业的比重下降，资本、技术和知识密集型服务业的比重上升；同时，中介服务机构增多，服务项目细化，服务质量提高，服务的附加值率上升等。

5.2 产业结构高效化测度方法

5.2.1 产业结构高效化常见分析方法

产业结构高效化是一个动态过程，要判断产业结构高效化达到的水平，必须选择产业结构高效化过程中某些静止的时点和相对应的参照物，以往常用的分析方法主要有以下两种：

5.2.1.1 横向比较法

横向比较法是指在相同的技术经济水平条件下，通过比较不同国家或地区低效率产业的比重、高效率产业比重以及不同国家或地区的经济效益水平，来判断产业结构高效化相对水平的方法。通常技术经济水平用人均国民生产总值来表示，经济效益水平用资金利税率、劳动生产率等指标来衡量。

5.2.1.2 纵向比较法

纵向比较法是通过比较一个国家或地区不同发展阶段上产业结构效率水平，来衡量产业结构高效化程度的方法。例如，我们可以分别求出人均国民生产总值在 800 美元、2000 美元、5000 美元时的产业结构效率水平，即求出该国家或地区不同时期低效率产业的比重、高效率产业比重、宏观经济效益总指标等来判断产业结构高效化的程度。在实际操作过程中，通常将两种方法结合起来使用。

5.2.2 产业结构高效化效果

产业结构高效化是指第一、二、三产业中低效率产业比重不断降低和高效率产业比重不断增大的过程，这个过程既没有起点也没有终点。因为产业之间效率上的差别总是存在的，当原有的低效率产业不断缩小甚至消失之后，还会出现新的低效率产业。这是由于各个产业的技术创新能力不同和新技术吸收能力不同。美国经济学家霍利斯·钱纳里（Hollis B. Chenery，1918～1994年），谢尔曼·鲁宾逊（Hillman Robinson）、费得等经济学家，以基本的新古典增长方程

$$G_V = G_A + \beta_K G_K + \beta_L G_L \qquad (5.1)$$

为起点，加入了一个或更多的结构变量来研究经济增长。这一模型的回归方程的一般形式为：

$$G_Y = a_0 + a_1 \left(\frac{I}{Y} \right) + a_2 G_L + a_3 X_3 + a_4 X_A + a_5 X_E + a_6 X_F + a_7 X_D \qquad (5.2)$$

式中：G_Y 表示总的经济增长（GNP 增长）；

$\frac{I}{Y}$ 表示投资同 GNP 的比率（资本存量增长的替代变量）；

G_L 表示劳动力的增长；

X_3 表示劳动质量（或教育）的度量；

X_A 表示劳动和资本自农业转移的度量；

X_E 表示出口增长的度量；

X_F 表示国际收支逆差的度量；

X_D 表示发展水平的度量；

a_i 表示回归系数（$i = 0$，1，…，7）。

鲁宾逊和费德以样本数为 30～50 个发展中国家、覆盖期 5～10 年的增长变量进行了回归研究，在几乎所有例证中，增加结构变量均显著改进了不同发展中国家的增长率。

5.2.3　产业结构高效化的测度方法的选择

产业结构高效化是一个动态的过程，又是一个发展的过程。对区域产业结构高效化进行评价属于时序性的多层次、多目标评价问题。数据包络分析（Data Envelopment Analysis，DEA）法是解决这类问题较为有效和便捷的方法。

数据包络分析法是运筹学、管理科学与数理经济学交叉研究的一个新领域。它是根据多项投入指标和多项产出指标，并利用线性规划的方法，对具有可比性的同类型单位进行相对有效性评价的一种数量分析方法。DEA 方法及其模型自 1978 年由美国著名运筹学家查恩斯（A. Charnes）和库伯（W. W. Cooper）提出以来，已广泛应用于不同行业及部门，并且在处理多指标投入和多指标产出方面，体现了其得天独厚的优势。1986 年，Macmillan 首次将 DEA 模型应用于区域经济研究，并且指出 DEA 模型结果可以用于评价区域产出行为。Charnes 等于

1989 年应用 DEA 模型分析了 28 个中国城市经济发展状况，研究表明 DEA 可用于评价城市效率。Bannistter 和 Stolp（1995）研究了墨西哥不同地区的制造业效率，揭示了区域规模、城市经济与技术效率之间的正相关关系。Athanassopoulos 等（1997）评估了希腊北部 20 个县的经济社会效率。Karkazis（1998）等则研究了该地区在基础设施方面的公共投资以及私人投资激励政策的效率。

DEA 方法属于运筹学所研究的领域，它主要采用数学规划方法，利用观察到的有效样本数据，对决策单元（Decision Making Units，DMU）进行生产有效性评价，或处理其他多目标决策问题。

中国学者从事 DEA 的研究始于 1986 年，他们在 DEA 的理论、模型、软件以及应用等方面的许多研究成果在国际上受到好评。1988 年魏权龄教授公开出版了关于 DEA 的第一部专著：《评价相对有效性的 DEA 方法——运筹学的新领域》，严格系统地论述了 DEA 方法与模型，其后又在《系统工程理论与实践》《系统科学与数学》《科学通报》等刊物上发表了一系列文章。

在有效性方面，除了 DEA 外还有其他一些方法。魏权龄（1988）认为，通常的统计回归以及其他的一些统计分析方法估计出的生产函数，并没有表现出实际的生产前沿面（所谓"生产前沿"是根据已知的一组投入产出观测值构造出投入产出一切可能组合的外部边界，使得所有投入产出观测点都落在该边界"的下方"并与其尽可能接近），得出的函数实际上是非有效的，不是相对最优的，且那些方法多适用于单一输出的情况。相比之下，DEA 方法处理多输入、特别是多输出方面具有明显优势，且 DEA 方法不仅可以用线性规划来判断评价单元对应的点是否在有效生产前沿面上，同时，对非有效的评价单元，利用"投影原理"不仅能指出指标的调整方向，还能给出调整量，并进行纵向的时间比较和横向的区域比较。

DEA 模型在时序性的多层次、多目标问题的评价方面有多种优势，概括如下：

（1）评价结果的客观性。在 DEA 评价模型中，评价指标权重的确定是通过运算得到的，评价过程减少了人为因素对模型的干扰，因此，使得评价结果更具客观性。

（2）DEA 方法对非有效性的评价单元，不仅能指出有关指标调整的方向，而且能给出具体的调整量。

（3）DEA 方法所评价的生产前沿面可以是量纲不统一的多输入和多输出情形，这给模型的使用带来极大方便，并且可以考察生产前沿面上不同经济发展阶段的规模有效性和技术有效性。

（4）DEA 方法处理多输出和输入的问题时，不必事先设定评价单元的具体输入输出函数，这使得多目标多层次评价成为可能。若将评价单元按时间顺序排列，则可以解决时序性评价问题。

（5）DEA 方法的有效生产前沿面仅由有效评价单元组成，剔除了非有效评价单元，从而排除了由于统计误差等因素对有效生产前沿面的影响。

DEA 模型有多种形式，其中两个最基本的 DEA 模型是 C^2R 模型和 C^2GS^2 模型。1978 年查恩斯等以单输入单输出的工程效率概念为基础提出了第一个 DEA 模型——C^2R 模型，它是以分式形式给出的，是判断评价单元综合有效性（规模有效性和技术有效性）的模型。而后，R. D. Banker 等从公理化的模式出发，给出了另一个刻画生产规模与技术有效的 DEA 模型——BCC 模型，并证明了它与 C^2R 模型具有相同的形式。1985 年 A. Charnes 和 W. W. Cooper 等针对 C^2R 模型中生产可能集的凸性假设在某些条件下是不合理的，给出了另一个评价生产技术相对有效的 DEA 模型——C^2GR^2 模型，该模型可以判断评价单元的"技术有效"性。这两个模型的产生不仅扩大了人们对生产理论的认识，而且也为评价多目标问题提供了有效的途径，使得研究生产函数理论的主要技术手段由参数方法发展成为参数与非参数方法并重。

5.2.4 产业结构高效化评价的 DEA 模型

DEA 的两个最基本模型 C^2R 模型和 C^2GR^2 模型，各自又分为投入型模型和产出型模型。投入型模型是指产出不变寻找最小投入，而产出型模型则是指投入一定寻找最大产出。C^2R 模型和 C^2GR^2 模型都采用线性规划的单纯形解法，由于其解具有对偶性，因此同一模型下属的投入型与产出型模型的解法是一致的。

DEA 方法的一般表述为：假设有 n 个被评价的决策单元 DMU，每个 DMU 有 m 种输入 x_{ij}（$i = 1, 2, \cdots, m$；$j = = 1, 2, \cdots, n$）和 s 种输出 y_{kj}（$k = 1, 2, \cdots, s$；$j = 1, 2, \cdots, n$）。其中 x_{ij} 表示第 j 个 DMU 的第 i 种投入，$\vec{x}_j$ 表示第 j 个 DMU 的投入向量，即 $\vec{x}_j = (x_{1j}, x_{2j}, \cdots, x_{mj})^T$。同理，用 $\vec{y}_j$ 表示第 j 个 DMU 的产出向量，即 $\vec{y}_j = (y_{1j}, y_{2j}, \cdots, y_{sj})^T$。

DEA 方法的基本思想是：若干个评价决策单元 DMU 构成一个生产可能集 T，然后利用线性规划，在集 T 内固定 $\vec{x}_j$，尽可能地扩大对应的 $\vec{y}_j$，或固定 $\vec{y}_j$，尽可能地缩小 $\vec{x}_j$。这样，在 T 的左下边界线上，寻找与这个 DMU 相对应的虚拟 DMU，若能找到这个虚拟的 DMU，则实际的 DMU 是无效的。

5.2.4.1 建立投入型的 C^2R 模型

基于投入的评价 DMU 总体有效率的具有非阿基米德无穷小的 C^2R 模型如下：

$$(D) \begin{cases} \theta^0 = \min\theta \\ \text{s. t. } \sum_{j=1}^{n} \lambda_j x_j \leqslant \theta x_{j_0} \\ \sum_{j=1}^{n} \lambda_j y_j \geqslant y_{j_0} \\ \lambda_j \geqslant 0, j = 1,2,\cdots,n \end{cases} \tag{5.3}$$

式中：λ_j 为 n 个 DMU 的某种组合权重，(x_j, y_j)，$(j = 1, 2, \cdots, n)$ 构成可能的生产集 T，$(x_{j_0}, y_{j_0}) \in T$，$(0 \leqslant j_0 \leqslant n)$ 为目标 DMU。θ 为被评价单元 DMU 的投入缩小比例，$(\sum_{j=1}^{n} \lambda_j x_j, \sum_{j=1}^{n} \lambda_j y_j)$ 为虚拟的 DMU，θ 和 λ_j 为参数。引入松弛变量 S^+，S^-，ε，将上述模型化为标准形式：

$$(D) \begin{cases} \theta^0 = \min[\theta - \varepsilon(\hat{e}^T S^- + e S^+)] \\ \text{s. t. } \sum_{j=1}^{n} \lambda_j x_j + S^- - \theta x_{j_0} = 0 \\ \sum_{j=1}^{n} \lambda_j y_j - S^+ - y_{j_0} = 0 \\ \lambda_j \geqslant 0, j = 1,2,\cdots,n, S^+ \geqslant 0, S^- \geqslant 0 \end{cases} \tag{5.4}$$

式中：$\hat{e}$ 和 e 是元素均为 1 的列向量，且 $\hat{e}$，$S^- \in R^m$，e，$S^+ \in R^s$，ε 为非阿基米德无穷小。具体求解过程可借助 Lindo、Matlab 或其他线性规划软件完成，本书在第 7 章中给出一个求解 C^2R 模型的程序，可在 Matlab2017 中运行。

用模型（D）可以评价 DMU 的技术和规模的综合有效率，称为总体效率，若存在最优解 S^{-*}，S^{+*}，λ_j^* 和 θ^*，则有如下结论：

（1）若 $\theta^* = 1$，则第 j_0 个 DMU 弱有效（总体）。

（2）若 $\theta^* = 1$ 且 $S^{+*} = S^{-*} = 0$，则第 j_0 个 DMU 为 DEA 有效（总体）。

（3）若 $\hat{x}_{j_0} = \theta^* x_{j_0} - S^{-*}$，$\hat{y}_{j_0} = y_{j_0} + S^{+*}$，则 $(\dot{x}_{j_0}, \hat{y}_{j_0})$ 为 (x_{j_0}, y_{j_0}) 在有效前沿面上的投影，相对于原来的 n 个 DMU 是总有效的。投影就是对非 DEA 有效或弱 DEA 有效的 DMU，提出使其转变为 DEA 有效的改进方案。

（4）若 $\theta^* < 1$ 或者 $S^{+*} \neq 0$，$S^{-*} \neq 0$，则认为评价单元 DEA 无效或技术无效，或规模无效，若 $S^{+*} = S^{-*} = 0$，则技术有效；令 $K = \sum \lambda_i / \theta$，当 $K = 1$，称 DMU 规模有效，$K < 1$，规模收益递增，反之，规模收益递减。

5.2.4.2 建立投入型的 C^2GR^2 模型

基于投入的评价 DMU 技术有效性的具有非阿基米德无穷小的 C^2GR^2 模型如下：

$$(D)\begin{cases} \sigma^0 = \min[\,\sigma - \varepsilon(\hat{e}^T S^- + e^T S^+)\,] \\ \text{s. t.} \sum_{j=1}^n \lambda_j x_j + S^+ - \sigma x_{j_0} = 0 \\ \sum_{j=1}^n \lambda_j y_j - S^- - y_{j_0} = 0 \\ \sum_{j=1}^n \lambda_j = 1 \\ \lambda_j \geqslant 0, S^+ \geqslant 0, S^- \geqslant 0, j = 1,2,\cdots,n \end{cases} \quad (5.5)$$

式中：$\hat{e}$ 和 e 是元素均为 1 的列向量，且 $\hat{e}$，$S^- \in R^m$，e，$S^+ \in R^s$，ε 为非阿基米德无穷小。该模型可以计算出的 DMU 效率是纯技术效率，若存在最优解 S^{-*}，S^{+*}，λ_j^* 和 σ^*，则有如下结论：

（1）若 $\sigma^* = 1$，则第 j_0 个 DMU 弱 DEA 有效（纯技术）。

（2）若 $\sigma^* = 1$ 且 $S^{+*} = S^{-*} = 0$，则第 j_0 个 DMU 为 DEA 有效（纯技术）。

（3）根据 DEA 理论，总有效率 θ^*、纯技术有效率 σ^*、纯规模有效率 S^* 三者的关系为：

$$S^* = \frac{\theta^*}{\sigma^*} \quad (5.6)$$

5.2.5　DEA 有效的经济意义

DEA 有效的经济意义如图 5 - 4 所示。

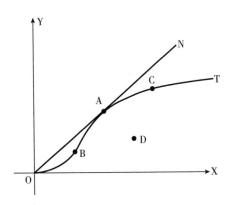

图 5 - 4　产业运行的 DEA 有效示意图

图中 S 形曲线 OT 表示生产函数，直线 ON 表示"有效生产前沿面"，根据各状态点与"有效生产前沿面"的距离大小，可知其是否为 DEA 有效。如图中 B

点和 C 点位于生产函数表示的曲线上，但未能到达"生产前沿面"，所以是弱 DEA 有效的 DMU；D 点既没有位于有效生产曲线上，又未能到达"有效生产前沿面"，所以是非 DEA 有效的 DMU；A 点既位于有效生产曲线上，又到达"有效生产前沿面"，同时实现了技术有效和规模有效，所以是 DEA 有效的 DMU。

5.3 产业结构高效化指标体系的构建

5.3.1 指标体系的构建原则

5.3.1.1 科学性原则

产业结构高效化评价指标体系的建立和指标的选取要遵循产业结构系统演进的规律。所选指标能够充分体现产业结构高效化的内涵及特征，概念准确、含义清晰，指标体系能围绕产业结构高效化的评价目的，全面完整地反映评价对象，评价结果符合评价地区的客观实际。

5.3.1.2 整体性原则

指标体系是一系列相互联系的指标组成的整体，在进行指标体系设计时，首先，所选取指标应是一个整体，能够从各个不同角度涵盖国家或区域特殊的产业结构高效化的主要特征和现状，反映了分析对象的国情国势，从而有助于最终采取手段，借助于市场和政府的双重作用，最大限度地发挥研究对象的要素禀赋优势；其次，指标体系结构清楚，便于理解和使用。

5.3.1.3 协调性原则

评价指标体系要符合协调发展原则，即环境保护与经济、社会发展相协调的原则。是指环境保护与经济建设和社会发展统筹规划、同步实施、协调发展，实现经济效益、社会效益和环境效益的统一。该原则的核心就是要求人们正确对待和处理环境保护与经济、社会发展之间的关系，反对以牺牲环境为代价谋求经济和社会的发展，也反对为了保护环境而不进行经济和社会的发展，切实做到环境保护与经济、社会发展的良性互动。

5.3.1.4 可操作性原则

产业结构高效化评价指标体系设计要充分考虑指标资料的现实可获得性、有效性和可靠性。尽量利用和开发统计部门现有的公开资料，尽量选择那些有代表性的综合指标和主要指标；构建的指标体系必须简单、明确，可以计算或有明确的取值方法，否则，可操作性无从谈起。

5.3.1.5 单义性原则

即所选取的每个指标必须有明确的含义，且指标与指标之间不能相互涵盖和交叉，以减少信息的冗余度，保证评价结果的可靠性。

5.3.1.6 动态性原则

区域产业结构高效化是一个动态过程，指标体系要能反映系统动态变化，体现系统的发展趋势。

5.3.2 产业结构高效化评价指标体系

在产业结构高效化评价指标体系研究方面，我国学者仅仅做了初步探讨。李全宏、徐谨（2002）从三个方面，即综合消耗产业率指数、产业结构经济效益指数和综合技术进步贡献率指数构建指标体系；施刚（2004）从五个方面，即劳动生产率、比较劳动生产率、投资产出率、技术进步增长速度和要素配置率构建指标体系。还有的用产业加工度指数或从产业生命周期角度建立指标体系。这些指标体系的建立大都采用比率指数（先综合、后对比）的形式，从不同的侧面反映了区域产业结构的综合效益、技术进步对经济发展的影响程度、劳动力比重结构和各产业劳动生产率增长速度的相对变化程度。还不能够全面反映产业结构高效化的程度。

在此，作者根据上述产业结构高效化的内涵、三次产业结构高效化的特征，以及评价指标体系构建原则，分别构建了第一、二、三产业结构高效化评价指标体系。

表5-7给出第一产业结构高效化评价指标体系。该指标体系是作者根据产业结构高效化的内涵以及第一产业（农业）结构高效化的主要特征构建的。在构建指标体系的过程中，由于很难将第一产业内所有部门的成本和收益因素都加以定量化考察，所以，输入指标选取了人力、物力、财力三项指标，实质上仍然用人类经济活动的基本要素——资本、土地、劳动力作为基本输入条件。另外，由于第一产业结构高效化具体表现为，在现有经济技术条件下，以优化资源配置为原则，使产业资源的整体效益和长远效益最大化。所以，输出指标选取经济产出指标、社会产出指标、比较优势指标和生态指标共四项指标。

经济产出指标反映出资金的利用效率，通过第一产业增加值和农民年均纯收入两项指标刻画。社会指标主要通过农村剩余劳动力转移数量（外出合同工临时工数量）、每百户家庭主要耐用品拥有量和主要畜产品（肉蛋奶）总产量三项指标来反映，高效的第一产业结构能够转移较多的农村剩余劳动力，随着农民收入水平的提高，用于购买高档耐用消费品数量的增加、肉蛋奶总产量的提高。这些指标能够间接反映农业自然资源连续供给能力，农产品深加工状况。

表5-7 第一产业结构高效化评价指标体系

目标层	输入/输出指标	一级指标	二级指标
第一产业结构高效化程度	输入指标	人力投入	第一产业劳动力（万人）
		物力投入	农业机械总动力（万千瓦）
			农村用电量（万千瓦时）
			农村耕地面积（万公顷）
			化肥施用量（折纯万吨）
		财力投入	第一产业固定资产投资总额（万元）
	输出指标	经济产出	第一产业增加值（亿元）
			农民人均年纯收入（元）
		社会产出	农村剩余劳动力转移（万人）
			每百户家庭主要耐用品拥有量（台）
		农作物比较优势指标	经济及其他作物占农作物播种面积比例（%）
			牧业、渔业占第一产业总产值的比例（%）
		生态指标	森林覆盖率（%）
			年造林面积（万公顷）

　　农作物比较优势指标用经济及其他作物占农作物播种面积的比例和牧业、渔业占第一产业总产值的比例两项指标来表示，当然也可用种植业显性比较优势和养殖业显示性比较优势两个指标来刻画。区域农作物的比较优势是农业自然资源禀赋、社会经济及区位条件、科学技术、种植制度以及市场需求等因素综合作用的结果。种植业显示性比较优势可用反映播种面积和亩产综合的综合优势指数来衡量。

　　综合优势指数大于1，表明该地区该产品的综合生产能力高于全国（全省）平均水平，具有现实的比较优势，且数值越大，优势越强。

　　综合优势指数小于1，表明该地区该产品在目前不具备比较优势。养殖业显示性比较优势可用规模优势指数刻画，规模优势指数在农业主导产业选择中是一个重要的指标，规模优势指数SAI（Scale Advantage Index）反映一个区域某一产业的规模和专业化程度，它是市场需求、资源禀赋、产业政策等因素相互作用的结果。

　　一般来说，在一定长的时期内，只要产业发展具有了相当的规模，也就意味着有了市场需求，有了市场需求也就意味着产生了经济效益。因此在测定某地区养殖业显示性比较优势时，可以计算出该地区某种水畜产品的产量占全省同类产品产量的比重，且所占比例越大，该种产品的比较优势越强。规模优势指数的计算公式如下：

$$SAI_{xy} = \frac{A_{xy}/A_x}{A_y/A}$$ (5.7)

式中：SAI_{xy} 表示 x 区域 y 产业的规模优势指数；

A_{xy} 表示 x 区域 y 产业总产值；

A_x 表示 x 区域全部产业 GDP 总量；

A_y 表示全国（全省）y 产业总产值；

P 表示全国（全省）全部产业 GDP 总量。

若 $SAI_{xy} > 1$，表明与全国（全省）平均水平相比，x 区域 y 产业具有规模优势；

若 $SAI_{xy} = 1$，表明 x 区域 y 产业与全国（全省）平均水平相当；

若 $SAI_{xy} < 1$，表明 x 区域 y 产业与全国（全省）平均水平相比规模处于劣势。

高效的农业结构有较高的森林覆盖率和连续的、充足的自然资源供给，由于反映自然资源供给程度的数量指标在统计年鉴中没有体现，故生态指标用森林覆盖率和年造林面积两个指标反映。

表 5-8 给出第二产业结构高效化评价指标体系。该评价指标体系是作者根据产业结构高效化的内涵以及第二产业结构高效化的特征构建的。根据 DEA 方法对输入指标和输出指标的选取要求，输入指标中的一级指标由人力投入指标、财力投入指标、能源投入指标和集约指标四个指标构成。人力投入指标选择两个指标第二产业就业人数和科学家工程师占技术开发人员比重。财力投入也选用两个指标第二产业投资额和科学研究与开发（R&D）经费投入。能源投入指标这里选取主要能源（煤炭、石油）消耗总量。煤炭目前仍然是我国的基础能源，因为现在中国一次能源里煤炭占 60%，高的可以达到 70%、80%，中国煤炭资源比较丰富，同时煤炭也是中国比较可靠的资源，以后经济发达也离不开煤，所以中国以煤为主的能源结构难以改变。当然，从世界能源发展趋势看，整个世界早就进入到了石油天然气时代，实际上，发达国家有的从 20 世纪三四十年代开始，至少在 50 年代后，逐渐告别以煤为基础的能源结构，变成以石油为主要能源，现在天然气发展得也比较快，基本上，现在石油占世界能源消费的 40% 左右，天然气和煤各占约 20%，其他是一些核电、水电。从中国发展、技术进步、终端需求出发，中国也避免不了走能源优质化的道路，但仍然还有许多问题需要解决。

表5-8 第二产业结构高效化评价指标体系

目标层	输入/输出指标	一级指标	二级指标
第二产业结构高效化程度	输入指标	人力投入	第二产业就业人数（万人）
			科学家工程师占技术开发人员比重（%）
		财力投入	第二产业投资额（万元）
			R&D经费投入（亿元）
		能源投入	主要能源消耗量（万吨）
		集约指标	第二产业就业－产值偏离度绝对值（%）
	输出指标	经济产出	第二产业增加值（万元）
			城镇居民人均可支配收入（元）
		产业集约协调效益指标	第二产业Hamming贴近度
			新产品产值占工业品产值的比重（%）
			工业品出口份额（%）
			第二产业劳动生产率（元/人）
			大中型企业占工业增加值的比重（%）
		生态指标	城市绿化覆盖率（%）
			工业三废处理率（%）
			市区人均公园绿地面积（平方米）

输出指标中的一级指标由经济产出指标、产业集约协调效益指标和生态指标三项指标组成。经济产出指标选取了第二产业增加值、城镇居民人均可支配收入两项指标。产业集约协调效益指标共有五项，分别是第二产业Hamming贴近度、新产品产值占工业品产值的比重、工业品出口份额、第二产业劳动生产率和大中型企业占工业增加值的比重。在第二产业高效化特征中，虽然提到低效率产业不断降低，高效率产业占主导地位，由于在统计年鉴、国民经济和社会发展统计公报等权威数据资料中，关于低效产业、高效产业等均没有相关统计数据，作者只能根据个人理解，选取大中型企业产品技术开发一些主要的技术指标来反映，例如：新产品占工业品的产值比重获新产品销售额比重。新产品所占工业增加值的份额越大，表明该产业可以通过技术进步、技术创新等手段，使该产业能够迅速成长，产品有较大的市场需求，企业有较好的经济效益，自然能体现该产品的产业关联度较高，收入弹性也会较大。通过大、中型企业占工业总产值的比重的提高、体现产业组织结构的高度集中性，企业能从中获得规模效益。另外，第二产业Hamming贴近度能很好地反映如下情况，当人均国内生产总值达到一定水平时，第二产业结构与第二产业标准结构的差异状况，第二产业Hamming贴近度

越小，差异越小，反之，差异越大。第二产业 Hamming 贴近度可通过第 3 章第 3 节中的公式（3.5）计算得到。如前所述，第二产业就业—产值偏离度也能体现产业系统运行的健康状况。

有些学者通过企业户均市场销售收入系数、行业资产收益率系数、投入产出系数、利润率相对区位商等指标，反映某些产业的集约协调性程度。指标选取为规模以上（是指全部国有工业企业和年产品销售收入 500 万元以上非国有工业企业）指标含义如下：

规模以上企业户均市场销售收入系数＝被评价地区某一行业企业户均销售收入/全省该行业企业户均销售收入

行业资产收益率系数＝（被评价地区某一行业销售收入/资产总额）÷（全省该行业销售收入/资产总额）

投入产出系数＝（被评价地区某一行业资产总额/工业总产值）÷（全省该行业资产总额/工业总产值）

利润率相对区位商＝被评价地区某一行业平均利润率/该行业全省平均利润率

上述四项指标整体反映了第二产业某部门内部资源的利用状况，据此可以判定某一方面本地区低、相似、略高和高于全省（或全国）。若各指标值大于 1，则表明本地区某一行业该方面有发展优势，并且此值越大，优势越明显，反之，若指标值小于 1，则说明该方面无优势。

产业协调效益指标包括某一行业基础条件改善感应度系数比、全部产业部门利润增长感应度系数比和综合协调效益系数比三个指标。其计算公式如下：

$$P_{i1} = \frac{X_{Si1}}{X_{Li1}} \tag{5.8}$$

$$P_{i2} = \frac{X_{Si2}}{X_{Li2}} \tag{5.9}$$

$$P_{i3} = \frac{[X_{Si1} + X_{Si2}] \times R_{Si}}{[X_{Li1} + X_{Li2}] \times R_{Li}} \tag{5.10}$$

式中：P_{i1}，P_{i2}，P_{i3} 分别表示 i 行业基础条件改善感应度系数比、全部产业部门利润增长感应度系数比和综合协调效益系数比。

X_{Si1}，X_{Li1} 分别表示被评价地区 i 行业与较大范围（如全省或全国）该行业利润增长率对相应区域基础条件改善的感应度系数；X_{Si1} 与 X_{Li1} 的计算可用本部门利润增长率÷相应区域货运量、城市人均拥有维护建设资金和一次性能源生产总量近几年年均增长率的平均值。

X_{Si2}，X_{Li2} 分别表示被评价地区 i 行业与较大范围（如全省或全国）该行业利润增长率对相应区域全部产业部门利润增长率的感应度系数；X_{Si2} 与 X_{Li2} 的计算为

相应区域 i 部门利润增长率÷相应区域全部产业利润总量增长率。

R_{Si}，R_{Li} 为 i 行业在评价地区和较大范围地区的销售收入占区域制造业销售收入的比重。

一般而言，X_{Si1}，X_{Li1} 和 X_{Si2}，X_{Li2} 值越大，经济发展对该行业的影响越明显，行业间的协调性越强；反之，X_{Si1}，X_{Li1} 和 X_{Si2}，X_{Li2} 值越小，则行业间的协调性越弱。与此相对应，P_{i1}，P_{i2}，P_{i3} 值越大，本地区相关行业间的相关性越强，协调性越好，反之则越差。

第二产业结构高效化在生态方面表现为生态产出效率较高。具体体现在：万元 GDP 能耗、物耗较低；环境污染得到有效控制；工业三废和废物回收利用率较高；生活垃圾无害化处理率较高；区域绿化覆盖率较高（人均园林绿化面积较大）。

如前所述，第三产业增加值在 GDP 中的比重随着人均收入的上升而提高，是一种在各个国家都表现出来的普遍趋势。第三产业就业比重随着人均收入水平的提高而上升，也是各国就业结构变动中表现出来的一种普遍趋势。究竟第三产业产值与人均收入间存在怎样的数量关系？第三产业就业比重与人均收入水平之间存在怎样的数量关系？我国学者李江帆等在这方面作了深入探讨。李江帆等（1992）为探索产业结构演进的规律，曾以低收入国家、中等收入国家、高收入石油国和市场经济工业国 92 个国家 1982 年的 92 组统计资料为样本数据，拟合三次产业产值（指增加值，下同）结构模型；以经济合作与发展组织 16 个成员国 1970～1976 年 76 组统计资料为样本数据，拟合三次产业就业结构模型。回归分析表明：三次产业在国民经济中的比重与国民经济发展水平存在着非线性的相关关系。第一、二、三产业在国内生产总值中的比重与人均国民生产总值分别构成了幂函数、三次曲线函数和对数函数型相关关系。第一、二、三产业的就业比重与人均国内生产总值则分别构成对数函数、二次曲线函数和幂函数型相关关系。

2005 年，李江帆、魏作磊等学者对 1978～2003 年中国第三产业比重与人均 GDP 数据做了回归分析，定量分析表明，中国第三产业增加值比重、中国第三产业就业比重均与人均 GDP 呈幂函数型相关关系：

（1）中国第三产业就业比重与人均 GDP 存在着幂函数型相关关系。中国第三产业就业方程为：

$$Y = 0.449X^{0.464}$$

$$R^2 = 0.99，标准差：s = 0.0097，t = 47.58，P = 2.87 \times 10^{-25} \qquad (5.11)$$

式中：Y 是第三产业就业比重（%），X 是人均 GDP（人民币元，2003 年可比价）。同时还表明：人均 GDP 对第三产业就业比重的解释度超过 90%。回归参数具有良好的统计性质，均通过检验。

（2）中国第三产业增加值比重与人均 GDP 存在着幂函数型相关关系。中国

第三产业产值方程为:

$Y = 4.279 X^{0.235}$

$R^2 = 0.74$,标准差:$s = 0.030$,$t = 8.31$,$P = 2.87 \times 10^{-8}$ (5.12)

式中:Y 是第三产业增加值比重(%),X 是人均 GDP(人民币元,2003 年可比价)。同时还表明:人均 GDP 变动对第三产业增加值变动的解释度超过 70%。回归参数具有良好的统计性质,均通过检验。

前文提到,第三产业投资比重随着人均收入水平的提高而上升也是一种具有普遍性的趋势。那么,第三产业投资比重与人均收入水平之间存在怎样的数量关系?第三产业的一、二、三、四层次的比例与人均收入水平的演变关系如何?诸如此类问题,将在后续研究中作进一步探讨。

从目前搜集到的资料看,作者尚未见到有关第三产业结构高效化测度方面的研究资料,根据以上分析以及第三产业结构高效化的特征,建立如下的第三产业结构高效化评价指标体系(如表 5-9 所示):

表 5-9 第三产业结构高效化评价指标体系

目标层		输入/出指标
第三产业结构高效化评价指标体系	输入指标	第三产业从业人数(万人)
		第三产业投资额(亿元)
		第一层次(流通部门)增加值(亿元)
	输出指标	第三产业劳动生产率(元/人)
		第三产业产值(亿元)
		第二层次(为生产和生活服务的)部门增加值(亿元)
		第三层次(为提高科学文化水平和居民素质服务的)部门增加值(亿元)
		第四层次(为社会公共需要服务的)部门增加值(亿元)

说明:上述第三产业结构高效化评价指标体系中,第一、二、三、四层次的划分如前文所述。

注:①综合消耗产业率指数,其计算公式为:$I = \dfrac{\sum X_{it}}{\sum C_{it}} \bigg/ \dfrac{\sum X_{i0}}{\sum C_{i0}}$。式中:$I$ 表示综合消耗产业率;X 表示总产值;i 表示第 i 个产业($i = 1, 2, \cdots, n$);0 表示基期;t 表示报告期。根据上式的计算结果,若 $I > 1$,表明区域产业的综合效益有所提高,系统处于良性状态;若 $I = 1$,表明区域产业的综合效益未发生变化;若 $I < 1$,表明区域产业的综合效益有所下降,系统处于不良状态。在一般情况下,伴随产业结构的调整升级,综合消耗产业率指数逐步提高。

②综合技术进步贡献率指数。综合技术进步贡献率指数反映了一个国家或地区经济的综合技术进步速度对经济发展的影响程度。其计算公式为:

$$E = \frac{a_t / Y_t}{a_0 / Y_0}$$

式中:E 表示综合技术进步贡献率指数;Y 表示区域总产值;a 表示技术进步速度(根据生产函数推算);0 表示基期;t 表示报告期。

根据上式的计算结果，若 $E > 1$，表明由技术进步引起的总产量占社会总产量的比重在上升，也就是说技术进步对经济发展的影响增大。若 $E < 1$，情况相反。所以，综合技术进步贡献率指数集中反映了新技术、新发明在各个产业或部门的推广及运行情况。

5.4　本章小结

产业结构高效化（The High – efficient of Industrial Structure）是近年来独立出的产业结构优化理论研究的又一重要内容。本章在综述了国内学者关于产业结构高效化相关研究成果的基础上，界定了产业结构高效化的基本含义，给出了产业结构高效化的主要特征，并探讨了产业结构高效化的作用机理。在此基础上，分别构建了第一、二、三产业结构高效化评价指标体系，并给出用数据包络分析测度产业结构高效化程度的方法。

6 产业结构优化互动关系与路径选择

如前文所述，产业结构合理化、产业结构高级化和产业结构高效化共同构成产业结构优化的核心内容，三者相互渗透、相互作用。产业结构高效化以产业结构合理化、高级化为前提和基础。没有产业结构的合理化无从谈及产业结构的高级化，没有产业结构的高级化也就更谈不上产业结构的高效化。反过来，产业结构高效化能促使产业结构向更高水平发展，同时，使产业结构更加趋于合理。本章将探讨产业结构的合理化、高级化和高效化间的互动关系以及路径选择。

6.1 产业结构优化互动关系

6.1.1 产业结构有序变动的要素基础

作者认为，区域产业结构合理化、高级化、高效化是一个动态演进的过程，它与区域的经济发展水平相适应，三者互为前提、相互制约、相互促进。区域产业结构优化（合理化、高级化、高效化）是区域产业结构系统运动的结果。区域产业结构系统作为国家产业结构系统的组成部分，在产业结构系统有序演进过程中，一方面，它受国家产业结构系统演进进程的制约；另一方面，由于区域具有开放性、非均衡性、经济上的不可分性、二元性等特征，区域产业结构系统的有序动态演进过程也会促进国家产业结构系统向更高级水平发展。区域产业结构系统在其动态演进过程中，与国家产业结构系统演进的要素基础是有区别的（如图 6-1 所示）。一般来说，国家产业结构系统的演进受国际因素（国际分工、国际投资、国际金融、国际贸易、国际产业转移等）、国内供给因素（自然资源供给、劳动力供给、劳动力素质、物质资本）、国内需求因素（消费需求、投资需求）、环境因素（社会环境、自然环境）、经济发展水平、技术创新与技术进步等因素的影响。而区域产业结构系统在其动态演进过程中，产业结构合理化的程度、高级化程度以及高效化程度主要取决于以下因素：

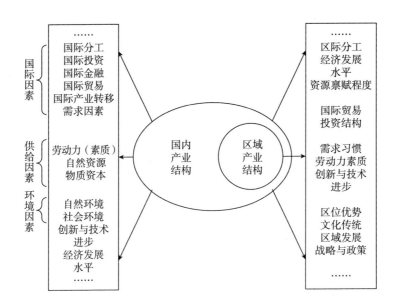

图6-1 产业结构有序变动的要素基础

6.1.1.1 要素供给结构

由资源、技术、资金、劳动力等组成的要素供给结构，代表着某个区域所达到技术经济发展水平或工业化发展水平。为此，必须有与之相适应的产业结构，即：在现有技术条件下，资源丰裕地区更有可能建立以采掘、原材料加工及制造为优势的产业结构；经济发达地区则建立以高加工度和技术集约为优势的产业结构；资金和劳动力富裕地区则建立以资金、劳动力密集为优势的产业结构等。

韩江波（2011）将供给要素分为初级生产要素和高级生产要素。其中，初级生产要素主要包括资本、劳动力和自然资源等边际收益递减的要素，而高级生产要素则包括技术、知识和人力资本等边际收益递增的要素。要素的配置在生产过程中占据着及其重要的地位，因此产业结构优化升级的过程也在很大程度上取决于要素的配置。但由于其边际收益表现存在异质性，不同要素对产业结构优化的作用也不能一概而论。要素配置主要通过以下机制作用于产业结构的优化升级：①要素配置能力优化可以通过自身经济效用的提高和要素间协同合作水平的增强来降低生产过程的多余消耗，从而提升产业内部经济效益，提高生产整体效率和促进产业结构的优化。②要素配置能力的提升也体现在要素能够基于逐利性的本质特性顺利地从收益低、流动性差的行业向高效优质的行业流动。但这两种方式并未跳脱出初级生产要素边际收益递减的本质特征，要素配置产生的产业结构优化升级的动力随着要素投入的增加而表现出边际递减趋势，要缓解这种趋势就必须依靠高级生产要素。高级生产要素具有两种配置方式：第一，通过嵌入初级生产要素推迟初级生产要素边际收益递减拐点；第二，高级要素自身作为一种高效率生产要素参与生产并获得较大的边际收益。综上所述，生产要素的合理配置过程蕴含着产业结构优化升级的强劲动力。

米娟（2008）将要素的空间集聚（资本、劳动力、技术和制度）要素引入区域经济增长的研究框架之中，建立一个理论分析与实证研究的新框架。通过大量的实证分析与理论研究，得出以下基本研究结论：①我国东、中、西部的区域差距正在逐步拉大，而各区域内部各省（自治区、直辖市）之间的差异程度呈不断减小的趋势。②区域要素集聚表现出较强的地域差异性。东部地区都远大于中西部地区，东部地区的综合要素集聚水平一直都是中西部地区的 2 倍以上。③要素集聚是影响区域经济增长的重要因素，在经济发展水平不同地区，要素集聚的影响程度是不同的。一般来说，发达地区的要素集聚对经济增长的贡献度一定大于落后地区。我国东部地区的要素集聚贡献度明显大于中西部地区，而中部地区的要素集聚贡献度大于西部地区。④区域要素集聚与经济增长具有较强的关联性，它们之间表现为一种互动关系。一方面，要素集聚促进了区域经济增长，成为区域经济发展的动力；另一方面，区域经济增长又会进一步带来更多生产要素的集聚。在集聚经济效应作用之下，先进地区的生产效率更高，经济增长速度往往更快，这又会吸引落后地区的生产要素流入，而生产要素的流入又会进一步加强这种集聚经济效应，从而形成发达地区更为发达、落后地区更为落后的累积因果循环。⑤要素集聚水平差异与地区经济发展水平差异往往是一致的，即：经济发展水平高的地区往往集聚更多先进的生产要素，而经济发展水平低的地区，其要素集聚水平也较低，所以分析要素集聚差异的成因实际上就是分析各地区经济发展水平差异的成因。

6.1.1.2　社会需求结构

统计分析表明，需求结构的变动与产业结构的变动是相对应的。从区域内部来看，每个区域的人均收入都会经历一个从低收入到中等收入、再到高收入的发展过程。恩格尔定律表明，随着人均国民收入水平的提高，人们的消费费用中用于食品支出的比重会逐步降低，而用于穿、用、休闲娱乐等其他消费比重会逐步提高，这种社会个体的需求结构变化的加总，必然会导致社会需求结构的变化，从而引起产业结构的变动。目前，我国各地区的国民收入差距很大。譬如，2020年全国居民人均可支配收入为 32189 元，比上年增长 4.7%，我国城镇居民人均

可支配收入为 43834 元，比上年增长 3.5%，农村居民人均可支配收入为 17131
元，比上年增长 6.9%；全年全国居民人均消费支出为 21210 元，比上年下降
1.6%，扣除价格因素，实际下降 4.0%。其中，人均服务性消费支出为 9037 元，
比上年下降 8.6%，占居民人均消费支出的比重为 42.6%。按常住地划分，城镇
居民人均消费支出为 27007 元，下降 3.8%，扣除价格因素，实际下降 6.0%；
农村居民人均消费支出为 13713 元，增长 2.9%，扣除价格因素，实际下降
0.1%。全国居民恩格尔系数为 30.2%，其中城镇为 29.2%，农村为 32.7%。
2020 年全国居民人均消费支出及构成如图 6-2 所示。

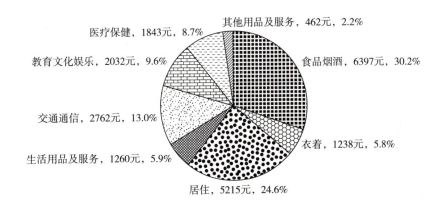

图 6-2　2020 年全国居民人均消费支出及构成

据抽样调查，处于最发达地区的上海市全年居民人均可支配收入为 72232
元，比上年增长 4.0%。其中，城镇常住居民人均可支配收入为 76437 元，增长
3.8%；农村常住居民人均可支配收入为 34911 元，增长 5.2%。全市居民人均消
费支出为 42536 元，比上年下降 6.7%。其中，城镇常住居民人均消费支出为
44839 元，下降 7.1%；农村常住居民人均消费支出为 22095 元，下降 1.6%；城
镇居民人均纯收入达 20668 元，农村居民人均纯收入为 9213 元。

处于中部地区的河南省，全年全省居民人均可支配收入为 24810.10 元，比
上年增长 3.8%；居民人均消费支出为 16142.63 元，比上年下降 1.2%。按常住
地划分，城镇居民人均可支配收入为 34750.34 元，增长 1.6%，城镇居民人均消
费支出为 20644.91 元，下降 6.0%；农村居民人均可支配收入为 16107.93 元，
增长 6.2%，农村居民人均消费支出为 12201.10 元，增长 5.7%。

处于不发达地区的贵州省，全年全省居民人均可支配收入为 21795 元，比上年
增长 6.9%。按常住地划分，城镇居民人均可支配收入为 36096 元，增长 4.9%；农

村居民人均可支配收入为 11642 元，增长 8.2%。全年全省居民人均消费支出为 14874 元，比上年增长 0.6%。按常住地分，城镇居民人均消费支出为 20587 元，下降 3.8%；农村居民人均消费支出为 10818 元，增长 5.8%。因此，各地区需求层次的差异性和需求习惯的差异性，也决定了不同地区有不同的产业结构。

6.1.1.3 区位优势

区位优势即区位的综合资源优势，即：某一地区在发展经济方面客观存在的有利条件或优越地位。其构成因素主要包括自然资源、地理位置，以及社会、经济、科技、管理、政治、文化、教育、旅游等方面，区位优势是一个综合性概念，单项优势往往难以形成区位优势。一个地区的区位优势主要就是由自然资源、劳动力、工业聚集、地理位置、交通等决定的。同时区位优势也是一个发展的概念，随着有关条件的变化而变化。

区域之所以相对独立存在，是由于区域具有区别于外部环境的独特的地方化特性，这种地方化特性源于天赋生产要素的区际差异，并集中体现在区域优势上。区域经济发展不仅依赖于本区域自然资源、劳动力素质、资产存量等要素禀赋，而且还包括区域所处的地理位置优劣、交通便利状况、配置部门是否齐全、周边国家和区域的经济发展水平等因素。在国民经济发展战略层面，国家往往会采取地区倾斜的政策，而这必将会影响区域产业结构及其变动。目前，在开放经济条件下，与外围的资源、资本、技术、人才的交流程度差异，对区域产业结构也会产生重要的影响。同时由于扩展效应的作用，先进地区能够带动处于较低发展梯度上的落后地区更快的发展。

6.1.1.4 开放程度

区域的开放性表现为它不仅要向区域外输出商品、信息、服务，而且要从区域外获得商品、信息、服务等，它必须经常性地与其他地区保持稳定的技术经济联系。在开放的经济环境下，由于外部需求的存在和要素供给的流动，某一区域产业结构不仅受本地需求和要素供给的影响，也受外部需求结构和要素供给结构的影响。开放程度越大，外部需求结构和要素供给结构的决定性越强。在现实经济中就存在着由于外部需求结构和外部供给结构的变化而引起区域产业结构变动的情况，如深圳、厦门等经济特区和开放城市与国外、境外的交换、交流程度明显强于内地，其产业结构的变动明显不同于内地。

6.1.1.5 其他因素

本质上说，产业结构作为资源转换器以资源最佳利用、取得最佳的经济效益为目的。但一国产业结构的配置往往需要考虑非经济因素。譬如为开发西部、促进少数民族地区的发展和维护国防安全等需要，国家会利用一定的政策杠杆加以调节和平衡。

区域产业结构不仅受到客观因素的影响，体制因素也起到重要作用。实质上，体制因素不仅通过市场、价格等因素对区域产业结构产生影响，而且还会通过财政政策、货币政策和产业政策对区域产业结构产生影响。

从表 6-1 可以看出，中国综合实力最强的十大地级市，它们的资源禀赋、需求结构、投资结构、劳动力素质、区位优势、创新与技术进步能力等方面都十分强胜，因而，综合实力极其强大。根据 2018 年国民经济和社会发展统计公报，全年国内生产总值为 900309 亿元，比上年增长 6.6%。人均国内生产总值为 64644 元，经济实力最强的深圳市人均 GDP 高出全国水平 2 倍。表 6-2 给出了十大地级市 2020 年三次产业增加值占地区生产总值比重。

表 6-1　中国十大综合实力最强的地级市（2018 年）

名次/城市	GDP（亿元）	人口（万人）	上市公司数量及代表性企业	人均 GDP（万元）	交通状况
1 深圳	24221.98	1252.83	295 腾讯、华为、中国平安等	19.33	海陆空铁综合交通运输网。城市交通拥有 8 条地铁线和 8 条在建地铁线路。覆盖 6 个市辖行政区以及多条跨区高速公路。对外交通有 1 个国际机场、6 个火车站以及 10 个港区
2 广州	22859.35	1490.44	106 霸王、王老吉等	15.33	完善的城市交通网络和对外交通网络。5 个火车站和 1 个国际机场以及多个码头。16 条已开通的地铁线和 6 条在建线路以及公交路线
3 苏州	18597.47	1068.36	104 创元科技、天沃等	17.41	有 3 条在运营的轨道交通和两条在建线路。对外交通方面苏州拥有 4 个火车站和 2 个港口
4 成都	15342.77	1633	88 和邦、硅宝等	9.4	有 4 座全国范围的火车站和 2 个国际机场（1 个在建），城市交通包括 6 条在运营地铁和 10 条在建线路
5 武汉	14847.29	1089.29	60 武钢、人福医药等	13.63	有 9 条和 9 条正在建设的线路。对外交通有 3 个火车站和 2 个机场（1 个在建）以及 1 个港口
6 杭州	13509.2	980.6	148 阿里巴巴、苏泊尔等	13.78	地铁线路一共有 3 条，在建线路 9 条。对外交通方面，一共有 4 个火车站、2 个国际机场

续表

名次/ 城市	GDP （亿元）	人口 （万人）	上市公司数量及 代表性企业	人均 GDP （万元）	交通状况
7 南京	12820.4	833.5	85 苏宁易购、 东华能源	15.38	拥有 10 条正在运营的地铁线路；拥有 5 个主要火车站（2 个规划）、2 个国际机场和 1 个港口
8 青岛	12001.52	939.48	33 海尔、青啤等	12.77	拥有 12 个火车站、1 个港口、1 个机场；拥有 4 条真正运营的线路和 6 条在建线路
9 无锡	11438.62	657.45	73 小天鹅、 四环生物等	17.4	拥有 2 条在运营的地铁和 1 条在建地铁；对外有 5 个火车站、1 个国际机场、1 个港口
10 长沙	11003.41	815.47	26 中联重科、 华天酒店	13.49	拥有 2 个火车站、1 个国际机场、1 个港口；拥有 3 条在运营的地铁线路和 4 条在建线路

资料来源：根据各地级市 2019 年国民经济和社会发展统计公报及市情整理所得。

表 6-2　中国十大最强城市三次产业增加值占比（2020 年）

三次产业 城市	第一产业增加值 （亿元）	第二产业增加值 （亿元）	第三产业增加值 （亿元）
深圳	25.79	15454.01	17190.44
	0.1%	37.8%	62.1%
广州	288.08	6590.39	18140.64
	1.15%	26.34%	72.51%
苏州	196.4	9385.6	10588.5
	1.0%	46.5%	52.5%
成都	655.20	5418.50	11643.00
	2.7%	45.1%	52.2%
武汉	402.18	5557.47	9656.41
	2.6%	35.6%	61.8%
杭州	326.00	4821.00	10959.00
	2.1%	31.4%	66.5%

续表

城市＼三次产业	第一产业增加值（亿元）	第二产业增加值（亿元）	第三产业增加值（亿元）
南京	296.80	5214.35	9306.80
	2.0%	35.2%	62.8%
青岛	425.41	4361.56	7613.59
	3.4%	35.2%	61.4%
无锡	128.10	5751.19	6491.19
	1.0%	46.5%	52.5%
长沙	423.46	4739.27	6979.79
	3.5%	39.0%	57.5%

资料来源：作者根据相关文献整理得到。

　　由表 6-2 及第 5 章表 5-4 可以看出，中国的深圳、广州、武汉、南京、青岛服务业占比已经接近或达到发达国家服务业增加值占比水平。深圳 2020 年人均地区生产总值达 203489 元（按美元计，约合 3.13 万美元），与美国 1997 年人均 GDP，英国、德国 2003 年人均 GDP 相当。

6.1.2　产业结构优化互动关系模型

6.1.2.1　关于产业结构合理化

　　区域产业结构合理化从其内涵看主要强调以下三个方面的问题：一是产业结构协调性，包括三次产业以及产业内部的比例相互协调，各产业及产业间增长速度的相互协调，区域经济发展与国民经济发展相协调。二是资源在产业间的合理配置和有效利用。三是各产业部门的联系、变动和流向符合经济发展的一般规律，适应区域现在及未来长远发展的需要。

　　作者认为，产业结构合理化具有相对性、动态演进性、周期性等特征。相对性是指区域产业结构的协调性、均衡性，既可以是建立在较低生产力水平、较低的产业高新程度上的协调与均衡；还可以是较低生产力水平、较高的产业高新程度上的协调与均衡；还可以是较高生产力水平、较低的产业高新程度上的协调与均衡；又可以是建立在较高生产力水平、较高的产业高新程度上的协调与均衡。这里着重强调区域产业结构的合理化是与区域经济发展水平、经济发展阶段相适应的。区域产业结构合理化程度是一个动态的、渐进性的、周期性的上升过程。产业结构合理化既是经济增长和社会发展的结果，又是产业结构系统进一步向高级化、高效化形态演进的基础和条件。

6.1.2.2　关于产业结构高级化

区域产业结构的高级化是在技术进步作用下，产业结构系统由低级形态到高级形态的演化过程，表现为第一、二、三产业的结构变动上以及产业内部结构的变动上。从内容上看，产业结构高级化主要表现为：产值结构高级化、资产结构高级化、技术结构高级化、劳动力结构高级化、产品属性高智能化等。从过程上看，产业结构高级化表现为：产业结构的重工业化、产业结构的高加工度化、产业结构的"软化"、产业结构的高信息化。

作者认为，产业结构高级化仍具有相对性、动态演进性、周期性等特征。相对性是指产业发展的秩序一般是从消费资料产业到生产资料产业，从农业、手工业到轻工业再到重工业的不断高级化过程。消费资料产业的产品不断从粗制品向精制品转化，生产资料产品不断从生产生活用生产资料向生产生产用的生产资料转化，产业结构不断呈现出多样化和高级化。这里仍然强调区域产业结构高级化与区域经济发展水平、技术进步水平相适应。区域产业结构高级化是一个动态的、渐进的、周期性的上升过程。高效化既是经济发展、技术进步的结果，又是产业结构形态向高效化演进的基础。

产业结构合理化与高级化的关系：产业结构合理化是产业结构高级化的基础，没有合理化就没有高级化，即使有高级化，也是一种虚高级化。产业结构合理化是任何经济发展阶段的产业结构调整的目标，而高级化则是经济发展到一定阶段，产业结构合理化到一定程度后才成为产业结构调整的目标。

6.1.2.3　关于产业结构高效化

尽管产业结构高效化是学术界 2000 年初从产业结构优化理论中独立出来的内容。但资源配置领域中的效率分析，自古以来就是经济理论研究的中心课题，并且它也是现代微观经济理论的基本组成部分。经济活动的最终结果实际上是通过提供商品和服务来满足人类的需要，而这些商品和服务是由生产和交换提供的，并且受到资源短缺和技术的限制。从这个意义上讲，效率意味着在资源和技术条件限制下尽可能地满足人类需要的运行状况。

国内学者将区域产业结构高效化界定为低效率产业比重不断降低、高效率产业不断增大过程。作者界定的产业结构高效化的概念包含三层含义：一是产业结构高效化以产业结构合理化、高级化为基础，高效化具备产业结构合理化、高级化的一些特征；二是产业结构高效化更能体现区域产业结构系统运行的质量；三是高效化能够实现经济增长、社会进步、环境生态协调发展。

作者认为，效率的高低自身就是相对概念，因此，区域产业结构高效化仍然具有相对性、动态演进性、周期性等特征。区域产业结构高效化与区域经济发展水平相适应、与技术进步程度有更直接的关系。区域产业结构高效化是一个动态的、渐进的、周期性的上升过程。

产业结构合理化、高级化与高效化之间有着密切的关系。一般而言，产业结构高效化以产业结构合理化、产业结构高级化为前提，合理的产业结构未必是高级的，更不会是高效的，但通过产业结构合理化、产业结构高级化能够实现产业结构的高效化。因此，产业结构高效化是产业结构优化三种形态中的最高形态和本质内容。

综上分析作者认为，区域产业结构合理化、高级化、高效化具有动态性、渐进性、周期性、相容性特征。合理化、高级化、高效化与经济发展阶段相适应。从产业结构系统运行的长期趋势看，产业结构合理化、高级化、高效化呈波浪式上升趋势，从经济发展的不同阶段看，产业结构合理化、高级化、高效化呈现非一致起点的三螺旋上升结构（如图6-3所示）。

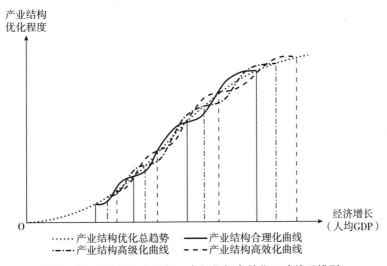

图6-3　产业结构合理化、高级化与高效化互动关系模型

6.2　产业结构优化模型的构建

6.2.1　中国经济规模的跨越式发展

1949年，中华民族开启了实现伟大复兴的历史征程。从温饱不足迈向全面

小康，从积贫积弱迈向繁荣富强。72 年来，中国共产党带领全国各族人民团结一心、开拓进取，一个个人类发展奇迹凝聚成一组组令人震撼的数字。数字变化呈现出 72 年非凡历程，生动反映中华民族从站起来、富起来到强起来的伟大飞跃。1952 年中国 GDP 总量仅 679 亿元，1962 年人均 GDP 仅 89 美元，到 2020 年全年国内生产总值达到 1015986 亿元，是 1952 年 GDP 的 1496 倍，人均 GDP 达10500 美元。2019 年广东省实现地区生产总值（初步核算数）107671.07 亿元，仅广东一个省的经济总量就能排到世界第 13 位，全国有 23 个省份经济总量单独核算都会列世界前 50 位。表 6 - 3 给出了中国 1962 ~ 2020 年 GDP 变化及占世界经济总量份额情况。

表 6 - 3　中国历年 GDP 变化情况及占比（1960 ~ 2020 年）

年份	GDP（美元）	增长速度（%）	占世界经济总量份额（%）	世界排名
2020	14.71 万亿（14, 717, 086, 494, 672）	2.30	17.3672	2
2019	14.28 万亿（14, 279, 937, 467, 431）	5.95	16.2763	2
2018	13.89 万亿（13, 894, 817, 549, 374）	6.75	16.0746	2
2017	12.31 万亿（12, 310, 409, 370, 892）	6.95	15.1408	2
2016	11.23 万亿（11, 233, 276, 536, 737）	6.85	14.7092	2
2015	11.06 万亿（11, 061, 553, 079, 876）	7.04	14.7060	2
2014	10.48 万亿（10, 475, 682, 920, 594）	7.40	13.1847	2
2013	9.57 万亿（9, 570, 406, 235, 659）	7.77	12.3782	2
2012	8.53 万亿（8, 532, 229, 986, 993）	7.86	11.3518	2
2010	6.09 万亿（6, 087, 163, 874, 512）	10.64	9.2054	2
2008	4.59 万亿（4, 594, 307, 032, 660）	9.65	7.2135	3
2006	2.75 万亿（2, 752, 131, 773, 355）	12.72	5.3427	4
2004	1.96 万亿（1, 955, 347, 004, 963）	10.11	4.4567	5
2002	1.47 万亿（1, 470, 550, 015, 081）	9.13	4.2364	6
2000	1.21 万亿（1, 211, 346, 869, 605）	8.49	3.6027	6
1998	1.03 万亿（1, 029, 043, 097, 554）	7.85	3.2779	7
1996	8637.47 亿（863, 746, 717, 503）	9.92	2.7357	8
1994	5643.25 亿（564, 324, 670, 005）	13.04	2.0321	9
1992	4269.16 亿（426, 915, 712, 711）	14.22	1.6773	9
1990	3608.58 亿（360, 857, 912, 565）	3.92	1.5948	10
1988	3123.54 亿（312, 353, 631, 207）	11.22	1.6231	9

续表

年份	GDP（美元）	增长速度（%）	占世界经济总量份额（%）	世界排名
1986	3007.58亿（300, 758, 100, 107）	8.95	1.9893	8
1984	2599.47亿（259, 946, 510, 957）	15.19	2.1342	8
1982	2050.9亿（205, 089, 699, 858）	9.02	1.7811	9
1980	1911.49亿（191, 149, 211, 575）	7.83	1.7025	10
1978	1495.41亿（149, 540, 752, 829）	11.33	1.7420	8
1976	1539.4亿（153, 940, 455, 341）	−1.57	2.3910	8
1974	1441.82亿（144, 182, 133, 387）	2.31	2.7122	8
1972	1136.88亿（113, 687, 586, 299）	3.81	3.0095	7
1970	926.03亿（92, 602, 973, 434）	19.3	3.1274	6
1968	708.47亿（70, 846, 535, 055）	−4.3	2.8900	6
1966	767.2亿（76, 720, 285, 969）	10.65	3.5962	5
1964	597.08亿（59, 708, 343, 488）	18.18	3.3067	6
1962	472.09亿（47, 209, 359, 005）	−5.58	3.0854	6
1960	597.16亿（59, 716, 467, 625）		4.3606	4

资料来源：根据易快数据库及腾讯视频 1960～2018 年世界各国历年 GDP 排行榜资料整理。

从表 6-3 中可以看出，1960～1979 年，中国经济增速极不稳定，忽高忽低。1979 年改革开放以来，中国经济增速明显加快，年均增速高达 9.4%。这个阶段，中国经济在世界经济中的位置也出现了明显变化。从表中可以看出：1979～1992 年，中国经济占世界经济总量的份额基本上在 2% 上下波动，世界排名也维持在 10 名上下，但在 1993 年以后，实现了快速赶超。

2000 年超越意大利排名世界第六，2005 年超越法国成为世界第五，2006 年超越英国成为世界第四，2007 年又超越德国成为第三名，2010 年超越日本，中国经济总量上升到全球第二名并继续快速增长。与此同时，中国经济在世界经济中的占比从 1993 年的不到 2% 一路攀升到 2012 年的 11.35%。党的十八大以来，我国经济总量连续跨越多个重要关口。2016 年越过 70 万亿元，2017 年越过 80 万亿元，2018 年越过 90 万亿元，占世界经济的比重超过 16%。到 2020 年，我国成为全球唯一实现经济正增长的主要经济体，国内生产总值历史上首次突破 100 万亿元，占世界经济的比重超过 18%。

2020 年，在 31 个省（自治区、直辖市）中，有 30 个省份实现经济正增长，20 个省份经济增速跑赢全国。全国 9 个省份的地区生产总值超过了 4 万亿元，广东、江苏 2 个省份进入"10 万亿俱乐部"。在严峻复杂的国内外形势下，中国各地经济克服重重困难实现稳定发展，体现了中国经济的强大韧性。放眼世界经济，2020 年我国国内生产总值按年平均汇率折算达 14.7 万亿美元，稳居世界第二，占世界经济的比重达到 17.38%。这标志着我国经济实力、综合国力又跃上一个新的台阶。

中国共产党第十九次全国代表大会规划了到 21 世纪中叶，全面建成社会主义现代化强国和实现中华民族伟大复兴的远景目标和路线图。持续推动经济结构升级，实现更可持续、更加包容的高质量发展，顺利跨越"中等收入陷阱"，进入高收入国家行列，是今后一个时期的主要任务。综合判断，我国早已具备了顺利跨越"中等收入陷阱"的各种条件。

"中等收入陷阱"的概念来自世界银行 2007 年主题报告《东亚复兴：关于经济增长的观点》，基本含义是很少有中等收入的经济体成功地跻身为高收入国家，这些国家往往陷入经济增长的停滞期，既无法在工资方面与低收入国家竞争，又无法在尖端技术研制方面与富裕国家竞争。这是一种带有普遍性的现象，也是一个世界性发展难题。世界银行以人均国民总收入为唯一依据，划定了一系列门槛数值，对发展水平进行分类，介于 1941 至 6000 美元的为上中等收入经济体。自 2010 年中国进入上中等收入国家行列后，国外一些媒体就不时抛出中国会陷入"中等收入陷阱"的论调。然而，在中国经济持续增长、各方面发展取得巨大成就、人均国民总收入快速提高的铁的事实面前，这些论调不攻自破，被中国经济学家评价为"不值一驳"。也有一些西方媒体抛出一种新论调：经济增长、环境保护、扶贫之间存在矛盾，中国大力推进环保和扶贫，必然会导致经济增长停滞，陷入"中等收入陷阱"。这其实是一个很奇怪的思路。事实上，统筹推进环境保护、精准扶贫和经济增长，不仅不是我国发展的阻碍，反而恰恰是我国跨越"中等收入陷阱"的动力。

跨越"中等收入陷阱"、进入高收入国家行列，直观上看首先是一个经济增长问题。那么，从经济增长角度看，我国于 2030 年跨入高收入国家行列是大概率事件。从 2010 年我国成为上中等收入国家算起，用 13～20 年成为高收入国家，与过去 30 多年先后成功进入高收入阶段的国家的经验是吻合的。按照党的十九大报告描绘的 2035 年基本实现现代化的前景，届时我国人均国民总收入水平将明显超过高收入门槛，巩固地处于高收入国家行列。

2019 年，中国国内生产总值为 990865 亿元，比上年增长 6.1%，人均 GDP 首次站上 1 万美元新台阶。这是国富民强最新的历史坐标，彰显出综合国力和人民生活水平的"双提高"，一个庞大的中等收入群体也将为经济高质量发展注入更多的力量。中国人均 GDP 突破 1 万美元意味着什么？在国家统计局局长宁吉喆看来，这不仅意味着我国经济总量不断扩大，而且表明我国经济发展质量在稳步提升，人民生活水平在持续改善；不仅为中国今年将实现全面小康打下坚实基础，而且为全人类的发展进步事业做出了应有贡献。自2006年以来，我国稳居世界经济增长的第一引擎。2018年，中国对世界经济增长的贡献率为27.5%，比1978年提高24.4个百分点。对于人均GDP突破1万美元的意义，国务院发展研究中心宏观经济研究部副部长许伟表示，"这意味着，我们的经济规模更大，塑造更有利于我们的国际发展环境的能力增强，中国作为世界第二大经济体地位更加巩固。约14亿人口的巨大国内市场，也为世界各国拓展商机提供了重要机遇"。

在看到我国人均GDP与高收入国家差距缩小的同时，也要清醒地认识到，我们仍处在中等收入国家行列，中国是世界最大发展中国家的国际地位也没有改变。在看到中等收入群体规模扩大的同时，我们也要清醒地认识到，仍有发展不平衡不充分的问题需要解决，前进道路上仍面临不少挑战。"迈向高收入国家行列，我国未来的持续发展必须跨越转变发展方式、优化经济结构、转换增长动力'三大关口'。"国务院发展研究中心宏观经济研究部副研究员杨光普说。

党的十九届四中全会已经为我们擘画了未来的经济治理目标和方向："坚持和完善社会主义基本经济制度，推动经济高质量发展""坚持以供给侧结构性改革为主线，加快建设现代化经济体系""坚持按劳分配为主体、多种分配方式并存，加快完善社会主义市场经济体制，完善科技创新体制机制，建设更高水平开放型经济新体制"。经济高质量发展与增进人民福祉、走共同富裕道路紧密相连。蓝图已经绘就，只要我们凝心聚力、坚定信心、不懈奋斗，进一步释放国内市场潜力，进一步提高供给体系质量，进一步激发发展内生动力，进一步培育壮大发展动力源，就能够保持经济社会平稳健康可持续发展，在全面建成小康社会第一个百年奋斗目标的基础上，迈向新的辉煌。

6.2.2 产业结构优化模型的描述

作者认为，产业结构优化的目标是实现经济增长、社会进步和环境保护的协调发展。经济增长、社会进步与环境保护已成为当今社会发展的三大主题，全面、和谐、可持续发展正是人类在追求其经济目标、社会目标与生态环境目标的基础上所提出的崭新科学发展观。中国在21世纪的发展过程中面临着促进经济增长、稳定社会就业以及保护生态环境的三重挑战，成功与否，不仅取决于中国经济改革的进一步深入，还取决于产业结构的优化与升级。

作者根据产业结构优化的目标，将产业结构模型分为七种类型，图6-4给出带偏好的产业结构模型。

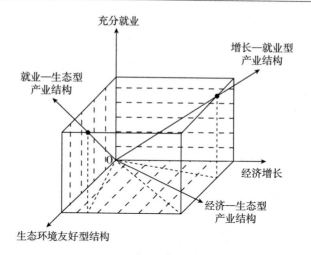

图6-4 带偏好型的产业结构优化模型

6.2.2.1 经济增长型

该种类型的产业结构模型偏好于一味追求经济增长，区域内自然资源丰富，经济发展以消耗大量自然资源为代价，忽视人类社会的和谐发展，也忽视解决社会存在的主要问题——劳动力就业问题，在第一、二、三产业内部均出现劳动力供大于求的现象。该种类型的产业结构模型在发展中国家或地区普遍存在，在我国资源型城市或地区也普遍存在。在当代经济生活的一体化趋向越来越明显的条件下，各国和各个地区依靠各自并不相同的资源要素禀赋，并借助于交换和分工而建立自己的产业体系。如中东的石油生产国沙特阿拉伯、科威特、伊拉克等，石油开采与加工是最主要的产业，显然，这些产业是以这些国家拥有丰富的石油资源为前提的。这种类型的产业结构优化解决方案是通过宏观调控政策来适当控制经济增长速度。调整人口生育政策，使人口再生产类型从"高出生率、高增长率"变为"低出生率，低增长率"，提高劳动力素质，将人口资源转化为人力资源，适度发展劳动密集型产业。通过技术创新，提高劳动生产率，降低自然资源消耗。

6.2.2.2 充分就业型

经济的增长是为了促进社会的发展，解决社会存在的主要问题。与经济发展密切相关的一个社会问题是劳动力就业。该种产业结构模型存在于经济欠发达国家或地区，也存在于自然资源较充足的发展中国家或地区。该种产业结构类型的特点是低失业率，社会发展相对稳定。例如，非洲国家生产力水平低下，产业结构简单，只有一些初步的工业部门，生产简单的消费品。我国在解放初期的产业结构基本属于该种类型。这种类型的产业结构优化解决方案是适度发展经济，通过政府的干预，倾斜配置资源，实现特定产业的优先发展，进而推进产业结构优化。政府通常采取投资倾斜、税收优惠等办法刺激所要优先发展的产业快速发展。在政府产业政策的诱导下，特定产业的快速发展必然会促使劳动力流向这些产业，劳动力在这些产业中所占的比重上升，劳动力结构进而发生变化。产业结构的演变具有客观的规律性。政府产业政策能动地推动产业结构循着这种规律所指的方向顺利转换，就必然能加快产业结构优化升级的速度，推进劳动力的合理转移。发挥区域后发优势，借鉴先行发展国家、地区的经验教训，利用它们发明创造先进技术，吸引要素的流入、承接产业转移，从而大大加速工业化进程。

6.2.2.3 生态环境友好型

该种类型的产业结构的特点具有天然的生态环境，经济不发达或欠发达，生产力水平低下，生活不富裕，劳动力资源充足。我国一些边远少数民族地区往往具有类似的产业结构。这种类型的产业结构优化解决方案充分利用良好的生态环境，政府通过采取投资倾斜，适度发展生态旅游产业带动其他相关产业的发展，已达到发展经济，推进劳动力的合理就业。

6.2.2.4 增长—就业型

郭军、刘潇、王承宗等认为，现代经济增长本质上是产业的发展，只有通过产业的发展，劳动力资源才能与资本、技术等生产要素结合，转化为一种现实的生产力，实现劳动者的就业。基于此，产业发展是就业发展的物质载体，产业规模决定就业规模，产业结构决定就业结构，产业提升决定就业发展。所以，推进我国产业的发展是实施我国劳动就业发展型经济增长的根本途径。该种类型的产业结构兼具一、二两种类型产业结构的特点，经济较发达，就业比较充分，但以牺牲环境为代价。该类型存在于发展中国家或自然资源（石油、煤炭）较为充足的国家或地区。

6.2.2.5 就业—生态型

该种类型兼具二、三两种类型的产业结构特点，经济不够发达，但劳动力就业充分，生态环境良好。

6.2.2.6 经济—生态型

该种类型兼具一、三两种类型的产业结构特点，经济较为发达，在经济发展过程中注重经济发展与生态环境友好并举，该类型存在于一些发展中国家和资源不充足的发达国家。由于经济较为发达，通过资金引进技术和设备，提高劳动生产率，导致失业率提高。如，20 世纪 50 年代到 70 年代，由于发达国家劳动力成本大幅度上升，这些国家的劳动密集型产业逐步向亚洲和拉丁美洲的部分国家和地区转移。在这种国际分工变动的大背景下，造就了"亚洲四小龙"以及后来的马来西亚和泰国经济的高速增长。随着许多新型工业化国家和地区的工业化和城市化任务的完成以及国民收入水平的提高，这些国家和地区的劳动力成本也随之上升。例如，日本、韩国、新加坡、马来西亚以及中国台湾和中国香港，而正是由于这些国家和地区劳动力便宜的比较优势的逐步下降或丧失，在 20 世纪的最后 20 年，又出现劳动密集型产业向实行改革开放的中国大陆转移的浪潮。

6.2.2.7　理想的产业结构模型

该种类型的产业结构的特点是经济发展、社会进步和环境保护协调发展（如图 6-5 所示）。它普遍存在于发达国家，也同样存在于发展中国家，是最为理想的产业结构发展模式。党的十九大报告对未来我国经济发展提出了新的要求。我国社会主要矛盾已经转化为人民日益增长的美好生活需要和不平衡不充分的发展之间的矛盾，要以这一主要矛盾转变为依据，明确建设社会主义现代化强国的发展重点和改革取向。当前，我国经济发展转型呈现一系列新特征。站在发展新起点上，我们要坚持质量第一、效益优先，以供给侧结构性改革为主线，推动经济发展质量变革、效率变革、动力变革，不断增强我国经济创新力和竞争力。我国经济已由高速增长阶段转向高质量发展阶段，正处在转变发展方式、优化经济结构、转换增长动力的攻关期，建设现代化经济体系是跨越关口的迫切要求和我国发展的战略目标。建设现代化经济体系是一个全新的表述，主要内涵是：一是坚持质量第一、效益优先，以供给侧结构性改革为主线，大力推动经济发展质量变革、效率变革、动力变革，着力提升全要素生产率；二是加快建设实体经济、科技创新、现代金融、人力资源协同发展的产业体系；三是加快构建市场机制有效、微观主体有活力、宏观调控有度的市场经济体制。

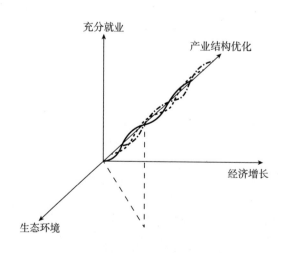

图 6-5　理想的产业结构优化模型

6.3 产业结构优化的路径选择

6.3.1 产业结构优化模型

根据产业结构优化目标建立经济增长函数、充分就业函数、生态环境友好函数与产业结构合理化、高级化、高效化间的目标泛函。

状态向量：

产业结构合理化状态向量：$\vec{x} = \begin{pmatrix} x_1(t) \\ x_2(t) \\ \vdots \\ x_n(t) \end{pmatrix}$ (6.1)

式中：$x_i(t)(i=1, 2, \cdots, n)$ 表示根据表 3-2 建立的时间序列。

产业结构高级化状态向量：$\vec{y} = \begin{pmatrix} y_1(t) \\ y_2(t) \\ \vdots \\ y_m(t) \end{pmatrix}$ (6.2)

式中：$y_j(t)$ $(j=1, 2, \cdots, m)$ 表示根据表 4-1 建立的时间序列。

产业结构高效化状态向量：$\vec{z} = \begin{pmatrix} z_1(t) \\ z_2(t) \\ \vdots \\ z_s(t) \end{pmatrix}$ (6.3)

式中：$z_k(t)(k=1, 2, \cdots, s)$ 表示根据表 5-1、表 5-2、表 5-3 建立的时间序列。

状态方程：$\dot{x} = \varphi_1(t, \vec{x})$ (6.4)

$\dot{y} = \varphi_2(t, \vec{y})$ (6.5)

$\dot{z} = \varphi_3(t, \vec{z})$ (6.6)

约束变量：$u = \phi(t, \dot{x}, \dot{y}, \dot{z}, L, C, S, P, C_q, P_o, I)$；   (6.7)

其中：$\dot{x}$、$\dot{y}$、$\dot{z}$ 分别表示产业结构合理化、高级化、高效化的状态变量；

    L 表示劳动力约束；

C 表示资本形成约束；

S 表示自然资源约束；

P 表示生产能力约束；

C_q 表示消费需求约束；

P_o 表示投入产出平衡约束；

I 表示净出口约束；

目标函数：$\max\theta = \lambda_1\theta_1 + \lambda_2\theta_2 + \lambda_3\theta_3$　　　　　　　　　　(6.8)

式中：$\theta_1 = \max\theta_1(t, \dot{x}, \dot{y}, \dot{z})$ 表示经济增长函数；

$\theta_2 = \max\theta_2(t, \dot{x}, \dot{y}, \dot{z})$ 表示充分就业函数；

$\theta_3 = \max\theta_3(t, \dot{x}, \dot{y}, \vec{z})$ 表示环境友好函数。

λ_1，λ_2，λ_3 分别表示经济增长函数、充分就业函数、环境友好函数的权重；且：

$$\sum_{i=1}^{3} \lambda_i = 1 \qquad\qquad\qquad (6.9)$$

对应上述七种产业结构类型 λ_1，λ_2，λ_3 取值如下：

（1）经济增长型：$\lambda_1 = 1$，$\lambda_2 = \lambda_3 = 0$。

（2）充分就业型：$\lambda_2 = 1$，$\lambda_1 = \lambda_3 = 0$。

（3）生态环境友好型：$\lambda_3 = 1$，$\lambda_1 = \lambda_2 = 0$。

（4）增长—就业型：$\lambda_1 = \lambda_2 = \dfrac{1}{2}$，$\lambda_3 = 0$。

（5）就业—生态型：$\lambda_2 = \lambda_3 = \dfrac{1}{2}$，$\lambda_1 = 0$。

（6）经济—生态型：$\lambda_1 = \lambda_3 = \dfrac{1}{2}$，$\lambda_2 = 0$。

（7）理想的产业结构模型：$\lambda_1 = \lambda_2 = \lambda_3 = \dfrac{1}{3}$。

6.3.2　产业结构优化的路径选择

由公式（6.8）可以看出，通过选择不同的权重 λ_1，λ_2，λ_3，实现产业结构不同的优化目标。而经济增长函数 $\theta_1 = \max\theta_1(t, \dot{x}, \dot{y}, \dot{z})$、充分就业函数 $\theta_2 = \max\theta_2(t, \dot{x}, \dot{y}, \dot{z})$、环境友好函数 $\theta_3 = \max\theta_3(t, \dot{x}, \dot{y}, \vec{z})$ 均为时间 t、产业结构合理化状态参量 $\dot{x}$、产业结构高级化状态参量 $\dot{y}$、产业结构高效化状态参量 $\dot{z}$ 的函数。状态参量 $\dot{x} = \varphi_1(t, \vec{x})$、$\dot{y} = \varphi_2(t, \vec{y})$、$\dot{z} = \varphi_3(t, \vec{z})$，又可分别通过第

3 章、第 4 章、第 5 章提供的定量化方法加以测度。通过调整产业结构合理化的状态向量 $\vec{x}$、产业结构高级化的状态向量 $\vec{y}$、产业结构高效化的状态向量 $\vec{z}$ 的分量，从而最终实现不同目标的产业结构的优化与升级。

6.4　本章小结

本章主要探讨四个方面的问题：一是对区域产业结构有序变动的要素基础进行了有益的探讨；二是揭示了产业结构合理化、高级化、高效化呈现非一致起点的三螺旋上升结构；三是根据产业结构优化的目标，给出了七种产业结构类型；四是给出了产业结构优化模型，并指出了实现不同产业结构优化目标的路径选择。

7 青岛市产业结构评价及优化策略

青岛市是山东省的地级市，也是国家计划单列市、副省级城市。青岛市是沿海重要中心城市、沿海开放城市、新一线城市、经济中心城市、国家历史文化名城，是国际性港口城市、滨海度假旅游城市、幸福宜居城市，被誉为"东方瑞士"。青岛市的产业结构既具有一般行政区域产业结构的特征，同时也具有自身典型的特征，有较好的代表性。本章将根据第 3 章至第 5 章的理论和方法对青岛市产业结构状况进行定性、定量分析，内容包括青岛市产业结构现状；青岛市产业结构合理化测度；青岛市产业结构高级化测度、青岛市产业结构高效化的测度以及青岛市产业结构优化战略，为青岛市政府制定产业结构优化政策以及进行战略产业选择提供依据。

7.1 青岛市产业结构现状

7.1.1 青岛市基本情况

青岛市地处山东半岛南部，位于东经 119°30′ ~ 121°00′、北纬 35°35′ ~ 37°09′，东、南濒临黄海，东北与烟台市毗邻，西与潍坊市相连，西南与日照市接壤。全市总面积为 11293 平方千米。其中，市区（市南、市北、李沧、崂山、青岛西海岸新区、城阳、即墨七区）为 5226 平方千米，胶州、平度、莱西三市为 6067 平方千米。

青岛市海域面积约 1.22 万平方千米，海岸线（含所属海岛岸线）总长为 905.2 千米，其中大陆岸线 782.3 千米，大陆岸线占山东省岸线的 1/4 强。根据第七次全国人口普查结果：在全市人口中，居住在城镇的人口为 7688474 人，占 76.34%；居住在乡村的人口为 2383248 人，占 23.66%。与 2010 年第六次全国人口普查相比，城镇人口比重上升 10.53 个百分点。

青岛市是华北经济区和华东经济区的结合地带，与东北经济区跨海相连，并与朝鲜、韩国、日本隔海相望，是上海与天津之间最大的经济中心城市和上海与大连之间重要的外贸港口，经济腹地广阔，发展势头强劲，是沿黄河流域最大的出海口和信息、金融、货物集散中心之一、连接欧亚大陆桥的重要交通枢纽，并拥有国家批准设立的经济技术开发区、高新技术产业开发区、保税区、旅游度假区，以其港口贸易、海洋科研、现代工业、发达农业、金融服务、旅游度假等优势和开发潜力，成为中国最具经济活力的城市之一。青岛市依山傍海、风光秀丽、气候宜人，是一座独具特色的海滨城市。青岛市是国家历史文化名城、国家卫生城市和中国优秀旅游城市，是全国 8 个国际会议城市之一。国家将青岛城市性质定位为中国东部沿海重要的经济中心和港口城市，国家历史文化名城和风景旅游胜地；城市主体功能定位为以港口为主的国家综合交通枢纽，国际海洋科研及海洋产业开发中心，区域性金融、贸易、信息中心，国家高新技术产业、综合化工、轻纺工业基地，旅游、度假、避暑、文化娱乐中心。

青岛市是中国三大外贸口岸之一，截至 2018 年底，青岛港有集装箱航线 160 多条。2019 年，青岛港货物吞吐量突破 5.15 亿吨，同比增长 6.1%，集装箱吞吐量 2101 万 TEU，同比增长 8.8%；实现营业收入 121.64 亿元，同比增长 3.6%；归属于上市公司股东的净利润 37.90 亿元，同比增长 5.5%。2021 年 6 月 29 日，全球首个智能空中轨道集疏运系统在山东港口青岛港建成投用。该系统做到了集装箱的空中运输，实现了港区交通由单一平面向立体互联的突破升级。与传统集装箱运输模式相比，每自然箱可降低能耗 50% 以上。青岛市在轻纺、食品、饮料工业方面素有传统优势，青岛啤酒出口量居全国第一位。青岛市是全国重要的化学工业生产基地，橡胶工业产值、利税皆居全国前三位；青岛市工业门类齐全、基础较好，是全国重要的工业生产基地之一。电子和家电工业在全国占据重要位置，空调、电冰箱销售总额占全国第一位，家用电冰箱出口居全国第一位。已形成了对全市经济增长有重要支撑和拉动作用，并在全国有一定影响的海尔、海信、青啤、颐中、澳柯玛、双星、青纺联、凯联、青钢、一汽青岛汽车厂等十大企业集团。截至 2019 年 3 月，青岛市拥有 13 个中国驰名商标、79 个山东省著名商标、51 个国家农产品地理标志、22 个山东省知名农产品品牌、110 个市级知名农产品品牌。

7.1.2 青岛市经济运行状况

7.1.2.1 经济保持较快发展

（1）经济总量平稳增长。统一核算结果显示，2020 年全市实现生产总值

（GDP）12400.56亿元，占全国生产总值的比重为1.22%，按可比价格计算，比上年增长3.7%。其中，第一产业增加值425.41亿元，增长2.6%，第二产业增加值4361.56亿元，增长3.0%，第三产业增加值7613.59亿元，增长4.1%。中央提出的"六稳""六保"政策落地见效，市委市政府发挥政策调控作用，积极出台减税降费、稳岗就业、房租减免等政策，帮助企业纾困解难，兜底基本民生就业，形势总体稳定。2020年底，城市登记失业率3.03%，控制在较低水平，基本民生保障有力。2016~2020年，青岛市生产总值及增长速度情况如图7-1所示。从图中可以看出，"十三五"期间，青岛市GDP增长速度趋缓，尤其是2020年，受新冠肺炎疫情的影响，增速更是小于4%。

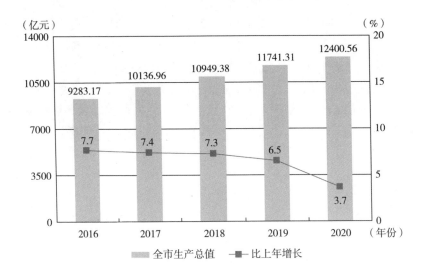

图7-1 2016~2020年青岛市生产总值及增速

资料来源：2020年青岛市国民经济和社会发展统计公报。

（2）财政保障全面有力。2020年财政总收入3843.0亿元，一般公共预算收入1253.8亿元，增长1.0%。其中，税收收入898.8亿元，下降0.3%；增值税331.3亿元，下降8.3%；企业所得税153.9亿元，增长3.6%；个人所得税45.4亿元，增长29.3%。一般公共预算支出1584.7亿元，增长0.6%。其中一般公共服务支出199.4亿元，增长8.1%；教育支出288.6亿元，增长4.9%；科学技术支出46.9亿元，下降29.9%；社会保障及就业支出223.0亿元，增长14.6%；城乡社区事务支出236.6亿元，下降15.4%。全年税务系统组织税收收入（含海关代征）2220.1亿元，下降9.1%。其中，国内税收1708.7亿元，下降3.1%，如表7-1所示。

表 7-1 2016~2020 年青岛市地方财政收入情况

年份	2016	2017	2018	2019	2020
财政收入（亿元）	2832.7	3222	3705.5	4089.5	3843
投资增长（%）	4.6	13.4	15	10.4	-6.03

资料来源：2016~2020 年青岛市国民经济和社会发展统计公报。

（3）固定投资实现平稳增长。2020 年青岛市固定资产投资增长 3.2%，在建项目 6907 个，比上年增加 1258 个。分产业来看，第一产业投资增长 115.4%，第二产业投资增长 1.6%，第三产业投资增长 2.7%，装备制造业投资增长 12.5%，高技术制造业投资增长 14.5%，工业技改投资增长 13.7%。医养健康等社会民生发展进一步提升，民生类投资增长 28.9%（见图 7-2）。

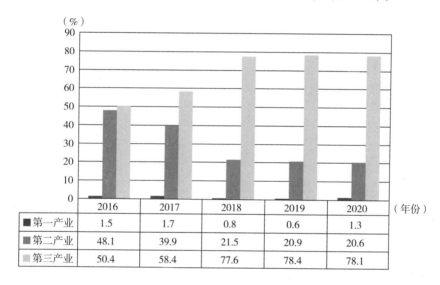

	2016	2017	2018	2019	2020
■第一产业	1.5	1.7	0.8	0.6	1.3
■第二产业	48.1	39.9	21.5	20.9	20.6
□第三产业	50.4	58.4	77.6	78.4	78.1

图 7-2 2016~2020 年三次产业投资占固定资产投资比例

资料来源：2016~2020 年青岛市国民经济和社会发展统计公报。

市政府确立的 15 个攻势精准发力。产业空间进一步拓展，城市功能逐步完善，城市品质改善提升攻势投资增长 28.9%；区域协调发展进一步推动，突破平度莱西攻势投资增长 25.6%；美丽乡村田园综合体建设进一步加快，乡村振兴攻势投资增长 15.1%；民营经济发展活力增强，民营经济攻势增长 13%。

"10+3"产业链加速凝聚。新一代信息技术、新能源新材料、高端化工、高端装备、现代海洋、医养健康、现代高效农业、文化创意、精品旅游、现代金融服务等十省"十强"产业，以及现代物流、商贸、商务服务三个青岛市特色产业。现代金融服务业投资增长 238.1%，商贸业投资增长 124.1%。现代高效农业投资增长 107.7%，新一代信息技术投资增长 50%，高端装备投资增长 28.3%，新能源新材料投资增长 11.7%，现代海洋投资增长 9.3%。高端化工及传统制造业投资增长 8.7%，现代物流投资增长 4.8%。

（4）对外经济逆势增强。2020 年青岛市外贸进出口逆势上扬。全市实现货物进出口总额 6407 亿元，增长 8.2%。其中，出口额 3876.8 亿元，增长 13.7%；进口额 2530.2 万元，增长 0.7%。对"一带一路"沿线国家进出口 1817.7 亿元。增长 16.3%。其中，出口 1099.8 亿元，增长 18.4%；进口 717.9 亿元，增长 13.2%。对上合组织国家进出口 448.24 亿元，增长 6.1%。其中，出口 278.2 亿元，增长 9.3%，进口 170.2 亿元，增长 1.2%。

图 7-3 给出了 2016~2020 年青岛市外贸货物进出口总额及增速。

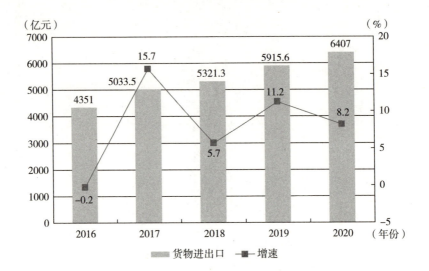

图 7-3 青岛市 2016~2020 年外贸货物进出口总额及增速

资料来源：2016~2020 年青岛市国民经济和社会发展统计公报。

2020 年，青岛市对外合作更加深入。全市承接服务外包合同 9318 份，增长 4.2%；合同额 70.1 亿美元，下降 1.9%；执行额 50.5 亿美元，增长 7.1%。其中，离岸服务外包合同 8007 份，增长 5.1%；合同额 62.6 亿美元，增长 1.8%，执行额 44.2 亿美元，增长 11.8%。青岛口岸对外贸易进出口总额 11672 亿元，下降 8.3%。其中，出口额 6615 亿元，下降 4.7%；进口额 5057 亿元，下降 12.5%。

2020 年，青岛市新批外商投资项目 882 个，合同外资 178.5 亿美元，增长 33.7%，全市实际使用外资 58.5 亿美元，增长 0.2%。

表7-2 2020年青岛市主要商品进出口情况

项目	进出口		出口		进口	
	金额（亿元）	增长（%）	金额（亿元）	增长（%）	金额（亿元）	增长（%）
纺织服装	537.9	11.0	516.25	12.2	21.54	-12.8
农产品	967.58	3.9	393.74	-3.4	573.84	9.5
机电产品	2262.16	12.7	1813.94	18.1	448.22	-4.9
高新技术产品	543.17	4.3	314.96	12.9	228.21	-5.6

资料来源：2020年青岛市国民经济和社会发展统计公报。

青岛市企业对"一带一路"沿线国家和地区投资项目15个，中方协议投资额3.9亿美元，中方实际投资额1.2亿美元。对外投资更加广泛，全市对外承包工程业务新承揽项目83个，新签合同额34.8亿美元，增长3.6%，完成营业额28.8亿美元。对外劳务合作业务，共派出各类劳务人员10047人。

7.1.2.2 青岛市产业结构现状

（1）三次产业结构变化。2011年，全市实现生产总值（GDP）6615.60亿元，比上年增长11.7%。其中，第一产业增加值306.38亿元，增长5.0%，第二产业增加值3150.72亿元，增长11.6%，第三产业增加值3158.50亿元，增长12.4%。三次产业的比例关系由上年的4.9∶48.7∶46.4调整为4.6∶47.6∶47.8（见表7-3）。城市居民人均可支配收入28567元，增长14.3%；人均消费性支出19297元，增长10.1%；城市居民家庭食品消费支出占家庭消费性支出的37.5%。全市在岗职工平均工资32763元，增长14.8%。农民人均纯收入12370元，增长17.3%；人均生活消费支出7661元，增长15.0%；农村居民家庭食品消费支出占家庭消费总支出的36.6%。

表7-3 2020年青岛市城乡居民人均消费支出情况

指标名称	全体居民		城镇居民		农村居民	
	绝对值（元）	增长（%）	绝对值（元）	增长（%）	绝对值（元）	增长（%）
消费支出	30294	2.7	35936	1.9	15138	1.6
食品烟酒	8520	2.3	10025	1.5	4476	1.9
衣着	2706	1.8	3306	0.9	1096	0.5
居住	7173	2.9	8626	2.1	3269	1.4
生活用品及服务	1998	2.1	2365	1.4	1011	0.7
交通和通信	4477	2.5	5154	1.8	2659	1.8

续表

指标名称	全体居民		城镇居民		农村居民	
	绝对值（元）	增长（%）	绝对值（元）	增长（%）	绝对值（元）	增长（%）
教育文化娱乐	3012	3.7	3608	3.0	1412	1.7
医疗保健	1679	4.9	1977	4.4	880	2.7
其他用品和服务	729	1.3	876	0.3	336	1.0

资料来源：2020 年青岛市国民经济和社会发展统计公报。

2020 年全市实现生产总值（GDP）12400.52 亿元，占全国生产总值的比重为 1.22%，按可比价格计算，比上年增长 3.7%。其中，第一产业增加值 425.41 亿元，增长 2.6%，第二产业增加值 4361.56 亿元，增长 3.0%，第三产业增加值 7613.59 亿元，增长 4.1%。三次产业比率由 2019 年的 3.5%∶35.6%∶60.9% 调整为 3.4%∶35.2%∶61.4%。居民生活质量提升。全市居民人均可支配收入 47156 元，增长 3.7%。按常住地划分，城镇居民人均可支配收入 55905 元，增长 2.6%；农村居民人均可支配收入 23656 元，增长 4.8%。全市居民人均消费支出 30294 元，增长 2.7%。恩格尔系数为 28.1%，按常住地划分，城镇居民人均消费支出 35936 元，增长 1.9%；农村居民人均消费支出 15138 元，增长 1.6%。从表 7-4 及图 7-4 可以看出，10 年来，青岛市第一、二产业比例逐年递减，第三产业比例由 2011 年的 47.8% 上升到 2020 年的 61.4%。

近几年，青岛市从业人员稳定在 600 万人左右。从三次产业劳动力占全部劳动力的比重来看，第一、二产业从业人员比例在逐年减小，第三产业人员从业比例在逐年递增，从这项指标可以看出，青岛市产业结构在不断升级优化过程中。

（2）引进和培育"四新"经济项目，促进产业结构优化升级。青岛经过 40 余年的改革开放和不断进行的工业产业结构调整，围绕现有资源和优势产业，依托核心大企业，拉长产业链条，加快培植具有辐射带动作用、众多中小企业协作配套的产业集群，全力构建可持续发展经济体系。这一体系的核心内容是大力发展港口、旅游、海洋三大特色经济，建设家电电子、汽车造船、石油化工和新材料四大工业基地，形成六大产业集群，即以海尔、海信、澳柯玛、朗讯、LG 为核心企业的家电电子产业群；以大炼油、二甲苯、芳香烃和 PVC 为核心产品的石化产业群；以轿车、轻重卡车二客车及车辆零部件为核心产品的汽车产业群；以集装箱船、游艇及船舶零部件为核心产品的造船产业群；以港口运输、集装箱作业等现代物流、临港加工分拨、港务机械制造为核心行业的港口经济产业群；以浦项不锈钢、晓星钢帘线为核心企业的钢铁产业群。

...

表7-4 2011~2020年青岛市三次产业结构及劳动力结构的变动

年份	三次产业产值分别占国内生产总值的比重（%）			三次产业劳动力占全部劳动力的比重（%）		
	A	I	S	A	I	S
2011	4.6	47.6	47.8	19.27	41.20	39.53
2012	4.4	46.6	49.0	18.75	41.04	40.21
2013	4.4	45.5	50.1	18.81	40.63	40.56
2014	4.2	44.6	51.2	18.41	39.04	42.55
2015	3.9	43.3	52.8	18.12	38.54	43.34
2016	3.7	41.6	54.7	17.84	37.98	44.18
2017	3.4	41.2	55.4	16.87	37.78	45.35
2018	3.2	40.4	56.4	16.28	36.35	47.37
2019	3.5	35.6	60.9	—	—	—
2020	3.4	35.2	61.4	—	—	—

资料来源：2011~2020年青岛市国民经济和社会发展统计公报，青岛市历年统计年鉴。

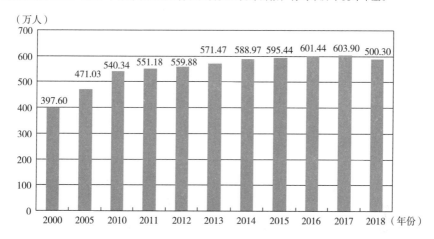

图7-4 2010~2018年青岛市社会从业人数

资料来源：2020年青岛市统计年鉴。

如今的青岛市，更加注重引进和培育具有渗透性、融合性、轻资产、成长性、未来引领性的"四新"经济项目。青岛市的传统工业"家底"也在工业互联网赋能下，逐步将增长动力"换新"。2020年，青岛市工业技术改造投资增速预计超过20%；卡奥斯工业互联网平台已链接近70万家企业，仅在青岛市就赋能近3000家企业，贡献了110多亿元新增工业产值。目前，青岛有10家企业入选"2020全球独角兽企业500强"，居北方第2、全国第5；新增过会及上市公司15家，占全市前三十年上市企业总数的近30%。青岛市产业结构老化、工业增长乏力的发展困局正在被打破。

7.2 青岛市产业结构合理化测度

7.2.1 数据来源

在表 3-2 产业结构合理化评价指标体系中，共涉及一级指标 7 个、二级指标 19 个，几乎所有二级指标都需要经过计算得到。考虑到数据指标的现实可获得性、有效性和公共性，本章选取青岛市 2011~2019 年的主要数据和指标作为原始数据，这些原始数据的获得，主要来源于 2012~2020 年《青岛市统计年鉴》、《2011~2020 年青岛市国民经济和社会发展统计公报》、青岛市经济社会发展规划汇编材料与相关的政府网站，对于指标体系中一些缺失的数据，作者按照统计学的相关原理和方法进行了修补，以满足实证分析的需要。

7.2.2 青岛市产业结构合理化测度

7.2.2.1 原始数据的整理

青岛市产业结构合理化评价的原始数据如表 7-6 所示。对原始数据的无量纲化过程中，主要采用标准化和阈值法两种方法，无量纲化后的数据如表 7-7 所示。

7.2.2.2 产业结构合理化测度

（1）连续属性的离散化。运用 Rough 集理论处理信息表时，通常要求信息表中的值用离散数据（如字符串型、枚举型）表达，如果某些属性的值域为连续型（如浮点型），则在数据处理前一般需要进行离散化处理。

离散化本质上可归结为利用选取断点来对属性构成的空间进行划分的问题，把 n 维空间划分成有限个区域，使得每个区域中对象的属性值相同。关于连续数据离散化并不是一个新课题，早在 Rough 集出现之前，由于计算机对数值计算的要求，人们就对离散化问题进行了广泛研究，并取得了大量研究成果。现在的离散化算法主要有：等距离划分或等宽度（Equal Interval Width）划分算法、等频率划分算法、Naive Scaler 算法、Semi Naive Scaler 算法、布尔逻辑与 Rough 集理论相结合的离散化算法等。这里我们选取第一种算法：等距离划分算法。

等距离划分算法：根据用户给定的参数来把属性值简单地划分为距离相等的断点段，不考虑每个断点段中属性值个数的多少。假设某个属性的最大属性值为 x_{max}，最小属性值为 x_{min}。用户给定的参数为 k，则断点间隔为 $\delta = (x_{max} - x_{min}) / k$。为此得到此属性上的断点为 $x_{min} + i\delta$，$i = 0, 1, \cdots, k$，这些断点之间的距离相等。表 7 - 7 可以离散成信息表 7 - 8。

（2）属性约简。利用粗糙集属性约简理论对 21 个属性进行约简，这里用基于粗糙集理论的一个数据挖掘工具 Rosetta 对上面的信息表进行处理，可以得到如图 7 - 5 所示的约简结果：

	Reduct	Support	Length
1	{人均边际消费率，万元GDP能耗}	100	2
2	{资源配置效率，GDP区位熵}	100	2
3	{资源配置效率，环保投入资金量}	100	2
4	{二劳动生产率，人均边际消费率}	100	2
5	{人均边际消费率，资源配置效率}	100	2
6	{人均边际消费率，主要工业产品产量区位熵}	100	2
7	{第三产业就业，人均边际消费率}	100	2
8	{人均边际消费率，政府服务水平}	100	2
9	{人均边际消费率，劳动生产率}	100	2
10	{人均边际消费率，万元GDP三废排放量}	100	2
11	{第二产业就业，GDP区位熵}	100	2
12	{第二产业就业，人均边际消费率}	100	2
13	{产业资金出口率，GDP区位熵}	100	2
14	{第二产业就业，万元GDP能耗，政府服务水平}	100	3
15	{一劳动生产率，万元GDP能耗，劳动生产率}	100	3
16	{资源配置效率，劳动生产率，产业发展政策}	100	3
17	{一劳动生产率，劳动生产率，GDP区位熵}	100	3
18	{二劳动生产率，资源配置效率，主要工业产品产量区位熵}	100	3
19	{一劳动生产率，万元GDP三废排放量，GDP区位熵}	100	3
20	{第二产业就业，万元GDP能耗，环保投入资金量}	100	3
21	{第二产业就业，主要农产品产量区位熵，产业发展政策}	100	3
22	{一劳动生产率，产业资金出口率，劳动生产率}	100	3
23	{第一产业就业，三劳动生产率，人均边际消费率}	100	3
24	{第二产业就业，三劳动生产率，环保投入资金量}	100	3
25	{第二产业就业，一劳动生产率，产业资金出口率}	100	3
26	{人均边际消费率，环保投入资金量，产业技术进步速度}	100	3
27	{第一产业就业，第二产业就业，主要工业产品产量区位熵}	100	3
28	{第一产业就业，一劳动生产率，资源配置效率}	100	3
29	{第二产业就业，主要工业产品产量区位熵，主要农产品产量区位熵}	100	3
30	{一劳动生产率，人均边际消费率，产业技术进步速度}	100	3
31	{第二产业就业，劳动生产率，主要工业产品产量区位熵}	100	3
32	{万元GDP三废排放量，GDP区位熵，主要农产品产量区位熵}	100	3
33	{一劳动生产率，二劳动生产率，产业技术进步速度}	100	3
34	{三劳动生产率，人均边际消费率，产业消费产出率}	100	3
35	{第一产业就业，GDP区位熵，主要农产品产量区位熵}	100	3
36	{三劳动生产率，人均边际消费率，环保投入资金量}	100	3
37	{一劳动生产率，环保投入资金量，劳动生产率}	100	3
38	{第三产业就业，一劳动生产率，万元GDP能耗}	100	3
39	{一劳动生产率，万元GDP能耗，政府服务水平}	100	3

图 7 - 5 属性约简结果

（3）设 $P \subseteq A$，P 的信息熵：$H(P) = -\sum_{i=1}^{m} p(X_i) \ln p(X_i)$。其中，$U/ind(P) =$

$\{X_1, X_2, \cdots, X_m\}$，$P(X_i) = \dfrac{|X_i|}{|U|}$，$i = 1, 2, \cdots, m$。

a_1 表示 Hamming 贴近度；

a_2 表示第一产业就业—产值偏离份额；

a_3 表示第二产业就业—产值偏离份额；

a_4 表示第三产业就业—产值偏离份额；

a_5 表示第一产业比较劳动生产率；

a_6 表示第二产业比较劳动生产率；

a_7 表示第三产业比较劳动生产率；

a_8 表示人均边际消费率；

a_9 表示产业资金出口率；

a_{10} 表示产业消费产出率；

a_{11} 表示资源配置效率；

a_{12} 表示万元 GDP 能耗；

a_{13} 表示环保投入资金量；

a_{14} 表示万元 GDP 三废排放量；

a_{15} 表示产业技术进步速度；

a_{16} 表示劳动生产率；

a_{17} 表示 GDP 区位熵；

a_{18} 表示主要工业产品产量区位熵；

a_{19} 表示主要农产品产量区位熵；

a_{20} 表示产业发展政策；

a_{21} 表示政府服务水平。

根据上面的式子计算各属性的信息熵：

$H(a_1) = 0.152$；	$H(a_2) = 0.619$；	$H(a_3) = 0.661$；
$H(a_4) = 0.608$；	$H(a_5) = 0.569$；	$H(a_6) = 0.428$；
$H(a_7) = 0.569$；	$H(a_8) = 0.636$；	$H(a_9) = 0.553$；
$H(a_{10}) = 0.553$；	$H(a_{11}) = 0.661$；	$H(a_{12}) = 0.661$；
$H(a_{13}) = 0.636$；	$H(a_{14}) = 0.569$；	$H(a_{15}) = 0.661$；
$H(a_{16}) = 0.661$；	$H(a_{17}) = 0.661$；	$H(a_{18}) = 0.553$；
$H(a_{19}) = 0.375$；	$H(a_{20}) = 0.569$	$H(a_{21}) = 0.661$。

在此，我们取阈值为 0.6，保留了 11 个属性，把属性不重要的约掉，得信息表 7 - 9。

（4）各属性的信息熵归一化求得各属性的权重：

$\omega(a_2) = 0.0869$；　　　　$\omega(a_3) = 0.0928$；　　　　$\omega(a_4) = 0.0853$；

$\omega(a_8) = 0.0636$；　　　　$\omega(a_{11}) = 0.0928$；　　　$\omega(a_{12}) = 0.0928$；

$\omega(a_{13}) = 0.0893$；　　　$\omega(a_{15}) = 0.0928$；　　　$\omega(a_{16}) = 0.0928$；

$\omega(a_{17}) = 0.0928$；　　　$\omega(a_{21}) = 0.0928$。

（5）根据公式 $V_j = \sum_{i=1}^{m} \omega_i y_i$，$j = 1$，2，…，$n$ 计算各年份的综合值：

$V(2011) = 1.5432$；　　　　$V(2012) = 1.4609$；　　　　$V(2013) = 2.093$；

$V(2014) = 2.1818$；　　　　$V(2015) = 2.5576$；　　　　$V(2016) = 3.0082$；

$V(2017) = 3.9013$；　　　　$V(2018) = 4.2730$；　　　　$V(2019) = 4.5490$。

注：因为属性离散化的时候选取了 1～5 的五个离散值，所以得到的结果评价值满分为 5 分。

根据第 3 章表 3－5 产业结构合理化程度的测度标准可知：2011～2019 年，青岛市产业结构合理化程度如表 7－5 至表 7－9 所示：

表 7－5　青岛市产业结构合理化测度结果

年份	2011	2012	2013	2014	2015	2016	2017	2018	2019
综合评价值	1.543	1.461	2.093	2.182	2.558	3.008	3.901	4.273	4.549
测度结果	不合理	不合理	较合理	较合理	较合理	合理	合理	非常合理	非常合理

表 7－6　青岛市产业结构合理化原始数据

指标	年份	2011	2012	2013	2014	2015	2016	2017	2018	2019
产业协调发展指标	Hamming 贴近度	0.855	0.833	0.876	0.866	0.864	0.875	0.843	0.870	0.587
	第一产业就业—产值偏离份额	25.24	23.58	24.14	24.2	22.5	19.8	19	17.6	15.6
	第二产业就业—产值偏离份额	−12.36	−11.33	−11.75	−14.8	−13.8	−13.2	−15.3	−11.3	−10
	第三产业就业—产值偏离份额	−12.88	−12.25	−12.39	−9.4	−8.7	−6.6	−3.7	−6.3	−5.6
	第一产业比较劳动生产率	0.368	0.401	0.366	0.335	0.326	0.327	0.304	0.29	0.297
	第二产业比较劳动生产率	1.348	1.321	1.328	1.437	1.389	1.355	1.410	1.287	1.239
	第三产业比较劳动生产率	1.525	1.483	1.473	1.316	1.28	1.198	1.105	1.176	1.156

续表

指标	年份	2011	2012	2013	2014	2015	2016	2017	2018	2019
需求结构指标	人均边际消费率	0.718	0.12	0.571	0.948	0.241	−0.495	0.526	0.933	0.481
	产业资金出口率	2.205	1.892	1.810	2.060	1.977	1.768	1.341	1.231	1.067
资源利用水平指标	产业消费产出率	4994	5111	5606	5368	5792	6129	7211	7293	8302
	资源配置效率	0.008	1.205	1.11	0.993	1.438	1.671	3.434	2.304	2.663
	万元 GDP 能耗（吨/万元）	0.43	0.42	0.40	0.37	0.34	0.31	0.30	0.29	0.28
生态环境指标	环保投入资金量（亿元）	0.7	0.78	4.44	1.98	1.66	3.93	4.59	5.23	6.77
	万元 GDP 三废排放量（吨/万元）	1.86	1.74	1.62	1.46	1.33	1.28	1.22	1.11	1.02
产业技术进步指标	产业技术进步速度	2.808	2.92	3.065	3.334	3.488	3.562	3.281	3.31	3.255
	劳动生产率（元/人）	20648	22925	25725	29961	34171	38313	42588	49479	57232
区域优势指标	GDP 区位熵	12	12.42	12.96	13.46	13.94	14.39	14.3	13.97	14.6
	主要工业产品产量区位熵	65.38	62.81	71.13	73.99	72.22	72.57	60.46	42.55	46.04
	主要农产品产量区位熵	6.52	10.43	10.74	10.34	22.72	10.75	10.45	10.47	10.15
政策因素指标	产业发展政策	0.490	0.529	0.580	0.666	0.680	0.748	0.854	0.847	0.922
	政府服务水平	0.498	0.536	0.582	0.662	0.690	0.790	0.842	0.873	0.930

表 7-7 青岛市产业结构合理化无量纲数据

指标	年份	2011	2012	2013	2014	2015	2016	2017	2018	2019
产业协调发展指标	Hamming 贴近度	0.927	0.851	1	0.965	0.958	0.997	0.886	0.979	0
	第一产业就业—产值偏离份额	0	0.172	0.114	0.108	0.284	0.564	0.647	0.793	1
	第二产业就业—产值偏离份额	0.555	0.749	0.670	0.094	0.283	0.396	0	0.755	1

续表

指标	年份	2011	2012	2013	2014	2015	2016	2017	2018	2019
产业协调发展指标	第三产业就业一产值偏离份额	0	0.069	0.053	0.379	0.455	0.684	1	0.717	0.793
	第一产业比较劳动生产率	0.703	1	0.685	0.405	0.324	0.333	0.126	0	0.063
	第三产业比较劳动生产率	1	0.900	0.876	0.502	0.417	0.221	0	0.169	0.121
需求结构指标	人均边际消费率	0.841	0.426	0.739	1	0.510	0	0.708	0.990	0.676
	产业资金出口率	1	0.725	0.653	0.873	0.800	0.616	0.241	0.144	0
资源利用水平指标	产业消费产出率	0	0.035	0.185	0.113	0.241	0.343	0.670	0.695	1
	资源配置效率	0	0.349	0.322	0.288	0.417	0.485	1	0.670	0.775
	万元 GDP 能耗（吨/万元）	0	0.187	0.405	0.242	0.417	0.508	0.789	0.752	1
生态环境指标	环保投入资金量（亿元）	0	0.013	0.616	0.211	0.158	0.532	0.641	0.746	1
	万元 GDP 三废排放量（吨/万元）	0	0.060	0.099	0.401	0.511	0.627	0.756	0.900	1
产业技术进步指标	产业技术进步速度	0	0.149	0.341	0.698	0.902	1	0.627	0.666	0.593
	劳动生产率（元/人）	0	0.062	0.139	0.255	0.370	0.483	0.600	0.788	1
区域优势指标	GDP 区位熵	0	0.162	0.369	0.562	0.746	0.919	0.885	0.758	1
	主要工业产品产量区位熵	0.726	0.644	0.909	1	0.944	0.955	0.570	0	0.111
	主要农产品产量区位熵	0	0.241	0.260	0.236	1	0.261	0.243	0.244	0.224
政策因素指标	产业发展政策	0	0.090	0.208	0.407	0.440	0.597	0.843	0.826	1
	政府服务水平	0	0.088	0.194	0.380	0.444	0.676	0.796	0.868	1

表 7 – 8　连续数据离散化后的数据

指标 \ 年份		2011	2012	2013	2014	2015	2016	2017	2018	2019
	Hamming 贴近度	5	5	5	5	5	5	5	5	1
产业协调发展指标	第一产业就业—产值偏离份额	1	1	1	1	2	3	4	4	5
	第二产业就业—产值偏离份额	3	4	4	1	2	2	1	4	5
	第三产业就业—产值偏离份额	1	1	1	2	2	3	5	4	4
	第一产业比较劳动生产率	4	5	4	2	2	2	1	1	1
	第二产业比较劳动生产率	3	3	3	5	4	3	5	2	1
	第三产业比较劳动生产率	1	1	1	3	3	4	5	5	5
需求结构指标	人均边际消费率	5	2	4	5	3	1	4	5	4
	产业资金出口率	5	4	4	5	4	4	2	1	1
资源利用水平指标	产业消费产出率	1	1	1	1	2	2	4	4	5
	资源配置效率	1	2	2	2	3	3	5	4	4
	万元 GDP 能耗（吨/万元）	1	1	3	2	3	3	4	4	5
生态环境指标	环保投入资金量（亿元）	1	1	4	2	1	3	4	5	5
	万元 GDP 三废排放量（吨/万元）	1	1	1	3	3	3	4	4	5
产业技术进步指标	产业技术进步速度	1	1	2	4	5	5	4	4	3
	劳动生产率（元/人）	1	1	1	2	2	3	3	4	5

续表

指标	年份	2011	2012	2013	2014	2015	2016	2017	2018	2019
区域优势指标	GDP 区位熵	1	1	2	3	4	5	5	4	5
	主要工业产品产量区位熵	4	4	5	5	5	5	3	1	1
	主要农产品产量区位熵	1	2	2	2	5	2	2	2	2
政策因素指标	产业发展政策	1	1	2	3	3	3	5	5	5
	政府服务水平	1	1	1	2	3	4	4	5	5

表 7-9 约简后的信息表

指标	年份	2011	2012	2013	2014	2015	2016	2017	2018	2019
产业协调发展指标	第一产业就业—产值偏离份额	1	1	1	1	2	3	4	4	5
	第二产业就业—产值偏离份额	3	4	4	1	2	2	1	4	5
	第三产业就业—产值偏离份额	1	1	1	2	2	3	5	4	4
需求结构指标	人均边际消费率	5	2	4	5	3	1	4	5	4
资源利用水平指标	资源配置效率	1	2	2	2	3	3	5	4	4
	万元 GDP 能耗（吨/万元）	1	1	3	2	3	3	4	4	5
生态环境指标	环保投入资金量（亿元）	1	1	4	2	1	3	4	5	5
产业技术进步指标	产业技术进步速度	1	1	2	4	5	5	4	4	3
	劳动生产率（元/人）	1	1	1	2	2	3	3	4	5
区域优势指标	GDP 区位熵	1	1	2	3	4	5	5	4	5
政策因素指标	政府服务水平	1	1	1	2	3	4	4	5	5

7.3 青岛市产业结构高级化测度

7.3.1 原始数据的整理

青岛市产业结构高级化评价的原始数据如表 7-13 所示。对采集的样本数据进行归一化处理，对正指标采用阈值法，利用公式（4.32）进行无量纲化处理，对逆指标利用公式（4.33）进行无量纲化处理，无量纲化后的数据如表 7-14 所示。

7.3.2 青岛市产业结构高级化测度

7.3.2.1 确定 BP 网络的拓扑结构

这里选择多输入单元、多隐含单元和一个输出单元的三层 BP 神经网络（见图 4-3）。

7.3.2.2 选取适当的网络学习参数

这里选取青岛市 2011~2019 年的各项指标数据为神经网络训练的样本模式，其输入指标构成 8×10 阶矩阵，而期望值输出即为区域产业结构高级化评价结果。目标参数 O_i 的获得是根据作者设计的产业结构高级化评价指标体系，通过专家打分并计算算术平均值得到，如表 7-10 所示。

表 7-10 神经网络训练参数

训练样本 输入单元	X_1	X_2	X_3	X_4	X_5	X_6	X_7	X_8
I_1	0.460194	0.517476	0.585194	0.697087	0.732039	0.818689	0.895146	1
I_2	0.696594	0.733746	0.780186	0.826625	0.767802	0.820433	0.894737	0.941176
I_3	0.899014	0.901659	0.917769	0.942053	0.957442	0.96177	0.939649	0.923058
I_4	0.788321	0.819764	0.860472	0.935991	0.979225	1	0.921112	0.929253
I_5	0.338574	0.352611	0.512353	0.634194	0.740876	0.822572	0.921112	0.958731
I_6	0.559322	0.612994	0.644068	0.748588	0.799435	0.898305	0.90113	0.985876
I_7	0.197309	0.19432	0.237419	0.319382	0.398107	0.592925	1	0.950922
I_8	0.5796	0.593539	0.693329	0.832725	0.831065	0.821772	0.887156	0.995685

续表

输入单元\训练样本	X_1	X_2	X_3	X_4	X_5	X_6	X_7	X_8
I_9	0.103397	0.115214	0.655835	0.292467	0.245199	0.580502	0.677991	0.772526
I_{10}	0.807732	0.902062	0.926031	0.954124	0.966495	0.938918	0.966495	0.979381
O_i	0.612	0.648	0.687	0.702	0.718	0.749	0.788	0.812

7.3.2.3 对神经网络进行训练

本案例是在 MATLAB2017 的平台上，建立三层 BP 神经网络综合评价模型。根据文献得出隐含层节点的经验优化关系，确定隐含层节点数为 16。

设定网络为单输出网络，即输出层的神经元数为 1；

训练网络的 Training Function 函数选择为 TRAINGDM；

训练网络的 Adoption Learning Function 函数选择为 LEARNGMD；

训练网络的 Performance Function 函数选择为 MSE；

训练网络的 Transfer Function 函数选择为 TANSIG；

预计精度 epsilon = 10^（ -4）。

启动 BP 网络进行学习训练，经过不断执行迭代过程，直到满足设定误差要求为止。本案例网络学习训练在 4 个时间步长里完成，网络训练过程如图 7-6 所示。

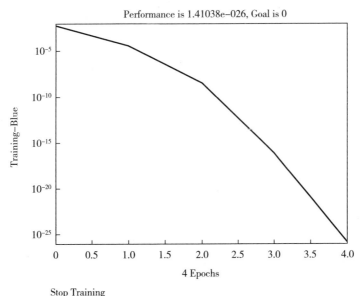

图 7-6 网络训练过程

对神经网络进行训练得到的实际值与误差值对照情况如表 7 – 11 所示。

表 7 – 11　实际值与误差值对照

实际值	0.612	0.648	0.687	0.702
误差值	1.8985e – 014	– 4.7851e – 014	– 3.3307e – 015	1.9407e – 013
实际值	0.718	0.749	0.788	0.812
误差值	– 1.9096e – 013	– 2.5202e – 014	1.5477e – 013	– 1.0703e – 013

此时，网络输入层与网络隐含层之间的连接权重如表 7 – 12 所示。

表 7 – 12　输入神经元与隐含神经元间的网络连接权重

– 1.5523	– 9.9302	19.042	– 7.0445	0.41588	3.1322	– 0.27428	0.33849	1.7985	0.78818
0.015434	– 3.5315	– 24.6993	– 2.6069	2.7416	– 1.9156	– 0.24467	3.9889	1.9799	– 8.4513
– 0.59539	– 1.8201	– 5.8569	– 7.2156	– 1.2496	– 2.7331	– 2.5048	2.5076	– 2.1267	7.6923
1.0626	– 0.92975	– 17.8372	– 0.36788	– 1.4142	4.4283	– 0.62599	– 5.8701	– 0.59865	– 6.5256
0.95856	7.3096	– 23.163	– 1.8462	– 1.3332	2.9172	– 0.71137	– 0.50425	– 2.7158	8.231
– 2.6273	1.493	19.7164	– 0.63049	– 0.49015	4.2515	– 0.8497	– 2.8868	2.0057	– 9.798
3.2405	– 3.0119	23.5555	2.3155	– 1.4875	– 0.24789	1.9152	4.9434	0.42133	2.5213
1.9997	– 0.3986	– 3.3219	– 8.6833	– 0.74127	4.0153	1.3715	– 1.496	– 1.1519	11.1533
2.2137	1.612	29.9324	– 3.6214	0.019455	– 0.4777	2.2814	– 4.4755	– 0.78441	– 5.0767
2.3136	– 5.5958	– 22.6033	2.0224	1.414	2.8391	0.27943	2.4233	2.1897	9.0596
1.1299	4.7819	20.8748	– 5.3845	– 1.0999	2.7521	– 2.1641	3.3708	– 0.69823	– 8.1563
– 1.9723	6.6634	15.3341	2.0523	– 2.2323	– 2.7831	0.42634	– 1.8314	– 2.2773	– 9.019
– 2.3109	2.0668	– 4.8797	– 6.555	– 0.51731	– 1.388	2.1142	– 3.2772	– 2.4361	– 8.4452
0.85846	– 6.8548	6.9245	1.5179	– 0.17112	0.20152	2.1319	3.7536	– 2.4066	9.0598
0.21225	4.685	26.6245	0.07104	– 2.9417	1.8562	– 1.3391	– 3.3242	0.32697	– 9.4665
– 3.6174	2.0051	9.9082	– 0.73285	1.1765	0.72416	1.1252	4.7072	– 2.5041	– 6.0899

7.3.2.4 青岛市产业结构高级化评价

将训练好的神经网络存入文件，并将青岛市 2019 年产业结构高级化评价指标体系中的 10 项数据输入到训练好的神经网络，得到输出结果为：0.74022，对照第 4 章表 4 - 5 产业结构高级化程度的测度标准可知，青岛市 2019 年产业结构高级化程度处于较高级水平。

表 7 - 13　青岛市产业结构高级化原始数据

指标	年份	2011	2012	2013	2014	2015	2016	2017	2018	2019
产业结构推进力指标	智力技术密集型产业集约化指标（%）	18.96	21.32	24.11	28.72	30.16	33.73	36.88	41.2	30.16
	产业加工度指标（%）	24.2	26.7	25.5	27.9	28.3	28.8	29.8	31.6	32.4
	第三产业产值占GDP的比率（%）	47.8	49.0	50.1	51.2	52.8	54.7	55.4	56.4	60.9
产业发展可持续指标	全要素产率平均率指标（%）	2.808	2.92	3.065	3.334	3.488	3.562	3.281	3.31	3.255
	基础产业超前系数指标（%）	20.75	7.29	-1.22	16.73	19.55	-0.77	73.6	24.07	191.6
	新兴产业产值比例指标（%）	12.06	12.56	18.25	22.59	26.39	29.3	32.81	34.15	35.62
经济全球化适应力指标	机电产品出口比例指标（%）	19.8	21.7	22.8	26.5	28.3	31.8	31.9	34.9	35.4
	外商直接投资（FDI）额（亿美元）	46.00	55.22	60.8	66.90	70.00	77.40	58.00	58.40	58.50
	外贸依存度指标（%）	10.91	10.03	9.73	9.19	46.90	39.51	45.60	44.33	50.47
生态环境环保产业进程指标	工业污染防治投资额（亿元）	0.7	0.78	4.44	1.98	1.66	3.93	4.59	5.23	6.77
	城市绿化覆盖率（%）	44.69	44.7	44.7	44.7	39.44	38.56	39.05	39.2	40.22

表 7 - 14 无量纲化后的数据

指标	年份	2011	2012	2013	2014	2015	2016	2017	2018	2019
产业结构推进力指标	智力技术密集型产业集约化指标（%）	0.460194	0.517476	0.585194	0.697087	0.732039	0.818689	0.895146	1	0.732039
	产业加工度指标（%）	0.696594	0.733746	0.780186	0.826625	0.767802	0.820433	0.894737	0.941176	1
	第三产业产值占 GDP 的比率（%）	0.899014	0.901659	0.917769	0.942053	0.957442	0.96177	0.939649	0.923058	1
产业发展可持续指标	全要素产率平均率指标（%）	0.788321	0.819764	0.860472	0.935991	0.979225	1	0.921112	0.929253	0.913812
	基础产业超前系数指标（%）	0.022041	0.091847	0.135982	0.04289	0.028265	0.133648	- 0.25205	0.004823	- 0.86402
	新兴产业产值比例指标（%）	0.338574	0.352611	0.512353	0.634194	0.740876	0.822572	0.921112	0.958731	1
经济全球化适应力指标	机电产品出口比例指标（%）	0.559322	0.612994	0.644068	0.748588	0.799435	0.898305	0.90113	0.985876	1
	外商直接投资（FDI）额（亿美元）	0.197309	0.19432	0.237419	0.319382	0.398107	0.592925	1	0.950922	0.910812
	外贸依存度指标（%）	0.5796	0.593539	0.693329	0.832725	0.831065	0.821772	0.887156	0.995685	1
生态环境环保产业进程指标	工业污染防治投资额（亿元）	0.103397	0.115214	0.655835	0.292467	0.245199	0.580502	0.677991	0.772526	1
	城市绿化覆盖率（%）	0.807732	0.902062	0.926031	0.954124	0.966495	0.938918	0.966495	0.979381	1

7.4 青岛市产业结构高效化测度

7.4.1 第一产业结构高效化测度

7.4.1.1 数据来源与模型求解

本节将利用 DEA 模型,对青岛市 2011～2019 年第一产业结构高效化运行状况进行测度。根据第 5 章表 5 - 7 建立的第一产业结构高效化评价指标体系,搜集整理了 2011～2019 年第一产业结构运行状况的基本数据。数据主要来源于 2012～2020 年《青岛市统计年鉴》、2012～2019 年《青岛市国民经济和社会发展统计公报》、青岛市经济社会发展规划汇编材料与相关的政府网站。

关于 DEA 模型 $(C^2R):(D)$
$$\begin{cases} \theta^0 = \min[\theta - \varepsilon(\hat{e}^T S^- + e S^+)] \\ \text{s. t.} \sum_{j=1}^{n} \lambda_j x_j + S^- - \theta x_{j_0} = 0 \\ \sum_{j=1}^{n} \lambda_j y_j - S^+ - y_{j_0} = 0 \\ \lambda_j \geq 0, j = 1,2,\cdots,n, S^+ \geq 0, S^- \geq 0 \end{cases} \tag{7.1}$$

的求解,作者参考相关文献编制了如下程序:

```
clear
Yuanshuju = [ ]';
DEA( Yuanshuju,6)

function Out = DEA( Yuanshuju,InputIndex)
L = size( Yuanshuju ');
X = ( Yuanshuju( :,1:InputIndex))';
Y = ( Yuanshuju( :,InputIndex +1:L))';

n = size( X ',1);
m = size( X,1);
s = size( Y,1);
epsilon = 10^( -6);%
f = [ zeros(1,n), - epsilon * ones(1,m + s),1];
```

```
A = zeros(1, n + m + s + 1);
b = 0;
LB = zeros(n + m + s + 1, 1);
UB = [ ];
LB(n + m + s + 1) = - Inf;
for i = 1 : n;
        Aeq = [X   eye(m)   zeros(m, s)   - X( :, i)
                Y   zeros(s, m) - eye(s)   zeros(s, 1) ];
          beq = [zeros(m, 1)
                Y( :, i) ];
          w( :, i) = LINPROG(f, A, b, Aeq, beq, LB, UB);
end
w; % weight
lambda = w(1 : n, :);   %
s_minus = w(n + 1 : n + m, :); % out put s -
s_plus = w(n + m + 1 : n + m + s, :); % out put s +
theta = w(n + m + s + 1, :); % out put. *

mx1(m, n) = 0;
my1(s, n) = 0;
for i = 1 : n
      mx1( :, i) = theta(i) * X( :, i) - s_minus( :, i);
      my1( :, i) = Y( :, i) + s_plus( :, i);
end
touying = [mx1; my1]'
guimoshouyi(n) = 0;
lanmudahe(n) = 0;
for i = 1 : n
      for j = 1 : n
            lanmudahe(i) = lanmudahe(i) + lambda(j, i);
      end
end

for i = 1 : n
```

guimoshouyi (i) = lanmudahe (i) /theta (i) ;

  end

out = [theta 'lambda 's_minus 's_plus 'lanmudahe 'guimoshouyi 'theta ']

  针对 DEA 模型 C^2R 不能较好地区分有效决策单元的不足问题，作者采用转化有效决策单元的思想，构造了一个虚拟决策单元。虚拟决策单元构造方法为：对输入变量我们总是希望越小越好，取出决策单元的最小值；对输出变量我们希望越大越好，取出决策单元的最大值。理论分析和实例验证均能说明这种方法是可行的，能够解决区分有效决策单元问题，也能够评价决策单元的优劣。上述程序在 MATLAB2017 平台上运行完成求解过程，模型（7.1）参数运行结果如表 7 –15 所示。

表 7 –15   **DEA 模型参数运算结果一**

DMU（年）	θ	λ_1	λ_2	λ_3	λ_4	λ_5	λ_6	λ_7	λ_8
2011	0.9327	0	0	0	0	0	0	0	0
2012	0.8723	0	0	0	0	0	0	0	0
2013	0.7881	0	0	0	0	0	0	0	0
2014	0.8011	0	0	0	0	0	0	0	0
2015	0.8414	0	0	0	0	0	0	0	0
2016	0.8773	0	0	0	0	0	0	0	0
2017	0.9862	0	0	0	0	0	0	0	0
2018	0.9924	0	0	0	0	0	0	0	0
2019	1	0	0	0	0	0	0	0	0
虚拟 DMU	1	0	0	0	0	0	0	0	0

DMU（年）	λ_9	λ_{10}	S_1^-	S_2^-	S_3^-	S_4^-	S_5^-	S_6^-
2011	0	0.933	47.308	0	0	5.932	0	0
2012	0	0.884	42.626	28.738	0	4.924	2.230	0.301
2013	0	0.884	26.133	35.564	0	0.708	0.060	1.199
2014	0	0.899	22.000	74.180	1.623	0.408	0	1.595
2015	0	0.921	16.445	116.679	5.286	0.556	0	1.413
2016	0	0.940	8.250	162.088	8.305	0.289	0	3.612

续表

DMU（年）	λ_9	λ_{10}	S_1^-	S_2^-	S_3^-	S_4^-	S_5^-	S_6^-
2017	0	1	13.773	226.467	14.426	0	2.459	6.080
2018	0	0.996	9.034	268.860	17.767	0	3.325	22.110
2019	0	1	0	292.970	22.160	0	4.020	28.680
虚拟 DMU	0	1	0	0	0	0	0	0

DMU（年）	S_1^+	S_2^+	S_3^+	S_4^+	S_5^+	S_6^+	S_7^+	S_8^+
2011	46.893	2816.474	1.672	119.655	13.352	0	7.068	3.114
2012	16.454	1957.893	1.032	95.912	10.090	0	5.536	2.951
2013	17.021	1715.495	1.360	78.728	6.655	0	5.512	2.888
2014	17.113	1582.331	1.521	57.446	0.971	0	7.987	2.966
2015	17.633	1445.979	1.106	50.788	0	0.931	7.864	2.820
2016	18.304	1264.043	0	36.479	0.503	1.365	6.646	1.923
2017	27.140	1276.000	0	44.000	0	5.810	4.940	0
2018	12.179	704.011	3.330	21.080	4.623	0	1.820	0.536
2019	0	0	3.450	0	13.400	0	0	2.190
虚拟 DMU	0	0	0	0	0	0	0	0

7.4.1.2　模型结果分析

从表 7-16 的评价结果可以看出：青岛市第一产业结构只有 2019 年评价结果为 DEA 有效，即投入与产出达到了最优的状态，其技术和规模效益都有效。同时可以看到 2011～2018 年均为非 DEA 有效的单元，且为技术无效，说明各资源之间的组合没有达到最优。由效率前沿面分析可知，输入指标的松弛变量不为零，表明该松弛变量对应的输入要素对第一产业结构系统的作用未能充分发挥。从 K 的值我们可以分析各年份的投入产出是规模效益递增的，即产出增加的比例大于投入增加的比例。综合技术无效我们可以分析，规模效益递增的取得也大多是依靠资源的大量投入，但对技术的依赖性以及投入产出的效率依然不高。这与青岛市发展的状况在一定程度上是相符的。

表 7-17 和表 7-18 分别给出了青岛市第一产业结构输入量和输出量的投影，表明我们可以对非有效 DEA 单元可以进行改进和调整，输入、输出调整量的大小可以通过原始数据与投影数据比较得到，在此不再赘述。

表7-16 青岛市第一产业结构高效化 DEA 评价结果

DMU（年）	$\sum \lambda_i$	$K = \sum \lambda_i / \theta$	θ	相对有效性	规模有效性	技术有效性
2011	0.9327	1	0.9327	DEA 无效	规模恰当	无效
2012	0.8844	1.0139	0.8723	DEA 无效	规模递增	无效
2013	0.8837	1.1212	0.7881	DEA 无效	规模递增	无效
2014	0.8990	1.1221	0.8011	DEA 无效	规模递增	无效
2015	0.9209	1.0945	0.8414	DEA 无效	规模递增	无效
2016	0.9402	1.0717	0.8773	DEA 无效	规模递增	无效
2017	1	1.0140	0.9862	DEA 无效	规模递增	无效
2018	0.9962	1.0038	0.9924	DEA 无效	规模递增	无效
2019	1	1	1	DEA 有效	规模恰当	有效
虚拟 DMU	1	1	1	DEA 有效	规模恰当	有效

表7-17 青岛市第一产业输入变量投影

DMU（年）	第一产业劳动力（万人）	农业机械（万千瓦）	农村用电（亿千瓦时）	农村耕地（万公顷）	化肥施用量（折纯万吨）	第一产业投资额（亿元）
2011	97.452	304.744	14.084	39.268	27.040	0.298
2012	92.403	288.955	13.355	37.234	25.639	0.283
2013	92.324	288.707	13.343	37.202	25.617	0.283
2014	93.923	293.706	13.574	37.846	26.061	0.288
2015	96.220	300.890	13.906	38.772	26.698	0.295
2016	98.236	307.196	14.198	39.584	27.258	0.301
2017	104.480	326.720	15.100	42.100	28.990	0.320
2018	104.084	325.483	15.043	41.941	28.880	0.319
2019	104.480	326.720	15.100	42.100	28.990	0.320
虚拟 DMU	104.480	326.720	15.100	42.100	28.990	0.320

表 7 – 18　青岛市第一产业输出变量投影

DMU （年）	第一产业 增加值 （亿元）	农民人均 纯收入 （元）	农村剩余 劳动力 （万人）	百户家庭主 要耐用品量 （台）	经济作物占 播种面积 比重（%）	牧业渔业占 第一产业 比重（%）	森林覆 盖率 （%）	年造林 面积 （万公顷）
2011	162.893	5415.474	14.672	226.655	43.652	61.570	29.568	3.544
2012	154.454	5134.893	13.912	214.912	41.390	58.380	28.036	3.361
2013	154.321	5130.495	13.900	214.728	41.355	58.330	28.012	3.358
2014	156.993	5219.331	14.141	218.446	42.071	59.340	28.497	3.416
2015	160.833	5346.979	14.486	223.788	43.100	60.791	29.194	3.500
2016	164.204	5459.043	14.790	228.479	44.003	62.065	29.806	3.573
2017	174.640	5806.000	15.730	243.000	46.800	66.010	31.700	3.800
2018	173.979	5784.011	15.670	242.080	46.623	65.760	31.580	3.786
2019	174.640	5806.000	15.730	243.000	46.800	66.010	31.700	3.800
虚拟 DMU	174.640	5806.000	15.730	243.000	46.800	66.010	31.700	3.800

7.4.2　第二产业结构高效化测度

7.4.2.1　数据来源与模型求解

本小节将利用 DEA 模型，对青岛市 2011～2019 年第二产业结构高效化运行状况进行测度。根据第 5 章表 5 – 8 建立的第二产业结构高效化评价指标体系，搜集整理了 2011～2019 年第二产业结构运行状况的基本数据。数据主要来源于 2012～2020《青岛市统计年鉴》、《2012～2020 年青岛市国民经济和社会发展统计公报》、青岛市经济社会发展规划汇编材料与相关的政府网站。

关于 DEA 模型（C^2R）的求解可利用 7.4.1 中的程序，只需将程序中的语句：

Yuanshuju =［］'中的数据用表 7 – 28 中的数据替换即可。将修改后的程序在 MATLAB2017 平台上运行，完成求解过程，模型运行结果如表 7 – 19 所示。

表 7 – 19　DEA 模型参数运算结果二

DMU（年）	θ	λ_1	λ_2	λ_3	λ_4	λ_5	λ_6	λ_7	λ_8
2011	0.9952	0.9115	0	0	0	0	0	0	0
2012	1	0	0.9527	0	0	0	0	0	0

续表

DMU（年）	θ	λ_1	λ_2	λ_3	λ_4	λ_5	λ_6	λ_7	λ_8
2013	0.9995	0	0	0.9244	0	0	0	0	0
2014	1	0	0	0	0.9176	0	0	0	0
2015	0.9629	0	0	0	0.3068	0.3542	0	0	0
2016	0.9306	0	0.1870	0.1261	0.2749	0	0	0	0
2017	0.8295	0	0	0	0.3342	0	0	0	0
2018	0.8778	0	0	0	0	0	0	0	0
2019	1	0	0	0	0	0	0	0	0
虚拟DMU	1	0	0	0	0	0	0	0	0

DMU（年）	λ_9	λ_{10}	S_1^-	S_2^-	S_3^-	S_4^-	S_5^-	S_1^+	S_2^+
2011	0	0.084	0.267	0.648	0	0	0	0.198	83.254
2012	0	0.047	0.175	0	1.697	0.122	1.855	0.063	46.731
2013	0	0.076	0.465	0	4.086	0.385	4.915	0.126	70.295
2014	0	0.082	0	0.942	3.657	0.869	22.814	0.395	69.136
2015	0	0.335	0	5.593	0	8.108	104.443	0.507	222.152
2016	0	0.462	0	7.925	11.673	26.952	264.250	0	171.348
2017	0	0.674	0	2.564	94.201	29.108	212.397	1.008	193.287
2018	0	0.992	24.738	1.956	391.269	42.818	649.150	0	217.062
2019	0	1	61.690	15.240	704.800	56.510	919.100	0	0
虚拟DMU	0	1	0	0	0	0	0	0	0

DMU（年）	S_3^+	S_4^+	S_5^+	S_6^+	S_7^+	S_8^+	S_9^+	S_{10}^+	S_{11}^+
2011	530.73	0	0.60	0	4050.90	2.69	0.47	1.03	0.45
2012	301.18	0	0.15	0.05	2270.91	1.25	0.18	0.93	0.25
2013	426.04	0	0.34	0	3374.99	1.93	0.22	0.21	0.34
2014	403.90	0	0.22	0	2980.87	1.73	0.15	0.31	0.27
2015	1151.84	0.01	0.64	0.19	9353.29	5.36	0.15	0	0.56
2016	1589.80	0.07	0	6.40	7296.66	5.77	2.73	0	1.87
2017	1309.19	0.06	3.60	1.99	9085.65	7.63	1.01	0	1.45
2018	1726.81	0.01	9.69	0	12248.18	1.39	0.49	0.22	0.70
2019	0	0.03	8.04	0.10	0	0	0	0	0
虚拟DMU	0	0	0	0	0	0	0	0	0

表7-20 青岛市第二产业结构高效化 DEA 评价结果

DMU（年）	$\sum \lambda_i$	$K = \sum \lambda_i / \theta$	θ	相对有效性	规模有效性	技术有效性
2011	0.9952	1	0.9952	DEA 无效	规模恰当	无效
2012	1	1	1	DEA 有效	规模恰当	有效
2013	1	1.0005	0.9995	DEA 无效	规模递增	无效
2014	1	1	1	DEA 有效	规模恰当	有效
2015	0.9962	1.0346	0.9629	DEA 无效	规模递增	无效
2016	1.0496	1.1278	0.9306	DEA 无效	规模递增	无效
2017	1.0080	1.2151	0.8295	DEA 无效	规模递增	无效
2018	0.9919	1.1300	0.8778	DEA 无效	规模递增	无效
2019	1	1	1	DEA 有效	规模恰当	有效
虚拟 DMU	1	1	1	DEA 有效	规模恰当	有效

表7-21 青岛市第二产业输入变量投影

DMU（年）	第二产业就业人数（万人）	科学家工程师占技术开发人员比重（%）	第二产业投资额（万元）	R&D 经费投入（亿元）	主要能源消耗量（万吨）	第二产业就业一产值偏离度的绝对值
2011	137.171	57.672	83.996	2.777	763.226	12.103
2012	138.425	50.860	118.563	5.248	804.245	11.267
2013	141.464	51.174	135.244	7.551	832.165	11.618
2014	134.910	61.358	125.143	12.471	1021.086	14.405
2015	137.014	60.459	107.262	12.671	974.047	12.780
2016	143.180	56.568	114.429	6.960	897.289	12.285
2017	135.986	55.089	99.911	6.338	865.586	11.684
2018	133.822	50.450	83.719	2.768	760.715	9.919
2019	134.910	50.860	84.400	2.790	766.900	10
虚拟 DMU	134.910	50.860	84.400	2.790	766.900	10

这里需要说明的是，本章多次用到输入变量、输出变量的投影概念，其计算公式为：

$$\begin{cases} \hat{x}_{j_0} = \theta^* x_{j_0} - S^{*-} \\ \hat{y}_{j_0} = y_{j_0} + S^{*+} \end{cases} \qquad (7.2)$$

投影就是对非 DEA 有效或弱 DEA 有效的 DMU，提出使其转变为 DEA 有效的改进方案。

7.4.2.2 模型结果分析

从表 7 – 20 的评价结果可以看出：青岛市第二产业结构 2012 年、2014 年、2019 年评价结果为 DEA 有效，9 年中有 3 年投入与产出达到了最优的状态，且技术和规模效益都有效。表明第二产业结构系统运行较第一产业结构系统更加协调，运行效率较高。但也可以看出，2015～2018 年投入产出效率出现下滑，说明各资源之间的组合没有达到最优，存在输入剩余或输出亏空。从 K 值我们可以分析非 DEA 有效年份的投入产出是规模效益递增的，表明产出增加的比例大于投入增加的比例。

表 7 – 22　青岛市第二产业输出变量投影

DMU（年）	第二产业增加值（亿元）	城市居民可支配收入（元）	第二产业 Hamming 贴近度	新产品产值比重（%）	工业品出口份额（%）	第二产业劳动生产率（元/人）	大中企业占工业增加值的比重（%）	城市绿化覆盖率（%）	工业三废处理率（%）	市区人均公园绿地面积（平方米）
2011	466.25	6752.73	0.78	29.90	82.10	31783.90	53.89	31.81	68.83	6.49
2012	458.73	6855.18	0.82	35.23	85.75	31996.91	61.13	35.18	65.33	6.85
2013	539.79	7708.04	0.81	34.04	86.80	36437.99	62.65	36.15	81.41	7.69
2014	629.46	8419.90	0.80	35.72	86.80	44513.87	67.07	37.17	80.51	8.77
2015	870.95	9882.84	0.80	36.34	86.19	54947.29	72.90	37.65	81.70	9.86
2016	936.35	10310.80	0.86	38.20	90.90	57020.66	76.65	39.16	83.10	9.94
2017	1130.39	11384.19	0.82	37.60	87.49	66250.65	79.98	38.51	83.40	10.79
2018	1388.46	12815.81	0.82	37.89	86.10	77099.18	85.60	38.49	83.32	11.70
2019	1399.75	12920	0.82	38.20	86.80	77726.00	86.30	38.80	84.00	11.80
虚拟 DMU	1399.75	12920	0.82	38.20	86.80	77726.00	86.30	38.80	84.00	11.80

7.4.3　第三产业结构高效化测度

7.4.3.1　数据来源与求解

利用 DEA 模型，对青岛市 2011～2019 年第三产业结构高效化运行状况进行测度。根据第 5 章表 5 – 9 建立的第三产业结构高效化评价指标体系，搜集整理了2011~2019年第三产业结构运行状况的基本数据（如表7-30所示），数据主要来源同上。关于DEA模型（C^2R）的求解仍利用第7.4.1节中的程序，并在MATLAB2017平台上完成了求解过程，模型运行结果如表7-23所示。

表7-23　DEA模型参数运算结果三

DMU（年）	θ	λ_1	λ_2	λ_3	λ_4	λ_5	λ_6	λ_7	λ_8	λ_9
2011	0.4746	0	0	0	0	0	0	0	0	0
2012	0.4851	0	0	0	0	0	0	0	0	0
2013	0.5132	0	0	0	0	0	0	0	0	0
2014	0.4666	0	0	0	0	0	0	0	0	0
2015	0.5364	0	0	0	0	0	0	0	0	0
2016	0.5544	0	0	0	0	0	0	0	0	0
2017	0.6144	0	0	0	0	0	0	0	0	0
2018	0.8029	0	0	0	0	0	0	0	0	0
2019	0.9121	0	0	0	0	0	0	0	0	0
虚拟DMU	1	0	0	0	0	0	0	0	0	0

DMU（年）	λ_{10}	S_1^-	S_2^-	S_3^-	S_1^+	S_2^+	S_3^+	S_4^+	S_5^+
2011	0.475	0	0	0	0	234.071	63.890	16.019	10.011
2012	0.508	0	9.194	6.010	0	238.991	72.254	12.972	5.783
2013	0.559	0	16.720	15.387	0	243.505	75.733	12.396	5.623
2014	0.578	0	14.035	21.098	0	196.635	56.883	1.378	12.484
2015	0.700	0	28.925	35.162	4048.137	260.369	73.625	0	20.128
2016	0.803	0	62.177	52.115	9072.952	293.240	90.710	0	24.233
2017	1	0	108.371	69.922	21206.000	425.410	137.390	0	41.310
2018	0.960	0	260.821	235.675	12835.296	245.940	53.848	0	16.858
2019	1	0	453.391	394.745	0	0	0	7.430	0
虚拟DMU	1	0	0	0	0	0	0	0	0

7.4.3.2　模型结果分析

从表7-24评价结果可以看出：青岛市第三产业结构2011~2019年评价结果均为非DEA有效，且技术无效。说明各资源之间的组合没有达到最优，存在输入剩余或输出亏空严重。但从总体效率来看，2011~2019年投入产出总效率是逐年上升的。从K值我们可以看出，非DEA有效年份的投入产出是规模效益递增的。根据经济学中的生产理论，当生产规模扩大时，要素投入量的增加幅度与产出量的增加幅度并不总是一致，两者的关系可以有以下三种情况：产出增加的比例大于投入增加的比例，即规模效益递增；产出增加的比例等于投入增加的比例，即规模效益不变；产出增加的比例小于投入增加的比例，即规模效益递减。

表 7－24 青岛市第三产业结构高效化 DEA 评价结果

DMU（年）	$\sum \lambda_i$	$K = \sum \lambda_i / \theta$	θ	相对有效性	规模有效性	技术有效性
2011	0.4746	1	0.4746	DEA 无效	规模恰当	无效
2012	0.5075	1.0462	0.4851	DEA 无效	规模递增	无效
2013	0.5590	1.0892	0.5132	DEA 无效	规模递增	无效
2014	0.5777	1.2381	0.4666	DEA 无效	规模递增	无效
2015	0.6996	1.3043	0.5364	DEA 无效	规模递增	无效
2016	0.8033	1.4489	0.5544	DEA 无效	规模递增	无效
2017	1	1.6277	0.6144	DEA 无效	规模递增	无效
2018	0.9602	1.1960	0.8029	DEA 无效	规模递增	无效
2019	1	1.0963	0.9121	DEA 无效	规模递增	无效
虚拟 DMU	1	1	1	DEA 有效	规模恰当	有效

表 7－25 青岛市第三产业输入变量投影

DMU（年）	第三产业就业人数（万人）	第三产业投资额（亿元）	第一层次（流通部门）增加值（万元）
2011	45.229	38.110	57.891
2012	48.367	40.754	61.908
2013	53.273	44.888	68.187
2014	55.052	46.387	70.465
2015	66.675	56.181	85.342
2016	76.550	64.502	97.981
2017	95.300	80.300	121.980
2018	91.511	77.108	117.131
2019	95.300	80.300	121.980
虚拟 DMU	95.300	80.300	121.980

表7-26 青岛市第三产业输出变量投影

DMU（年）	第三产业劳动生产率（元/人）	第三产业增加值（亿元）	第二层次部门增加值（万元）	第三层次部门增加值（万元）	第四层次部门增加值（万元）
2011	31345	532.071	177.180	44.289	45.271
2012	33520	568.991	189.474	47.362	48.413
2013	36920	626.705	208.693	52.166	53.323
2014	38153	647.635	215.663	53.908	55.104
2015	46208.14	784.369	261.195	65.290	66.738
2016	53051.95	900.540	299.880	74.960	76.623
2017	66046	1121.110	373.330	93.320	95.390
2018	63420.3	1076.540	358.488	89.610	91.598
2019	66046	1121.110	373.330	93.320	95.390
虚拟DMU	66046	1121.110	373.330	93.320	95.390

从以上分析可以看到，青岛市作为重要的海滨城市、重要的经济中心城市和港口城市，2011～2019年，其产业结构合理化程度是逐年提高的，产业结构高效化按期经济发展水平也在逐步向高级化演进；从青岛市2011～2019年产业结构高效化程度看（如表7-27所示），第一产业结构的总效率呈先抑后扬态势，第二产业结构的总效率总体效率比较平稳，第三产业结构效率呈现稳步上升趋势。这也反映了青岛市存在着新兴产业规模依然有待提升，"四新"经济大项目支撑不足，民营经济发展不强、市场活力仍需要激发等问题。三次产业高效化折线图如图7-7所示：

表7-27 青岛市三次产业高效化程度

年份	2011	2012	2013	2014	2015	2016	2017	2018	2019
第一产业高效化程度	0.9327	0.8723	0.7881	0.8011	0.8414	0.8773	0.9662	0.9924	1
第二产业高效化程度	0.9952	1	0.9955	1	0.9629	0.9306	0.8295	0.8778	1
第三产业高效化程度	0.4746	0.4851	0.5132	0.4666	0.5364	0.5544	0.6144	0.8029	0.9121

资料来源：参见表7-16、表7-20、表7-24。

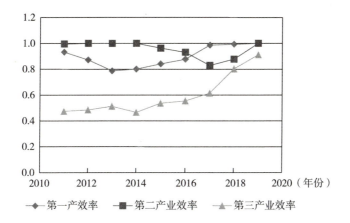

图 7 - 7　2011 ~ 2019 年青岛市三次产业效率比较

7.5　青岛市产业结构优化目标及策略

青岛市既是东部沿海发达城市，又是黄河流域的经济出海口，具有连接南北、贯通东西的"双节点"枢纽作用，还是东向日韩、西向"一带一路"沿线国家的新亚欧大陆桥的重要节点城市。中国—上海合作组织地方经贸合作示范区和中国（山东）自由贸易试验区青岛片区蓬勃发展，长江以北地区国家纵深开放新的重要战略支点作用不断增强。现代海洋、智能家电、轨道交通装备、工业互联网等领域优势凸显。青岛市先后获批中国制造 2025 试点城市、国家人工智能创新应用先导区，入选科技部国家创新型城市、国家发改委信息中心全国"双创领跑型城市"。截至 2020 年底，高新技术企业高达 4396 家，青岛市已具备建设国际化创新型城市的良好基础。2020 年 9 月 25 日，山东省政府新闻办召开的新闻发布会上提到，山东持续提升济南、青岛中心城市能级，支持济南建设国家中心城市、青岛建设全球海洋中心城市，统筹推进省会、胶东、鲁南经济圈一体发展，提升山东半岛城市群在全国城市群发展中的位势。这些均为青岛市未来经济社会发展拓展了更广阔的空间。

7.5.1　产业结构优化的目标

随着中央提出构建新发展格局、推动共建"一带一路"高质量发展、区域全面经济伙伴关系（Regional Com – prehensive Economic Partnership，RCEP）签署以及黄河流域生态保护和高质量发展上升为国家战略，青岛市要以更高水平开放引领高质量发展，就必须坚持以开放促进创新、以创新倒逼改革，深刻认识、紧紧抓住大循环和双循环新发展格局中青岛市的"双节点"价值，加快利用国际资源向内辐射以及利用国内资源向外辐射，让青岛市在更高层面、更宽领域、更深层次上的"搞活"打开了新空间。

"十四五"期间及今后更长一段时期，青岛市产业结构优化的目标是：紧紧围绕"高质量发展""高品质生活"和"高效能治理"三大目标，加快高质高效生态农业建设；持续实施新旧动能转换，推进产业基础高级化和产业链现代化，构建战略性新兴产业引领、先进制造业和新型现代服务业支撑的现代产业体系；坚持把增强自主创新能力作为实现产业结构优化升级、转变经济增长方式的中心环节，在更高层面上建设国家科技创新型城市。持续改善生态环境，建设山海城共融的美丽青岛。另外，构建一个以生态、高质、高效农业为基础，以战略性新兴产业引领、先进制造业和新型现代服务业为支撑，以提高人民生活品质，推进社会共建共治共享为出发点和落脚点的三轮驱动格局，推动青岛市产业结构向更高级、更高效的产业结构动态演进。

7.5.2　产业结构优化的战略重点

"十四五"时期，我国产业高质量发展面临的环境将发生深刻变化，既面临着百年未有之大变局的冲击，也面临着国内经济社会深刻转型的挑战。中美之间的全面竞合或将成为贯穿"十四五"甚至更长历史阶段的大概率现象。同时，我国在超大规模市场、要素供给、深化改革、扩大开放等方面也有一些有利条件和因素，将会对产业高质量发展产生重要影响。作者认为，"十四五"期间乃至更长一段时期内，青岛市产业结构优化的重点如下所示。

7.5.2.1　重构新型高技术服务业内涵，助力现代产业体系高质量发展

《中华人民共和国国民经济和社会发展第十四个五年规划和2035年远景目标纲要》明确提出"提高服务效率和服务品质，构建优质高效、结构优化、竞争力强的服务产业新体系"。由数字和前沿科技赋能的新型高技术服务业，对于实现高质量发展、完善现代产业体系具有重要战略意义，将是"十四五"期间服务产业新体系的重要组成部分。自2015年以来，我国服务产业增加值占GDP比重均稳定在50%以上，并持续增长。与此同时，中国正处于百年未有之大变局，科技创新的战略支撑作用更加凸显，数字技术广为应用，双循环发展新格局正在重塑，数字和前沿科技赋能的新型高技术服务业，是我国服务经济发展进程的重要组成部分。

表7-28 2011~2019年青岛市第一产业原始数据

指标			年份	2011	2012	2013	2014	2015	2016	2017	2018	2019	虚拟DMU
输入指标	人力投入		第一产业劳动力（万人）	106.2	104.95	107.59	108.45	107.92	107.30	101.86	96.10	95.23	95.23
	物力投入		农业机械（万千瓦）	326.72	364.21	411.44	459.21	496.27	534.92	560.94	598.87	619.69	326.72
			农村用电（亿千瓦时）	15.10	15.31	16.93	18.97	22.81	25.65	29.94	33.06	37.26	15.10
			农村耕地（万公顷）	48.46	48.33	48.1	47.75	46.74	45.45	42.69	42.26	42.1	42.1
			化肥施用量（折纯万吨）	28.99	31.95	32.58	32.53	31.73	31.07	31.89	32.45	33.01	28.99
	财力投入		第一产业投资额（亿元）	0.32	0.67	1.88	2.35	2.03	4.46	6.49	22.6	29.0	0.32
输出指标	经济产出指标		第一产业增加值（亿元）	306.38	324.41	352.4	362.6	363.98	371.01	380.97	386.90	409.98	409.98
			农民人均年纯收入（元）	12370	13990	15731	17461	16730	17969	19364	20820	22573	22573
	社会产出指标		农村剩余劳动力（万人）	13	12.88	12.54	12.62	13.38	14.79	15.73	12.34	12.28	15.73
			农村每百户家庭主要耐用品拥有量（台）	107	119	136	161	173	192	199	221	243	243
	比较优势指标		经济作物及其他作物占播种面积的比重（%）	30.3	31.3	34.7	41.1	43.1	43.5	46.8	42	33.4	46.8
			牧业渔业占第一产业比重（%）	61.57	58.38	58.33	59.34	59.86	60.7	60.2	65.76	66.01	66.01
	生态指标		森林覆盖率（%）	22.5	22.5	22.5	20.51	21.33	23.16	26.76	29.76	31.7	31.7
			年造林面积（万公顷）	0.43	0.41	0.47	0.45	0.68	1.65	3.8	3.25	1.61	3.8

表 7-29 2011~2019 年青岛市第二产业原始数据

	指标 \ 年份	2011	2012	2013	2014	2015	2016	2017	2018	2019	虚拟DMU
输入指标	人力投入 第二产业就业人数（万人）	227.08	229.79	232.17	229.91	229.51	228.44	228.14	214.60	212.46	229.91
	科学家工程师占技术开发人员比重（%）	58.6	50.86	51.2	62.3	68.6	69.3	69.5	59.7	66.1	50.86
	财力投入 第二产业投资额（万元）	84.4	120.26	139.4	128.8	111.40	135.5	234	541.1	789.2	84.4
	R&D经费投入（亿元）	2.79	5.37	7.94	13.34	21.58	36.44	42.73	51.93	59.30	2.79
	能源投入 主要能源消耗量（万吨）	766.9	806.1	837.5	1043.9	1120.1	1248.1	1299.5	1606.1	1686	766.9
	集约指标 第二产业就业一产值偏离度的绝对值	12.36	11.33	11.75	14.8	13.8	13.2	15.3	11.3	10	10
输出指标	经济产出指标 第二产业增加值（亿元）	383	412	469.5	560.32	648.8	765.00	937.1	1171.4	1399.75	1399.75
	城市居民可支配收入（元）	6222	6554	7282	8016	8731	8721	10075	11089	12920	12920
	第二产业Hamming贴近度	0.776	0.824	0.814	0.803	0.797	0.786	0.764	0.807	0.796	0.824
	集约协调效益指标 新产品产值比重	29.3	35.08	33.7	35.5	35.7	38.2	34	28.2	30.16	38.2
	工业品出口份额（%）	82.1	85.7	86.8	86.8	86	84.5	85.5	86.1	86.7	86.8
	第二产业劳动生产率（元/人）	27733	29726	33063	41533	45594	49724	57165	64851	77726	77726
	大中型企业占工业增加值的比重（%）	51.2	59.88	60.72	65.34	67.54	70.88	72.35	84.21	86.3	86.3
	生态化指标 城市绿化覆盖率（%）	31.34	35.0	35.93	37.02	37.50	36.43	37.5	38	38.8	38.8
	工业三废处理率（%）	67.8	64.4	81.2	80.2	81.7	83.1	83.4	83.1	84	84
	市区人均公园绿地面积（平方米）	6.04	6.6	7.35	8.5	9.3	8.07	9.34	11	11.8	11.8

表7-30 2011～2019年青岛市第三产业原始数据

	年份 指标	2011	2012	2013	2014	2015	2016	2017	2018	2019	虚拟DMU
输入指标	第三产业就业人数（万人）	218.08	225.14	231.71	250.61	258.01	265.70	273.90	279.60	285.76	218.06
	第三产业投资额（亿元）	80.3	102.96	120.04	129.5	158.66	228.5	307.1	420.9	585.1	80.3
	第一层次（流通部门）增加值（万元）	121.98	140	162.84	196.24	224.65	270.74	312.36	439.43	566.5	121.98
	第三产业劳动生产率（元/人）	31345	33520	36920	38153	42160	43979	44840	50585	66046	66046
	第三产业增加值（亿元）	298	330	383.2	451	524	607.3	695.70	830.6	1121.11	1121.11
输出指标	第二层次（为生产和生活服务的）部门增加值（万元）	113.29	117.22	132.96	158.78	187.57	209.17	235.94	304.64	373.33	373.33
	第三层次（为提高科学文化水平和居民素质服务的）部门增加值（万元）	28.27	34.39	39.77	52.53	65.29	74.96	93.32	89.61	85.89	93.32
	第四层次（为社会公共需要服务的）部门增加值（万元）	35.26	42.63	47.7	42.62	46.61	52.39	54.08	74.74	95.39	95.39

新一轮科技革命提升新型高技术服务对产业创新的价值。在新一轮科技革命背景下，新兴技术深度影响产业变革与发展：5G、人工智能、AR/VR、量子信息等为代表的新一代信息技术正全面渗透各行业；新一代智能制造、能源存储、可再生能源、纳米技术等深刻影响了制造模式；以基因编辑、干细胞、生物育种等为标志的生物产业体系正在形成。科技创新成为经济结构优化和创新能力提升的基本驱动力，创新链融入是产业基础高级化和产业链现代化水平提高的根本抓手。

数字化的全面渗透正重新定义高技术服务的业态模式。当前，数字技术向各行业全面渗透，促进了产业组织网络化、生产交易平台化、数据要素资产化。数字技术赋能的现代服务高技术化，高技术服务业内涵面临重构。首先，数字技术直接赋能科技服务模式，如技术交易在线化、企业研发众包化、科技服务综合化。数据正成为科技研发的基础要素，材料基因组、生物细胞、生态环境等数据，在分子设计、药物研发、气象学研究中至关重要。其次，数字赋能服务新业态，一是促进传统服务业升级为知识密集型行业，如新零售；二是创新数字服务产品，如数字创意设计。最后，数字生态衍生新的服务需求，如 App、第三方支付、在线医疗的蓬勃发展，将诱发对新型检验检测服务的需求。

7.5.2.2　优先发展新型现代服务业，推动传统服务业转型和结构优化

有资料表明，未来十年中国最具发展潜力的十大行业：军工行业、文化行业、教育行业、金融行业、电商行业、社群营销、大健康产业、家居建材行业、共享经济和家政服务行业。国家税务总局确定的九类高收入行业：金融保险、电信、房地产开发、足球俱乐部、外资企业、星级酒店、娱乐业以及律师、会计师事务所等中介机构，除个别垄断行业和特殊领域外，都属于现代服务业范畴。现代服务业具有"高增值、强辐射、广就业"等特点，且有较好的"示范效应"。依托一大批重大基础性、功能性项目，加大开放力度，着力提升和发展功能性服务业、知识性服务业，延伸发展生产性服务业，改造提升传统服务业，加快构筑与创新型城市相适应的现代服务体系，实现现代服务业与现代制造业的协调发展。通过工业化、产业结构高级化、高效化延伸服务价值链，借助现代服务业的发展拓展制造业空间。着力发展服务于现代工业体系的中介机构，推进现代服务业的集聚化发展。建设以青岛为龙头，服务山东半岛、辐射"沿黄流域经济带"与"环黄海经济圈"的开放型、区域性服务中心。

7.5.2.3　增强城市科技创新能力，培育世界级创新型产业集群，建设黄河流域高质量发展创新动力源

以青岛市高等院校、科研院所为依托，深化人才发展体制机制和科研管理体制改革，推动产学研深度融合，促进科技和金融紧密结合，加快发展科技服务业

打通产业链、资金链、人才链、技术链，打造"四链合一"加优质高效政务服务环境的"4+1"发展生态。

聚焦国家科技创新战略需求，加快建设青岛海洋科学与技术国家实验室、中科院"吸气式发动机热物理试验装置"等若干重大科技基础设施，组织实施重大科技攻关，创建综合性国家科学中心。布局出生缺陷与罕见病、骨科与运动康复器官移植等国家临床医学研究中心，参与国际大科学计划和大科学工程，在国家科技创新布局和全球创新网络中发挥关键节点作用。

强化企业创新主体地位，围绕产业链部署创新链，攻坚关键核心技术，发展原创性、颠覆性技术。培育壮大科技型中小企业规模，支持企业牵头建设创新创业共同体，推动产业链融通创新，深化高新技术企业上市培育行动，支持海尔卡奥斯工业互联网平台创建工业互联网国家技术创新中心，培育轻型动力、飞秒激光等技术创新中心，打造轨道交通、新材料等若干具有国际竞争力的创新型产业集群。以科技创新引领全面创新，建设世界工业互联网之都、全球海洋中心城市，辐射带动黄河流域高质量发展。

7.5.2.4　建设高质高效生态农业，推进农村城镇化进程

高效生态农业是指在经济和环境协调发展原则下，总结吸收各种农业生产方式的成功经验，按生态学、生态经济学原理，应用系统工程方法建立和发展起来的农业生产方式。发展生态农业，合理利用和保护农业资源，有利于促进农业增长方式的转变；也有利于提高人民群众的生活质量，同时有利于提高青岛市参与国际竞争的能力。通过发展无公害农产品、绿色食品和有机食品，合理组织农业生产和农村经济活动，调整农业产业和农村经济结构，结合青岛市的区位优势和产业特点，确立农业发展主导产业。通过生物链加环和产业链延长，形成"种植业—养殖业—加工业"的良性循环模式，形成生产、加工、销售、贸易一体化格局。

7.5.3　产业结构优化的措施

紧紧抓住新科技革命和产业变革开启的"机会窗口"，推进以人工智能、量子信息、移动通信、互联网区块链为代表的新一代信息技术；以合成生物学、基因编辑、脑科学、再生医学为代表的生命科学；以融合机器人数字化新材料的先进制造技术；以清洁高效、可持续为目标的新能源技术；以拓展人类生存发展的新疆域的空间和海洋技术等领域的科技创新及其产业化为重点，着力增加创新要素积累、提高人力资本存量、盘活财政资金存量、前瞻性布局信息基础设施等，提高劳动、资本等生产要素配置效率，促进要素积累和全要素生产率提升。

7.5.3.1 完善创新生态体系，提高技术支撑能力

围绕提升自主创新能力，聚焦合成生物、清洁高效新能源、空间和海洋技术、智能制造等关键领域，加快建立府、产、学、研对接的创新链和产业链、构建多方参与的创新创业网络、布局一批具有前瞻性的重大科技项目。

（1）完善创新链，提高科技成果转化率。逐步深化科研事业单位体制机制改革，围绕行业需求整合现有的创新载体和资源，构建新型创新平台，开展行业前沿和竞争性共性关键技术、先进制造基础工艺等方面的研发和产业化，弥补技术研发与产业化之间的创新链缺失。

（2）构建开放协同创新网络。深化行政、事业和国有企业改革，强化政府、企业、科研院所、高等学校等创新主体的充分互动，推动创新资源在各类组织之间有效流动，形成开放合作的创新网络和形式多样的创新共同体。

（3）加快重大前沿领域的战略布局。由市政府牵头，联合企业、研究机构、大学等进行协同创新，推动战略性技术与产品取得突破，并向各产业、各领域应用扩散。在智能制造、重点新材料、重点生物技术等新科技产业革命技术重点突破领域继续布局一批重大科技项目，孕育一批颠覆性技术，进而创造出一批新产业形态、新经济模式。

7.5.3.2 加快信息设施建设，提高资本支撑能力

围绕提高资本积累，不断完善科技金融体制、加快信息设施建设，强化资本市场对信息、数据等投资的支持和政府对公用性设施的投资。

（1）不断完善科技金融体制。把握新科技创新及其产业化对 PE/VC 等金融服务的需求，建立多元化科技融资体制，完善科技金融进入退出机制，加快完善资本市场。

（2）着力补足信息基础设施短板。适应新科技革命和产业变革趋势，加快推进量子信息、移动通信、大数据、云计算、超级宽带、能源互联网、智能电网、工业互联网等信息基础设施建设，适当前瞻布局相应领域重大基础设施，提升青岛市应对新科技革命和产业变革的硬实力。

7.5.3.3 引导高端产业发展，提高产业支撑能力

围绕促进产业转型升级，加快发展先进制造业、提升现代服务业、促进产业融合发展，增强青岛市中高端产业国际竞争力。

（1）加快发展先进制造业。顺应信息化、数字化和智能化技术在制造业领域大规模运用的大趋势，充分发挥我国市场需求潜力大的优势，加快制订促进新一代信息、生物、新能源、新材料、智能制造产业发展的财税、信贷政策及中长期发展战略规划，引导先进制造业快速发展。促进制造业企业管理和业务流程创新，推进社会化服务与制造环节的"无缝对接"。

（2）提升发展现代服务业。顺应制造业服务化的新趋势，加快现代服务业市场化改革，大力发展研发设计、信息传输服务、计算机和软件服务等与先进制造产业相匹配的现代服务业，形成以现代服务业引领先进制造业、先进制造业和现代服务业融合发展的格局。

7.5.3.4 推进人力资本培育，提高劳动支撑能力

围绕提升人力资本积累培育，以信息人才、数字人才、智能人才等为重点，突出"高精尖缺"导向，加快推进人才发展体制和政策创新，构建有国际竞争力的人才制度优势。

（1）加快技能型人才培养。前瞻性地把握新科技产业发展对劳动力的需求，完善现有职业教育和培训体系，深化产教融合、校企合作，促进职业教育和高等教育融合协调发展，培养出适应一线实践领域的技术人才。

（2）强化高端创新人才培育。改革科研院所、高等学校创新型人才培养模式、优化学科结构、推动科教融合、改革现有人才评价方式，引导推动人才培养链与产业链、创新链的有机衔接。组织实施一批重点人才工程、重大科技任务和攻关项目，充分发挥好市政府"青创十条"作用，着力发现、培养、集聚一批战略科学家、科技领军人才和企业家人才。

（3）着重完善人才激励制度。大力实施知识产权和标准战略，强化无形资产保护，提升青岛市应对新科技革命和产业变革的软实力。

7.5.3.5 深化体制机制改革，塑造高效青岛制度新优势

围绕创新体制机制，深化相关配套制度体系改革并加强新技术在社会治理中的应用，着力提升青岛市适应、参与和引领新科技产业革命的制度支撑能力。

（1）推进配套制度改革，优化新科技产业发展的体制环境。适应新科技革命和产业变革的制度创新是多方面制度共同作用的结果，加快优化制度体系建设，重点破除阻碍技术创新、要素流动的体制机制障碍。

（2）推进产业政策转型，优化新科技产业发展的政策环境。推进产业技术政策由"追赶主导型"向"并跑和领跑主导型"转型，产业结构政策由"选择性产业政策"向"功能性和普惠性产业政策"转型，产业布局政策由"关注国内区域间布局和转移"向"更加注重产业全球化布局"转型，产业组织政策由"注重大企业发展"向"大中小企业融合发展"转型。同时，加快构建适应新科技产业融合发展趋势的管理体制或部门协调机制。

7.6　本章小结

　　本章共包含五部分内容：第一，对青岛市 2011～2019 年的产业状况以及经济运行状况作了全面地分析。第二，利用粗糙集理论对青岛市产业结构合理化程度进行了测度，测度结果显示，青岛市 2011～2020 年的产业结构合理化程度是逐步提高的。第三，利用 BP 人工神经网络方法对青岛市 2019 年的产业结构高级化程度进行了测度。第四，利用数据包络分析分别对青岛市第一、二、三产业的产业结构高效化程度进行了测度，并对非 DEA 有效的年份给出了输入、输出调整量。第五，针对青岛市产业结构优化过程中存在的问题，提出了青岛市产业结构优化的目标、战略重点及措施，为青岛市政府制定产业结构优化政策以及进行战略产业选择提供依据。

8 总结与展望

8.1 主要研究成果及结论

产业结构优化研究是前沿性的理论与实践课题，也是我国工业化过程中的热点课题。经济理论与经济发展的实践证明，区域产业结构优化对推动区域经济、社会、环境协调发展具有重要的作用。产业结构优化是动态的、相对的过程，没有一个绝对的、普遍的衡量产业结构水平高低的标准，产业结构优化的原则是协调发展和最高效益原则。产业结构优化的最终目标是满足社会需要，但直接目标却是国民经济整体效益最大化。

"十四五"规划纲要指出："发展是解决我国一切问题的基础和关键，发展必须坚持新发展理念，在质量效益明显提升的基础上实现经济持续健康发展，增长潜力充分发挥，国内市场更加强大，经济结构更加优化，创新能力显著提升，产业基础高级化、产业链现代化水平明显提高，农业基础更加稳固，城乡区域发展协调性明显增强，现代化经济体系建设取得重大进展。"由此看来，产业结构调整和优化仍将是我国今后一个时期经济工作的重要任务，也是产业经济理论界极具研究价值的重大课题。

区域产业结构是区际分工的结果，表明了国民经济各地区间的产业分布与构成状况，如沿海地区与内地的结构、发达地区与落后地区的结构、地区之间的结构等。区域结构优化是指生产要素在各个地区之间的合理配置，从而使各地区能充分发挥地区优势，相互配合、相互补充、协调发展。那么，区域产业结构优化的内涵是什么？如何将现代经济理论与系统评价方法结合，建立区域产业结构优化程度的评价理论和综合测度方法，成为学术界亟待解决的热点和难点课题。

本书采用定性和定量相结合的方法，将经济增长理论、产业竞争理论、现代产业经济学理论、发展经济学理论与现代系统分析方法融合在一起，系统地建立了区域产业结构优化评价理论体系和方法，研究成果不但丰富了产业结构优化理论体系，而且使区域产业结构优化研究提高到定量分析的水平上。

本书的主要研究成果与结论如下：

（1）对产业结构优化的内涵重新进行了界定。大多数学者认为产业结构的优化意味着产业结构的合理化和高度化，作者认为产业结构优化意味着产业结构的合理化、高级化和高效化。产业结构高效化以产业结构合理化、高级化为前提和基础，产业结构高效化是产业结构优化的最高形态。作者对产业结构优化概念的各种观点进行了梳理，并对产业结构合理化、产业结构高级化、产业结构高效化赋予新的内涵。

（2）丰富和发展了区域产业结构优化评价理论。主要包括以下内容：对产业结构优化的相关基础理论进行了系统化的归纳；完善了区域产业结构合理化、产业结构高级化的特征；分别给出了第一、二、三产业结构高效化的特征；构建了产业结构合理化、产业结构高级化、第一产业结构高效化、第二产业结构高效化、第三产业结构高效化五个评价指标体系。

（3）构建了区域产业结构优化评价模型。首次将粗糙集理论运用于区域产业结构合理化程度的测度；将人工神经网络理论应用于区域产业结构高级化的测度；将数据包络分析应用于第一、二、三产业结构高效化的测度。

（4）构建了区域产业结构优化互动关系模型，研究表明：区域产业结构合理化、高级化和高效化是动态的、渐进的、周期性的、非一致起点的三螺旋上升结构。根据产业结构优化目的，对产业结构模型进行了分类，并给出了产业结构优化的路径。

（5）模型应用方面，将产业结构优化测度模型应用于青岛市产业结构合理化、产业结构高级化和产业结构高效化的测度；系统分析了区域经济发展过程中存在的不协调现象，以及影响区域产业结构的主要因素，这为地方政府制定产业结构政策、进行战略产业选择提供理论和现实依据。

8.2 新科技革命对产业结构优化的展望

新一轮科技革命和产业变革正在孕育兴起，第四次工业革命正在悄然发生。科技革命或将在新一代信息技术、生物技术、新能源技术、新材料技术、智能制造技术等领域取得突破。新一轮科技革命和产业变革对我国既是机遇也是挑战。

牢牢抓住新科技革命和产业变革的"机会窗口",以推进新一代信息技术、生物技术、新能源技术、新材料技术、智能制造技术等领域科技创新及其产业化为重点,加快破除阻碍"创造性毁灭"的体制障碍,着力增加创新要素、提高人力资本存量、前瞻布局信息基础设施等,提高生产要素的配置效率,促进生产要素积累和全要素生产率提升。

8.2.1 科技革命引领产业变革

科技革命是产业革命的先导。科技发展受多重因素影响,既有源于人类的好奇心和科技发展的惯性等内在动力,也有与经济和安全紧密相关的社会需求和投入因素。未来的科技发展将更加以人为本,促进和保障人与自然、人与社会和谐相处成为科技创新的基本理念,绿色、健康、智能将成为引领科技创新的重点方向,或将在新一代信息技术、生物技术、新能源技术、新材料技术、智能制造技术、数字经济、共享经济等领域取得突破。

8.2.2 产业变革决定发展趋势

一方面,无论是从重大科学发现和技术演进趋势,还是从人类共同面临的可持续发展需求,孕育发展中的新产业革命的爆发将更基于多重技术的交叉融合;另一方面,第二次技术革命和第二次产业革命爆发以来,科学革命、技术革命到产业革命的时间越来越短。从目前最有可能催生新产业革命的几大科技领域来看,还未出现有广泛关联性和全局性并对人类社会生产生活方方面面产生深刻、持续影响的重大科技突破和发明应用,或许还需要一段时间的积累。此外,孕育发展中的新产业革命将有可能从根本上改变技术路径、产品形态、产业模式,推动产业生态和经济格局重大深刻调整,相比历次产业革命对制度的要求也将更为苛刻,更可能发生在具备良好制度条件的国家和地区。

8.2.3 加速重构现代产业体系

新科技革命和产业变革将改造传统生产模式和服务业态,推动传统生产方式和商业模式变革,促进工业和现代服务业融合发展。一是推动传统产业转型升级。新一代信息技术和智能制造技术融入传统制造业的产品研发、设计、制造过程,将推动我国传统制造业由大批量标准化生产转变为以互联网为支撑的智能化个性化定制生产,大幅提升传统产业发展能级和发展空间;新能源技术广泛应用于传统产业,将直接降低传统产业能耗水平。二是促进制造业服务业融合发展。新一代信息技术、智能制造技术等全面嵌入到制造业和服务业领域,将打破我国传统封闭式的制造流程和服务业业态,促进制造业和服务业在产业链上融合。随着产业高度融合、产业边界逐渐模糊，新技术、新产品、新业态、新模式将不断涌现，现代产业体系还将加速重构。

8.2.4 催生新的经济增长动能

新技术及其广泛应用将促进生产效率提高，直接提升我国潜在经济增长率，而新技术的产业化和商业化则将打造出新的业务部门和新的主导产业，催生新的经济增长点。一方面，提升潜在经济增长率。新一代信息技术、智能制造技术等突破应用，将改造传统的资源配置和生产组织方式，促进全社会资源配置效率提高；智能机器人等广泛应用将替代低技能劳动、简单重复劳动，将缓解劳动力紧缺并提高劳动生产率。另一方面，形成新的经济增长点。随着新技术在生物、新能源、新材料、智能制造等领域取得突破，将催生出具有关联性强和发展前景广阔的生物、新能源、新材料、智能制造等产业，尤其是依托我国纵深多样、潜力巨大的国内市场需求，必将发展成为我国产业重要的新增长点。

8.3 对后续研究工作的展望

构建产业结构优化评价理论体系是一项庞大的系统工程，作者在研究过程中发现有许多方面值得探讨，又深感自己的能力、知识水平、精力都有点力不从心。产业结构优化评价理论体系涉及产业经济学理论、区域经济学理论、经济增长理论、产业竞争理论、发展经济学理论、系统科学理论等众多学科，未来产业结构优化定量化评价理论体系将是多学科相互交叉、相互融合的发展趋势。

目前，国内外学术界对产业结构合理化的内涵、判断标准，产业结构高级化的内涵、判断标准等内容基本已达成共识，但对于产业结构高效化的判定基准、产业结构高效化路径选择等问题仍在探索之中。作者认为，未来较长一段时期内，产业结构合理化、产业结构高级化、产业结构高效化的测度方法研究仍将是学术界研究的热点问题，同时也是难点问题。产业结构优化模型的构建、测度方法的实现将更大地依赖于泛函分析理论、多目标动态规划理论、灰色系统理论、计量经济学理论、系统动力学理论、协同学理论、耗散理论、突变理论、粗糙集理论、计算机仿真理论等众多学科。期待更多的同行、专家加入到此行列，为我国产业结构优化定量化评价理论体系的建立贡献一分力量。

参考文献

[1] Athanassopoulos A, Karkazis J. The efficiency of social and economic image projection in spatial configuration [J]. Journal of Regional Science, 1997, 37 (1): 75 – 97.

[2] Bannistter G, Stolp C. Regional concentration and efficiency in Mexican manufacturing, european [J]. Journal of Operational Research, 1995, 80 (3): 672 – 690.

[3] Batty. Less is more, more is different [J]. Environment and Planning, 2001 (27): 167 – 168.

[4] B. Morris. Can differences in industry structure explain divergences in regional economic growth [J]. Bank of England Quarterly Bulletin, 2001, 41 (2): 195 – 203.

[5] Charnes A, Cooper W W, Li S. Using data envelopment analysis to evaluate efficiency in the economic performance of Chinese cities [J]. Socio – Economic Planning Science, 1989, 23 (6): 325 – 344.

[6] Clark J. Toward a concept of workable competition [J]. American Economic Review, 1940 (3).

[7] Fogel R. Catching up with economy [J]. American Economic Review, 1999 (1): 102 – 115.

[8] G. Kiminori, K. Fumio. Diversification dynamics of the Japanese industry [J]. Research Policy, 2001 (30): 1165 – 1184.

[9] Karkazis J, Thanassoulis E. Assessing the effectiveness of regional development policies in Northern Greece using data envelopment analysis [J]. Socio – Economic Planning Science, 1998, 32 (2): 123 – 137.

[10] Macmillan W. D. The estimation and application of multi – regional economic planning models using data environment analysis [J]. Papers of the Regional Science

Association，1986，60：41 –57.

[11] M. Fabio. An evolutionary model of industry growth and structure change [J]. Structure Change& Economic Dynamics，2002，13（10）：387 –414.

[12] M. Yeneder. Industry structure and aggregate growth ［J］. Structure Change& Economic Dynamics，2003，14（12）：427 –449.

[13]《中华人民共和国国民经济和社会发展第十二个五年规划纲要》（2011 年3月16日第十一届全国人民代表大会第四次会议批准）。

[14]《中华人民共和国国民经济和社会发展第十二个五年规划纲要》，2011 年3月17日，news. sina. com. cn。

[15]《中华人民共和国国民经济和社会发展第十个五年计划纲要》（2001 年 3月15日第九届全国人民代表大会第四次会议批准）。

[16]《中华人民共和国国民经济和社会发展第十三个五年规划纲要》（2016 年3月17日第十二届全国人民代表大会第四次会议批准）。

[17]《中华人民共和国国民经济和社会发展第十四个五年规划和2035 年远景目标纲要》，2021 年3月13日，www. xinhuanet. com。

[18]《中华人民共和国国民经济和社会发展第十一个五年规划纲要》（2006 年3月14日第十届全国人民代表大会第四次会议批准），第二章：全面贯彻落实科学发展观. http://www. gov. cn/gongbao/content/2006/content_268766. htm。

[19] H. 钱纳里. 结构变化与发展政策［M］. 北京：经济科学出版社，1991.

[20] 奥口孝二，西村和雄. 经济数学入门［M］. 北京：中国财政经济出版社，1998.

[21] 陈红儿，陈刚. 区域产业竞争力评价模型与案例分析［J］. 中国软科学，2002（1）：99 –105.

[22] 陈金梅. 黑龙江省产业结构优化及经济竞争力提高的途径与办法［D］.黑龙江：哈尔滨理工大学，2003.

[23] 陈静，叶文振. 产业结构优化水平的度量及其影响因素分析［J］. 中共福建省委党校学报，2003（1）：44 –49.

[24] 陈秀山，张可云. 区域经济理论［M］. 北京：商务印书馆，2004.

[25] 陈仲常. 产业经济理论与实证分析［M］. 重庆：重庆大学出版社，2005.

[26] 程立. 论产业结构高级化的动因［J］. 贵州社会科学，2005（6）：23 –25.

[27] 崔功豪，魏清泉，陈宗兴. 区域分析与规划［M］. 北京：高等教育

出版社，1999.

[28] ZHANG Lizhu，WANG Xinhua，GUO Zhonghua. A Method of Measuring of Rationalization of Industrial Structure Based on Rough Set*，2008 International Institute of Applied Statistics Studies，Yantai，China，2008（8）：14 – 18.（ISTP 和 ISSHP 检索）澳大利亚亚澳华学者出版社出版.

[29] 杜宏宇，岳军. 山东省制造业结构高效化及发展对策［J］. 山东大学学报（哲学社会科学版），2005（5）：97 – 102.

[30] 方湖柳. 结构自组织能力：产业结构合理化的本质标准［J］. 经济论坛，2003（10）：22 – 23.

[31] 冯邦彦. 香港产业结构研究［M］. 北京：经济管理出版社，2002.

[32] 高觉民. 结构转换与流通产业结构高级化［J］. 产业经济研究，2003（1）：19 – 24.

[33] 龚仰军. 产业结构研究［M］. 上海：上海财经大学出版社，2002.

[34] 关爱萍，王瑜. 区域主导产业的选择基准研究［J］. 统计研究，2002（12）：48 – 52.

[35] 郭光文. 岳阳市产业结构优化研究［D］. 长沙：湖南大学，2003.

[36] 郭京福. 生产前沿参数方法与非参数方法的比较研究［J］. 系统工程理论与实践，1998（11）：31 – 35.

[37] 郭军，刘瀑，王承宗. 就业发展型经济增长的产业支撑背景研究［J］. 中国工业经济，2006（5）：24 – 31.

[38] 郭克莎. 第三产业的结构优化与高效发展（下）［J］. 财贸经济，2000（10）：50 – 56.

[39] 郭克莎. 再论结构偏差对我国经济增长的制约及调整思路［J］. 中国工业经济，2000（1）：33 – 35.

[40] 国民经济行业分类（GB/T 4754 - 2011）［EB/OL］. 2013 – 01 – 14. http：//www. stats. gov. cn/tjsj/tjbz/201301/t20130114_ 8675. html.

[41] 韩江波. 基于要素配置结构的产业升级研究［J］. 首都经济贸易大学学报，2011（1）：29 – 38.

[42] 郝海，杨印生，李树根. 区分有效决策单元的数据包络分析方法［J］. 天津工业大学学报，2001（4）：62 – 64.

[43] 何晓群. 现代统计分析方法与应用［M］. 北京：中国人民大学出版社，2001.

[44] 洪志生，王晓明. 重构新型高技术服务业内涵助力现代产业体系高质量发展［N］. 科技日报（理论版），2021 – 5 – 21.

［45］胡寿松，何亚群．粗糙决策理论与应用［M］．北京：北京航空航天大学出版社，2006.

［46］黄昶生，姜顺腾，郭同珍．青岛市海洋产业结构优化及对策研究［J］．甘肃科学学报，2019（1）：146－152.

［47］黄汉权．改革开放四十年我国产业发展和结构演变［N］．经济日报，2018－08－30（014）．

［48］黄汉权．新中国产业结构发展演变历程及启示［N］．金融时报，2019－09－16.

［49］黄继忠．对产业结构优化理论中一个新命题的论证［J］．经济管理，2002（4）：12－16.

［50］黄继忠．对产业结构优化理论中一个新命题的论证［J］．经济管理·新管理，2002（4）：11－16.

［51］黄溶冰，胡云权．产业结构有序度的测算方法－－基于熵的视角［J］．中国管理科学，2006（1）：122－128.

［52］黄中伟，陈刚．我国产业结构合理化理论研究综述［J］．经济纵横，2003（3）：56－58.

［53］江小娟．推进产业调整　促进结构升级［N］．中国社会科学院院报，2003－3－4（3）．

［54］蒋昭侠．产业结构问题研究［M］．北京：中国经济出版社，2004.

［55］焦继文，李冻菊．再论产业结构合理化的评判标准［J］．经济经纬，2004（4）：88－91.

［56］李红梅．世纪中国产业结构调整的战略选择［J］．首都师范大学学报（社会科学版），2000（6）：56－60.

［57］李江帆．产业结构高级化与第三产业现代化［J］．中山大学学报（社会科学版），2005（4）：124－130.

［58］李江帆．两广第三产业发展的比较研究［J］．改革与战略，1992（5）．

［59］李京文，郑友敬．技术进步与产业结构－－概论［M］．北京：经济科学出版社，1988.

［60］李京文，郑友敬．技术进步与产业结构－－模型［M］．北京：经济科学出版社，1989.

［61］李京文．中国产业结构的变化与发展趋势［J］．当代财经，1998（5）：12－21.

［62］李翔，邓峰．中国产业结构优化对经济增长的实证分析［J］．工业技术经济，2017（2）：3－9.

［63］李勋来，卢东浩．产业转型升级背景下青岛市就业人口素质与产业结构变动关系研究［J］．青岛科技大学学报（社会科学版），2016（4）：45-48.

［64］林善炜．中国经济结构调整战略［M］．北京：中国社会科学出版社，2003.

［65］刘建江，闻超，袁冬梅．美国巨额贸易逆差与经济增长共存的机理［J］．国际经济探索，2005（4）：30-35.

［66］刘丽，张明光．青岛市产业结构的演化规律研究［J］．内蒙古煤炭经济，2017（6）：38-41.

［67］刘敏．新经济下人力资源价值粗集评价研究［D］．重庆：重庆大学，2005.

［68］刘世锦."十五"产业发展大思路［M］．北京：中国经济出版社，2000.

［69］刘伟，李绍荣．产业结构与经济增长［J］．中国工业经济，2002（5）：14-21.

［70］刘伟．工业化进程中的产业结构研究［M］．北京：中国人民大学出版社，1995.

［71］刘伟．经济发展与结构转换［M］．北京：北京大学出版社，1992.

［72］刘希宋，李敬辉．全面建设小康社会时期的中国产业政策研究［M］．北京：经济科学出版社，2006.

［73］刘小瑜．中国产业结构的投入产出分析［M］．北京：经济管理出版社，2003.

［74］刘再兴．工业地理学［M］．北京：商务印书馆，1997.

［75］伦蕊．产业结构合理化的基本内涵与水平测评［J］．特区经济，2005（6）：54-56.

［76］毛得华．评价指标体系分析及其权重系数的确定［J］．系统工程，1999（9）：20-25.

［77］米娟．中国区域经济增长的要素集聚差异性研究［D］．沈阳：辽宁大学，2008.

［78］穆东，杜志平．煤炭企业技术进步的评价与对策［J］．系统工程理论与实践，1996（10）：64-70.

［79］穆东．阶段C-D前沿生产函数的DEA估计［J］．系统工程，1995（5）：48-51.

［80］穆东．矿城耦合系统的演化与协同发展研究［D］．上海：同济大学，2003.

[81] 潘强恩，马传竟．经济结构　经济增长［M］．北京：经济科学出版社，1998.

[82] 潘文卿．一个基于可持续发展的产业结构优化模型［J］．系统工程理论与实践，2002（7）：23 - 29.

[83] 彭育威，徐小湛，吴守宪．MATLAB 在数据包络分析中的应用［J］．西南民族学院学报（自然科学版），2002（2）：139 - 143.

[84] 秦梦，孙毅．青岛市生态文明与产业结构优化的耦合研究［J］．中共青岛市委党校　青岛行政学院学报，2018（1）：120 - 126.

[85] 荣宏庆．我国产业结构问题理论观点综述［J］．党政干部学刊，2002（2）：34 - 35.

[86] 盛昭瀚，朱乔，吴广谋．DEA 理论、方法与应用［M］．北京：科学出版社，1996.

[87] 施刚．中国产业结构高效化研究［D］．武汉：武汉大学，2004.

[88] 史忠良等．产业经济学［M］．北京：经济管理出版社，1998.

[89] 宋博．从国际竞争力角度探析产业结构软化的影响［J］．经济论坛，2005（10）：25 - 27.

[90] 宋泓明．中国产业结构高级化分析［M］．北京：中国社会科学出版社，2004.

[91] 宋华盛．深刻认识我国在新一轮科技革命与产业变革中的优势［EB/OL］．海外网，2021 - 04 - 21.

[92] 宋锦剑．论产业结构优化升级的测度问题［J］．当代经济科学，2000（3）：92 - 97.

[93] 苏东水，等．产业经济学［M］．北京：高等教育出版社，2000.

[94] 孙瑞．促进长江经济带产业协调发展的对策研究［J］．现代经济信息，2017（7）：466 - 467 + 485.

[95] 孙欣．做强实体经济，叫响青岛制造［N］．青岛日报，2021 - 04 - 19.

[96] 汤斌．产业结构演进的理论与实证分析 - - 以安徽省为例［D］．成都：西南财经大学，2005.

[97] 唐志红．中国产业结构优化中的技术标准战略［J］．西南民族大学学报（人文社科版），2004（11）：190 - 193.

[98] 王丰，朱文俊．青岛市产业结构优化调整分析［J］．合作经济与科技，2018（5）：44 - 45.

[99] 王国胤．Rough 集理论与知识获取［M］．西安：西安交通大学出版社，2001.

［100］王凯. 数字经济、资源配置与产业结构优化升级［J］. 金融与经济，2021（4）：57 - 65.

［101］王述英. 现代产业经济理论与政策［M］. 太原：山西经济出版社，1999.

［102］王维，华章琳. 基于海洋生态文明理念下的城市产业结构调整研究－－以青岛西海岸新区为例［J］. 中共青岛市委党校青岛行政学院学报，2017（4）：104 - 107.

［103］王岳平. 中国工业结构调整与升级：理论、实证与政策［M］. 北京：中国计划出版社，2001.

［104］王兆华，武春友，张米尔. 产业结构高级化与城市国际竞争力提升［J］. 大连理工大学学报（社会科学版），2000（4）：24 - 27.

［105］魏权龄. 评价相对有效性的 DEA 方法－－运筹学的新领域［M］. 北京：中国人民大学出版社，1988.

［106］邬义钧，邱钧. 产业经济学［M］. 北京：中国统计出版社，2001.

［107］吴海民，王建军，方美燕. 产业运行的 DEA 有效－－一个选择主导产业的新基准［J］. 山西财经大学学报，2006（5）：72 - 76.

［108］武玉英，何喜军. 基于 DEA 方法的北京可持续发展能力评价［J］. 系统工程理论与实践，2006（3）：117 - 123.

［109］西蒙·库兹涅茨. 各国的经济增长（中译本）［M］. 北京：商务印书馆，1985：260 - 272.

［110］肖文韬. 产业结构协调理论综述［J］. 武汉理工大学学报（信息与管理工程版），2003（3）：151 - 156.

［111］许清清，李振宇，江霞. 资本跨区流动对区域产业结构优化升级的影响－－基于 2003 - 2016 年的 275 个地级市面板数据的实证研究［J］. 产业经济评论，2020，19（2）：47 - 75.

［112］杨公仆，夏大慰. 产业经济学教程［M］. 上海：上海财经大学出版社，1998.

［113］杨友才，孙冉冉. 基于青岛市区划调整的产业结构调整和政府效率研究［J］. 山东行政学院学报，2015（12）：64 - 70.

［114］杨治. 产业政策与结构优化［M］. 北京：新华出版社，1999.

［115］叶煜岚. 基于粗糙集的区域旅游业绩效评价研究［D］. 重庆：重庆大学，2005.

［116］易信. 新一轮科技革命和产业变革趋势、影响及对策［N］. 国宏高端智库，2018 - 08 - 03.

［117］于刃刚，等．主导产业论［M］．北京：人民出版社，2003．

［118］约翰·伊特韦尔，默里·米尔盖特，彼得·纽曼．新帕尔格雷夫经济学大词典［M］．北京：经济科学出版社，1996．

［119］张立厚，陈鸣中，张玲．石龙镇产业结构优化的系统仿真分析［J］．工业工程，2000（3）：51－54．

［120］张立柱，王新华，郭中华．我国产业结构优化及定量化方法研究综述［J］．山东科技大学学报（社会科学版），2007（1）：62－65．

［121］张世贤．工业投资效率与产业结构变动的实证研究－－兼与郭克莎博士商榷［J］．管理世界，2000（5）：79－85．

［122］张淑芹．产业结构与就业结构偏离：特征、原因、路径－－以青岛市为例［J］．中国经贸导刊，2021（4）：38－40．

［123］张文修，吴伟志．粗糙集理论介绍和研究综述［J］．模糊系统与数学，2000（4）：3－4．

［124］赵若玺，徐治立．新科技革命会引发什么样的产业变革［N］．人民论坛，2017－8－15．

［125］郑英隆．信息产业加速发展与产业结构升级的交互关系研究［J］．经济评论，2001（1）：48－54．

［126］中国社科学院"社会形势分析与预测"课题组．构建和谐社会：科学发展观指导下的中国［J］．管理世界，2005（1）：17－25．

［127］中华人民共和国2020年国民经济和社会发展统计公报，国家统计局，2021年2月28日。

［128］周海波．产业结构一般性与特殊性分析［D］．郑州：郑州大学，2006．

［129］周虹，林梨．DEA方法在我国产业结构调整中的应用［J］．统计与决策，2006（5）：156－157．

［130］周璇．知识溢出下区域技术创新驱动产业结构优化升级的空间效应研究［D］．南昌：江西财经大学，2017．

［131］周振华．产业结构优化论［M］．上海：上海人民出版社，1992．

［132］周振华．现代经济增长中的结构效应［M］．上海：上海三联书店，1991．

［133］朱传耿，沈山，仇方道．区域经济学［M］．北京：中国社会科学院出版社，2001．

［134］2020年长沙市国民经济和社会发展统计公报，长沙市统计局，国家统计局长沙调查队，2021年4月9日。

［135］2020 年成都市国民经济和社会发展统计公报，成都市统计局，国家统计局成都调查队，2021 年 3 月 27 日。

［136］2020 年广州市国民经济和社会发展统计公报，广州市统计局，国家统计局广州调查队，2021 年 3 月 12 日。

［137］2020 年贵州省国民经济和社会发展统计公报，贵州省统计局，国家统计局贵州调查总队，2021 年 3 月 8 日。

［138］2020 年杭州市国民经济和社会发展统计公报，杭州市统计局，国家统计局杭州调查队，2021 年 3 月 18 日。

［139］2020 年河南省国民经济和社会发展统计公报，河南省统计局，国家统计局河南调查总队，2021 年 3 月 8 日。

［140］2020 年南京市国民经济和社会发展统计公报，南京市统计局，国家统计局南京调查队，2021 年 4 月 14 日。

［141］2020 年青岛市国民经济和社会发展统计公报，青岛市统计局，国家统计局青岛调查队，2021 年 3 月 16 日。

［142］2020 年上海市国民经济和社会发展统计公报，上海市统计局，2021 年 3 月 19 日。

［143］2020 年深圳市国民经济和社会发展统计公报，深圳市统计局，国家统计局深圳调查队，2021 年 4 月 23 日。

［144］2020 年苏州市国民经济和社会发展统计公报，苏州市统计局，国家统计局苏州调查队，2021 年 4 月 24 日。

［145］2020 年无锡市国民经济和社会发展统计公报，无锡市统计局，国家统计局无锡调查队，2021 年 4 月 24 日。

［146］2020 年武汉市国民经济和社会发展统计公报，武汉市统计局，国家统计局武汉调查队，2021 年 4 月 25 日。

［147］360 百科 https：//baike.so.com/doc/2425758 - 2564468.html.

［148］360 百科 https：//baike.so.com/doc/681397 - 721229.html.

［149］360 百科 https：//baike.so.com/doc/8803624 - 9128212.html.

后 记

《区域产业结构优化动态性评价方法与应用》一书终于面世，我感到无比喜悦。

本书的主要理论与方法来源于我的博士论文及山东省社科规划重点研究项目"区域产业结构动态性评价方法与应用研究"（07BJZ21）。虽然我本科阶段学习的是数学教育，硕士阶段学习的是计算机应用技术，但我年轻时就对经济学颇感兴趣，直到2002年已近不惑之年的我，凭借着扎实的数学基础和计算机理论知识，以优异的成绩考取山东科技大学经济管理学院院长王新华教授的博士研究生，才实现了自己多年梦寐以求学习经济的夙愿。在王院长的引荐下，我结识了著名的科技经济与战略管理学者——青岛社会科学院隋映辉研究员（二级），更庆幸的是，隋教授后来还担任了我的副导师。两位导师渊博的学识、严谨的治学态度、孜孜不倦的奋斗精神，始终激励着我不懈努力。在两位导师的精心指导下，2007年6月，我以论文和答辩双优秀的成绩，如期顺利地完成了我博士阶段的学习。

20世纪80年代以来，以市场扩张为核心的经济全球化的迅猛发展和以信息技术为核心的新科技革命的爆发，带来了世界性的经济结构大调整，极大地改变和影响着世界经济结构。随之，产业经济学也进入了一个快速发展的时期，新的理论成果大量涌现。产业经济学家们为了解决分歧、填补漏洞和提炼思想，越来越多地依靠实证研究，愿意更多地接触实际。实证研究者越来越愿意吸收和利用经济学理论和计量经济学理论中的新成果、新方法。进入21世纪后的中国恰好处在体制转轨和经济快速增长时期，结构性矛盾始终是一个基本的制约因素。"十五"计划纲要提出："坚持把结构调整作为主线，我国已经进入了必须通过调整结构才能促进经济发展的阶段。"正是在结构调整优化的大背景下，我开始了博士论文的写作过程。从"十五"计划到现在的"十四五"规划，产业结构调整与优化一直是我国经济工作的重要任务，也是产业经济理论界极具研究价值的重大课题，这不得不让我佩服两位导师在选题方面的聪慧睿智与远见卓识。中国的持续发展有赖于结构的不断优化，结构的不断优化又为中国的可持续发展、高质量发展注入新的活力。

促成我成书的主要原因是来自老师、学界同行们的支持与认可。根据中国知网统计显示，我以第一作者的身份发表在《山东科技大学学报（社会科学版）》2007 年第 1 期上的《我国产业结构优化及定量化方法研究综述》一文，截至完稿时已下载 2643 次，被引 64 次，其引证文献中：期刊 18 条、博士论文 7 条、硕士论文 37 条、会议及国际会议 2 条。我的博士论文《区域产业结构动态性评价与应用研究》截至完稿时已下载 3564 次，被引 56 次，其引证文献中：期刊 13 条、博士论文 13 条、硕士论文 30 条。由此可见，书中的理论、方法、结论、观点已经得到学界同行的充分肯定与认可。

感谢给予我知识的山东科技大学的各位任课老师，感谢山东科技大学经济管理学院历任领导及同仁的关心和帮助。感谢山东科技大学校长姚庆国教授、济南大学校长张士强教授、青岛农业大学校长刘新民教授给予的指导。感谢我的师兄弟们平日的帮助与关爱。

感谢泰山学院历届领导对我多年来的辛勤培育和支持，感谢泰山学院所有关心我成长进步的师长、同仁，是您们的鼓励、鞭策才使我获得不断进取的动力。

特别感谢我国著名经济学家、孙冶方经济科学奖获得者、山东大学特聘教授、博士生导师臧旭恒教授，在百忙中为本书撰写了序言，对本书给予了高度评价及大力支持。感谢我的恩师隋映辉教授在成书过程中提出的宝贵建议。感谢经济管理出版社编辑张巧梅女士为本书出版给予的热情支持和付出的辛勤劳动。

在本书的写作过程中，参考了大量的国内外相关书籍和论文，在此，对这些作者表示由衷的感谢。

事业上的长进更离不开我充满温馨的家庭，爱人的理解、关心和支持，女儿的懂事和自立，使我能够将更多的时间、精力投入学习与事业中去，她们的关心、支持、理解、鼓励是我前进的不竭动力。女儿的成长、成才、进步更让我们的家庭感到骄傲、幸福和快乐！

在本书付梓之时，谨将此书献给我热爱的祖国、养育我的父母和我的亲人、学界同仁和社会各界好友，以表达我的感谢之情，并与大家共同分享本书出版的喜悦和快乐。

作者

2021 年 10 月于山东泰安